EUROPAVERLAG

ALEXANDRA CAVELIUS
SAYRAGUL SAUYTBAY

CHINA PROTOKOLLE

Vernichtungsstrategien der KPCh
im größten Überwachungsstaat der Welt

EUROPAVERLAG

MIX
Papier aus verantwortungsvollen Quellen
FSC® C014889

Hinweis: Die mit * gekennzeichneten Angaben im Text wurden zum Schutz der Zeuginnen und Zeugen von der Redaktion verändert.

Umschlaggestaltung und Motiv:
Hauptmann & Kompanie Werbeagentur, Zürich
Bildnachweis: WikimediaCommons/ Panel - Guaranteeing the Rights of Minority Women.jpg S. 353; alle anderen: privat
Redaktion: Franz Leipold
Layout & Satz: Robert Gigler, München
Gesetzt aus der Bembo
Druck und Bindung: Pustet, Regensburg
ISBN 978-3-95890-430-9

www.europa-verlag.com

Vielen Dank an alle Helfer!
Besonders an Umit Hamit sowie an
Sultan Karakaya für die Übersetzung
von Sayragul Sauytbays Analysen

INHALT

»A lie doesn't become truth,
Wrong doesn't become right,
and evil doesn't become good,
just because it's accepted by a majority.«

Booker T. Washington,
US-Bürgerrechtler

»Der effektivste Weg, Menschen zu zerstören,
besteht darin, ihr eigenes Verständnis ihrer Geschichte
zu leugnen und auszulöschen.«

George Orwell, Autor

»Das ist eine Form des Bösen,
die wir noch nie auf der Welt gesehen haben.«

David Matas,
Menschenrechtsanwalt

VORWORT

Die Geschehnisse in Ostturkestan gleichen einem neuen Horrorfilm mit immer grausameren Staffeln, den die Kommunistische Partei Chinas (KPCh) in den letzten fünf Jahren produziert. Durchgestochene Geheimdokumente belegen dort heute eine der größten Menschenrechtsverletzungen unserer Zeit.

Vor einem Jahr ist unser Bestseller *Die Kronzeugin* erschienen. Vor einem Jahr glaubten manche Journalisten noch nicht an die darin beschriebenen Welteroberungspläne Pekings, so unfassbar schien ihnen das. Viele Politiker wagten noch nicht, in Ostturkestan von einem Genozid zu sprechen. Ein Vergleich zum Holocaust war einigen Menschenrechtlern zu gewagt, bis jüdische Verbände ihn selbst gezogen haben.

Die Beweislage für die Gräueltaten ist erdrückend. Und die Stimmung gegen Peking hat sich weltweit gedreht. Das liegt auch an der brutalen Niederschlagung der Demokratiebewegung in Hongkong, dem harschen Auftreten im Südchinesischen Meer, den Drohgebärden gegenüber Taiwan, dem Patentklau, der Industriespionage im Ausland, dem Abschotten der eigenen Märkte … Die Reihe ließe sich noch lange fortsetzen. Mittlerweile spricht die EU-Kommission beim chinesischen Handelspartner vom »systemischen Rivalen«.

Lange hat Peking die Existenz der Lager in Ostturkestan geleugnet, dann aufgrund der zahlreichen Beweise schöngefärbt als »Berufsbildungszentren« bezeichnet. In »freiwilligen Bildungsmaßnahmen« werde darin »extremistisches Gedankengut bekämpft«. Menschenrechtsverletzungen gäbe es dort keine, betonen die Parteifunktionäre seither einmütig, und die meisten Lager seien ohnehin seit 2017 längst geschlossen.

Seit 2017 hat Peking jedoch 380 neue Internierungslager errichtet oder bestehende erheblich erweitert, belegt eine Studie des Thinktanks »Australian Strategic Policy Institute« (ASPI) anhand von Satellitenbildern, Zeugenaussagen und Bauausschreibungen. Einige Lager bestehen nur aus einem Gebäude, andere aus riesigen Komplexen. Es sind Schulen, Kasernen, Fabriken … Viele sind in den Bergen versteckt, manche offenbar laut Zeugenaussagen auch unterirdisch angelegt, sodass sie nicht durch Satelliten lokalisiert werden können. Jedes Lager ist anders.

Als »Lügen« oder »China-Bashing« weisen die Kader alle Berichte über Misshandlungen in den Lagern zurück. Stattdessen vermelden sie aktuell, dass sich Ostturkestan (chin. Xinjiang) »in seiner besten Entwicklungsphase seit jeher« befinde und die Bevölkerung »sich aller Rechte und Pflichten erfreue«.

Die Frage ist, warum Chinesen und Einheimische bewiesenermaßen unterschiedliche Rechte und Pflichten haben. Warum muss das Turkvolk seine Kultur, Religion und Identität in der eigenen Heimat aufgeben und den Chinesen als Sklaven dienen? Warum haben Uiguren, Kasachen und die anderen dort lebenden Ethnien keine Menschenrechte?

Wegen Pekings intransparenter Politik kennt niemand genaue Zahlen der Inhaftierten in Ostturkestan. Viele Menschenrechtsorganisationen sprechen von ein bis drei Millionen, viele

Überlebende dagegen von bis zu acht Millionen. Ganze Straßenzüge sind leer.

Im 21. Jahrhundert hat die chinesische Regierung die Nordwest-Region nachweislich mit einem Netz an hochmodernen Konzentrationslagern überzogen. Es handelt sich um die größten Internierungen seit dem Zweiten Weltkrieg. Gleichzeitig hat die KPCh einen weltweit einzigartigen Überwachungsstaat errichtet und das Leben unschuldiger Uiguren, Kasachen und anderer Ethnien darin in eine »dystopische Höllenlandschaft« verwandelt, wie Amnesty International es ausdrückt.

Mittlerweile reagieren immer mehr Staaten auf Pekings Verbrechen gegen die Menschlichkeit, aber das reicht noch lange nicht als wirksame Maßnahme aus, solange dort weiterhin systematisch Kinder, Frauen, Männer, Greise gequält werden – und zwar mittels hochmoderner Technik sowie Folterinstrumenten wie aus dem Mittelalter.

Zugleich bewirbt die Diktatur selbst diesen Überwachungsstaat als Erfolgsmodell für rasante Modernisierung, Sicherheit und Wohlstand. Unumkehrbar sei der Aufstieg Chinas zur Weltmacht, glaubt Xi Jinping. Eine Welt, in der die KPCh die Führung übernähme, bedeutete jedoch ein Leben im Totalitarismus.

⋆ ⋆ ⋆

Die Geschichten Überlebender und Zeugen in diesem Buch sind zutiefst verstörend und albtraumhaft. Es ist wichtig, dass wir ihnen bis zum Ende zuhören. Es ist sogar überlebenswichtig.

Wer wüsste besser als wir Deutschen, was es heißt, in einem faschistischen System zu leben? Wer wüsste besser als wir, dass bereits ein Funke aus so einer Region ausreicht, um einen weltweiten Flächenbrand auszulösen?

Es handelt sich um eine noch nie da gewesene, industrialisierte Form des Massenmordes, der aus mehreren Bausteinen besteht, wie Zwangsarbeit oder Organhandel. Es ist Pekings äußerst profitables Geschäft mit der Zerstörung einer anderen Kultur. Und es ist ein Tauziehen im Westen zwischen der Wichtigkeit unserer Werte und der Gier nach Geld.

Es ist unsere Verantwortung, unseren Blick nach Ostturkestan zu wenden und den Menschen zu helfen. Es ist unsere Verantwortung, deren Kinder genauso wie unsere Nachkommen vor dieser menschenverachtenden Politik zu schützen. Es ist unsere Verantwortung, unsere Freiheit zu bewahren und diesen Völkermord zu beenden.

Die Zeugen in diesem Buch sind alle schwer gezeichnet von Trauma und Krankheit. Sie haben die finstersten Seiten der Unmenschlichkeit durchlebt, aber durch diese Dunkelheit hindurch strahlen ihre Kraft, ihre Würde und ihr Wille, die Welt zu einem besseren Ort zu gestalten. Helfen Sie mit, die Entscheidungsträger weltweit wachzurütteln, indem Sie das Wissen unserer Zeugen weitergeben, denn das Ausmaß des Grauens in Ostturkestan ist noch weit größer als gedacht …

Als ehemalige KPCh-Beamtin, Ärztin, Schuldirektorin, Mutter und Lehrerin in einem Konzentrationslager analysiert Sayragul Sauytbay die einzelnen Verbrechen der KPCh in Ostturkestan, die ich mit Informationen ergänzt habe.

Alexandra Cavelius

EINFÜHRUNG

Todesangst

Mein Name ist Sayragul Sauytbay. Meine ethnische Zugehörigkeit ist Kasachisch. Ich bin 1976 im »Kasachisch autonomen Bezirk Ili Xinjiang« als Tochter eines Lehrers und eines von neun Kindern am Fuße des Tian-Shan-Gebirges geboren worden. Damals gab es dort noch keine Chinesen.

In der südlichen Region leben vorwiegend Uiguren – mit zehn bis zwölf Millionen die größte ethnische Gruppe –, gefolgt von den Kasachen als zweitgrößte Gruppe mit etwa dreieinhalb bis fünf Millionen Menschen. Insgesamt finden sich in Ostturkestan etwa 13 unterschiedliche Ethnien, darunter Kirgisen, Tataren und Dunganen. Niemand kennt genaue Zahlen, da die chinesische Regierung Statistiken nach Belieben anfertigt.

Nach Abschluss meines Medizinstudiums habe ich zunächst als Ärztin in einem Krankenhaus gearbeitet, anschließend auf Lehramt umgeschult, um dann in Aksu als Direktorin von fünf großen Kindergärten des Ministeriums zu arbeiten. Als Beamtin hat mich der Staat genötigt, Parteimitglied zu werden. Nur Leute mit den besten Leistungen werden für dieses komplizierte Aufnahmeverfahren zugelassen. Oft dauert es Jahre, bis man ein vollwertiges Mitglied ist.

Wegen der zunehmenden Unterdrückung wollte ich mit meinen zwei Kindern und meinem Mann nach Kasachstan ziehen, aber muslimischen Staatsbeamten wie mir hatte die chinesische Regierung den Pass abgenommen. Daraufhin schickte ich meine Familie alleine fort, damit wenigstens sie in Freiheit leben konnten. »Ich komme bald nach«, sagte ich und klammerte mich fest an diese Hoffnung.

Ende 2016 setzte die chinesische Regierung in unserer Provinz Chen Quanguo als neuen Gouverneur ein, der zuvor Tibet in einen Friedhof verwandelt hatte. Seither führt Peking einen offenen Vernichtungsfeldzug gegen die einheimische Bevölkerung in Ostturkestan. Mehrfach holten mich in der Folge die Kader zu Verhören ab. »Überrede deine Familie, aus Kasachstan hierher zurückzukommen!«, verlangten sie unter Druck und Schlägen.

Kasachstan ist genauso wie der Rest der Welt für die KPCh Ausland. Und Ausland ist für die Kader ein Symbol für Andersartigkeit. Und alles, was anders ist, verkörpert den Feind. Niemals aber soll jemand jenseits der Grenzen erfahren, was in Ostturkestan wirklich vor sich geht. Ein offengelegter Genozid würde sonst die bestens laufenden Geschäftsbeziehungen Pekings mit dem Ausland gefährden.

Da ich den Kadern meine Familie nicht ans Messer geliefert hatte, zwangen sie mich im November 2017, als Lehrerin in einem Lager einheimische Häftlinge auf Chinesisch zu unterrichten. Etwa vier Monate später entließen sie mich und kündigten an, mich demnächst wieder einzusperren. Diesmal als Gefangene. Um dem zu entkommen, kletterte ich nachts aus dem Fenster und floh unter Lebensgefahr nach Kasachstan.

Schnell haben mich die Agenten Chinas dort aufgespürt, entführt und versucht, mich abzuschieben. Nur durch große Proteste und die Unterstützung der Bevölkerung Kasachstans sowie dank des Drucks internationaler Organisationen und Journalisten habe ich diese Tortur überlebt. In einer Phase, als meine Familie zum zweiten Mal unter Todesangst litt und uns die Auslieferung nach China drohte, nahm die schwedische Regierung uns auf, sodass wir im Juni 2019 fortgezogen sind.

Da ich es als erste Zeugin aus Ostturkestan gewagt hatte, in der Öffentlichkeit die Grausamkeiten in den Lagern und unserer Heimat zu schildern, hat mich die US-Regierung 2020 mit dem »International Brave Woman Award« ausgezeichnet. Die USA stehen auf der Liste der Staatsfeinde Chinas auf Platz eins, während Deutschland Rang drei oder vier einnimmt. Am 28. Februar 2021 habe ich den Internationalen Nürnberger Menschenrechtspreis erhalten. Seither bin ich noch heftigeren Angriffen der KPCh ausgesetzt. »Halte endlich deinen Mund!« Aber ich höre nicht auf, mich für die Freiheit der Menschen in Ostturkestan einzusetzen und dazu beizutragen, dass die Menschen auf der Welt erfahren, was in meiner Heimat vor sich geht.

Ostturkestan – ein reiches Land und Tor zum Westen

Warum wendet Peking solche enormen Anstrengungen auf, um unser Volk mit seinen unterschiedlichen Ethnien auszulöschen? Als Tor zum Westen ist Ostturkestan für die Kommunistische Partei Chinas (KPCh) strategisch sehr bedeutsam, denn hier laufen im weltweit größten Infrastrukturprojekt »Belt and Road Project« (Neue Seidenstraße) die neuen Handelswege und Investitionsströme zusammen.

Unser Land ist viermal so groß wie Deutschland, landschaftlich sehr vielfältig mit Wüsten, Bergen, Grasprärien und sehr reich an vielen Bodenschätzen wie Gold oder Erz; außerdem weist es die größten Öl- und Gasvorkommen in ganz China auf.

Seit jeher leben verschiedene ethnische Völker in dieser Region, die schon zu Zeiten der »Alten Seidenstraße« eines der bedeutsamsten Handelszentren der Welt bildete und eine wichtige Rolle beim Austausch mit der westlichen Kultur spielte. Im Laufe der Jahrtausende entwickelte unser turkstämmiges Volk eine einzigartige Identität, Kultur und Geschichte.

Wenn von Ostturkestan die Rede ist, sehen viele Leute dieses Land als Teil Chinas an. Tatsächlich stimmt das aber nicht. Die Chinesen kamen als Fremde in unser Land. Sie sahen anders aus, sprachen eine andere Sprache und hatten eine andere Kultur. Nach dem Fall der Qing-Dynastie im Jahr 1911 kämpften die Menschen in Ostturkestan viele Jahre und gründeten 1933 und 1944 zweimal eine unabhängige Republik. Zuletzt gelang es der Volksbefreiungsarmee dank Unterstützung der Sowjetunion, sich unsere Region 1949 gewaltsam einzuverleiben.

Mao Zedong benannte Ostturkestan in das »Uigurische autonome Gebiet Xinjiang« (chin. »Neue Grenze«) um. Zwar garantiert dieser Vertrag unserem Volk Selbstständigkeit in den wichtigsten Bereichen wie Sprache, Tradition, Kultur, Politik oder Wirtschaft, aber in Wahrheit hat uns die KPCh alle Rechte geraubt. Die Grausamkeiten der chinesischen Regierung gegenüber unserem Volk führten seither unter den Einheimischen immer wieder zu Protesten und Aufständen.

Von Anbeginn an arbeiteten die Kader auf das Ziel hin, alle Autonomiebestrebungen im Keim zu ersticken und sich die Schätze unseres Landes alleine zu sichern. Ostturkestan grenzt an Russland, Kasachstan, Kirgisistan, Tadschikistan, Pakistan, die

Mongolei, Indien und Afghanistan. In Afghanistan hat Peking 2021 sofort die politische Lücke genutzt, die die USA und ihre Verbündeten mit dem Abzug ihrer Truppen gerissen hatten. Seither arbeitet die chinesische Regierung mit den radikalen islamistischen Taliban zusammen, um dort im Rahmen der »Neuen Seidenstraße« Rohstoffe im Wert von mehreren Billionen Dollar zu bergen, während sie zeitgleich vorgibt, in Ostturkestan radikale Islamisten zu vernichten. China ist vermutlich das einzige Land, das den Dalai-Lama als Terroristen betrachtet und Masood Azhar als spirituellen Führer.

Immer gnadenloser verfolgen die Kader auch in den Nachbarländern alle geflohenen Landsleute aus Ostturkestan, weit über seine mit Kameras, Grenzzäunen und Patrouillen abgeriegelten Landesgrenzen hinaus. Peking drängt auf deren Auslieferung, was oft ihr Todesurteil bedeutet. Allein in Tadschikistan soll die Zahl von 3000 Flüchtlingen im Jahr 2016 bis zum Jahr 2018 auf rund 100 zurückgegangen sein.

Warum ist das ferne Ostturkestan wichtig für den Rest der Welt?

Von klein an bin ich mit der Propaganda der KPCh aufgewachsen. Die Kader trichterten uns ein, dass die KPCh das Herz des Volkes sei. Und dass ihr Ziel darin bestehe, die Lebensbedingungen unseres Volkes vollständig zu verbessern, damit wir uns weiterentwickelten, aber die Realität ist das genaue Gegenteil davon.

Das kommunistische System zensiert alle Informationen, kontrolliert und unterdrückt brutal das Volk. Die KPCh saugt das Blut des Volkes wie ein Vampir aus und zwingt uns in die Fesseln einer Schreckensherrschaft. In den letzten Jahrzehnten hat die chinesische Regierung viele Massaker gegen ihr eigenes Volk begangen, wie im Juni 1989 das auf dem Platz des Himmlischen Friedens. Mittels geschickter Täuschungsmanöver fabrizieren die Kader vor den Augen der internationalen Gemeinschaft jedoch eine andere Wirklichkeit oder verbieten, überhaupt darüber zu sprechen. Fünf Jahre Haft ist heute zum Beispiel die Höchststrafe für all jene, die wie in den letzten Jahrzehnten in Hongkong an einer Gedenkfeier dazu teilnehmen.

Bei ihrem vorgeschobenen Kampf gegen die sogenannten drei Übel: Separatismus, Terrorismus und Extremismus in Ostturkestan schont die chinesische Regierung niemanden, egal ob Mann, Frau, Greisin oder Säugling. Seit 2016 zerstört die KPCh das Leben Millionen Einheimischer, indem sie Unschuldige in Gefängnisse und moderne Konzentrationslager einpfercht, Kinder von ihren Eltern trennt, Familien auseinanderreißt und Menschen zu Opfern von Organhandel und Zwangsarbeit macht. Mittlerweile haben bereits viele Länder die Gräueltaten in diesem faschistischen System als Völkermord anerkannt.

Je größer der Druck der Außenwelt wird, desto eher zwingt man Peking zur Reaktion, dieses unmenschliche Verbrechen zu erklären und sofort zu beenden.

Die Welt wachrütteln, der KPCh die Maske vom Gesicht nehmen

Die chinesische Regierung ist sehr gut darin, Nebelkerzen zu werfen, um die Sicht anderer Menschen zu trüben. Noch kann sie keine Toten auferwecken, aber zu allem anderen scheint sie bereits in der Lage zu sein. Sie hat sogar die Geschichte Ostturkestans neu erfunden. Egal, welches Buch oder welche Unterlagen Sie aufschlagen, Sie werden überall die Propagandatexte finden, dass Xinjiang schon seit dem Altertum ein fester Bestandteil Chinas gewesen sei, obwohl es erst seit 1949 »Neue Grenzen« heißt.

Die Länder auf der ganzen Welt haben bislang nur das maskierte Gesicht der KPCh gesehen. Es ist an der Zeit, dass die Welt der chinesischen Regierung diese Maske abnimmt und ihr wahres Gesicht betrachtet. Die gnadenlose Politik der größten politischen Organisation der Welt beschränkt sich nicht auf die Unterdrückung der Menschen in Ostturkestan, Tibet, der Inneren Mongolei oder Hongkong. Alle anderen Länder müssen verstehen, dass die chinesische Regierung eine Bedrohung für die ganze Welt darstellt. »Der Osten steigt auf, der Westen geht unter«, so lautet Pekings Devise.

Das Bild von Mao Zedong in China ist seit fast einem halben Jahrhundert zu einem Bild der politischen Anbetung geworden. Über die blutige Geschichte hat die KPCh einen Mantel des Schweigens gebreitet. Heute folgt der Parteivorsitzende Xi Jinping den Spuren dieses Tyrannen, der ihm den Weg zu unserem Völkermord geebnet hat, und entwickelt dessen Ideen in der Gegenwart neu, um sein Ziel einer weltweiten Diktatur der KPCh für immer zu verwirklichen. Manche chinesischen Patrioten schwärmen infolge der staatlichen Regulierungswut gegen mächtige Tech-Riesen, Gaming-Industrie, Bildungssektor, kulturelles sowie privates Leben bereits von einer bevorstehenden »Neuen Kulturrevolution«. Laut KPCh handele es sich um Eingriffe, die der »geistigen Hygiene« dienen und die junge Generation auf einen Weg führen sollen, der in Zukunft frei von negativen westlichen Einflüssen sei.

Das Ausgangsland von Covid-19 scheint zudem das einzige Land zu sein, dem die Pandemie nicht geschadet hat. Chinesische Investoren nutzen die wirtschaftliche Not anderer Länder aus, um dort günstig weltweit Infrastruktur und in Bedrängnis geratene Schlüsselindustrien zu erstehen.

Sobald Peking nicht mehr auf chinafreundliche Unternehmen im Ausland angewiesen ist, wird es sie abschütteln wie ein lästiges Anhängsel, denn die KPCh will sich unabhängig machen vom globalen Finanzsystem, möchte den Dollar durch eine eigene Währung ablösen und die USA vom Thron stoßen. Landsleute werden aufgerufen, vor allem chinesische Produkte zu kaufen. Noch aber braucht Peking den Zugang zu ausländischen Technologien und anderen Märkten.

Während die USA und China im Handelsstreit liegen und auf beiden Seiten von »Abkopplung« die Rede ist, sorgen sich andere Staaten um die Auswirkungen auf ihre Geschäfte. Obwohl China zum Beispiel seit 2015 Deutschlands größter Handelspartner ist, sei gesamtwirtschaftlich betrachtet ein dadurch entstehender Schaden nicht übermäßig groß, meinen manche Wirtschaftsexperten.

Zwar ist die Abhängigkeit mancher Länder von China hoch, aber der Preis, den man zahlt, wenn man mit einer Diktatur zusammenarbeitet, ist auf Dauer höher. Wichtiger als ständiges Wachstum und Besitz ist die Freiheit. Reichtum ohne Freiheit hat keinen Wert. Und selbst wenn wir weniger haben sollten als vorher, dafür aber frei sind, bleiben wir immer noch reich.

In meinem 40-jährigen Leben in Ostturkestan habe ich mit eigenen Augen die Brutalität der KPCh gesehen. Nur wenige Menschen verstehen das Denken dieser politischen Organisation so gut wie wir Zeugen. Deshalb ist es so wichtig, dass Sie uns zuhören – auch um sich selbst zu schützen.

Sich auf die KPCh zu verlassen ist, als würde man sich selbst in Brand setzen.

Leben im größten Überwachungsstaat und Freiluftgefängnis der Welt

Wer in einer Diktatur Gerechtigkeit fordert, stellt eine Gefahr für das System dar. Deshalb betrachtet die chinesische Regierung Menschenrechte als die größte Bedrohung ihrer Macht. Um die Kontrolle zu behalten, hat Peking das ganze Land mit umfassender Überwachungstechnik ausgestattet. Wer dort auffällt oder sich dem Regelwerk der Partei nicht fügt, wird sofort aufgespürt und bestraft.

Aus der Ferne sieht es so aus, als säßen zahlreiche Vögel auf einer Stromleitung. Bei näherer Betrachtung aber sind es unzählige KI-gestützte Gesichtserkennungskameras, die auf die Köpfe der Menschen unter ihnen gerichtet sind. Die Software unterscheidet nach »Rassen« und erkennt, ob beispielsweise ein Uigure oder ein Chinese den Supermarkt betritt. Da »Uigure« und »Terrorist« in diesem System dieselbe Bedeutung haben, reicht schon das unrasierte Gesicht eines Muslims, um in der Polizeistation einen Alarm auszulösen und möglicherweise verhaftet zu werden.

Kein Mensch, der im größten Überwachungsstaat der Welt lebt, kann sich jemals sicher oder frei fühlen. Ununterbrochen werden all seine Daten an die zuständigen Behörden weitergeleitet und ausgewertet. Telefon, Computer, WeChat, Auto, Haus, persönliches Bankkonto und der monatliche Stromverbrauch …

Selbst auf Spaziergängen oder kurzen Fahrten ins Nachbardorf werden wir andauernd von Polizisten mit Maschinenpistolen angehalten, aus dem Auto geholt und zu allerlei Kontrollen gezwungen. Obwohl wir nichts Illegales getan haben und völlig unschuldig sind, beschleunigt sich unser Herzschlag. »Habe ich vielleicht doch etwas falsch gemacht und es nicht gemerkt?« Bei solchen Kontrollen haben wir sogar Angst, tief durchzuatmen oder unsere Stimme in falscher Tonlage zu erheben. Unser Körper ist von kaltem Schweiß bedeckt.

Die Uniformierten kontrollieren Angehörige unterschiedlicher Ethnien auf akribische Weise und demütigen uns dabei tief. Sie behandeln uns wie Schwerstkriminelle, die jeden Moment die Flucht ergreifen könnten. Wir müssen den Kopf vor diesen Polizisten beugen und alles tun, was sie anordnen, denn jeder anständige Bürger leistet bedingungslosen Gehorsam. Falls eine Muslimin sich weigert, beispielswese ihren Rock zu heben, wird der Polizist sofort seinen Chef anrufen und dort ihren Namen melden.

Dieser Anruf jedoch bedeutet den Untergang dieser Frau, weil sie sich als Kriminelle entlarvt hat. Eine, die dem Staat Widerstand leistet.

Eine mörderische Politik

Die KPCh zerstört den Zusammenhalt unseres Volkes. Zu dem Zweck sperren sie einen Teil der Menschen in Konzentrationslager und Gefängnisse, verpflichten den zweiten Teil zur Zwangsarbeit in der eigenen Heimat und verschicken den dritten Teil dafür ins Innere Chinas. Der vierte Teil ist im größten Freiluftgefängnis der Welt eingesperrt. Das bedeutet ein Leben unter ständigen Qualen, nicht tot und nicht lebendig zu sein.

Natürlich lassen die chinesischen Beamten auch dort die anderen Ethnien nicht zur Ruhe kommen. Nachdem diese tagsüber sehr hart gearbeitet haben, müssen sie sich abends in der Verwaltung eines jeden Bezirks versammeln und sich in langen Sitzungen einer Gehirnwäsche aussetzen, in denen sie auf Chinesisch über Zivilisation und Politik unterrichtet werden.

Als zivilisiert gelten alle Chinesen, als primitiv, abartig und ungebildet dagegen alle anderen Völker.

Seit Jahrzehnten schlucken wir Einheimischen jede Ungerechtigkeit der Besatzer, da wir nur mit dem eigenen Existenzkampf befasst sind: »Wie überlebe ich heute?« Wenn wir morgens in diesem Überwachungsstaat aufwachen, kneifen wir uns als Erstes ins Gesicht, um zu spüren, ob wir noch am Leben sind. Jeder denkt nur daran, den Tag zu überstehen, denn niemand weiß, was der nächste Morgen mit sich bringt. Vielleicht wird man verhaftet? Nie wieder freigelassen? Vielleicht morgen schon als Leiche verbrannt? Die Zukunft ist düster. In den Augen der KPCh steht jeder Einheimische unter dem Verdacht, ein Extremist zu sein.

In so einem Überwachungsstaat dürfen wir nicht einmal die einfachsten Dinge selbst entscheiden. Unseren Körper, unser Gehirn und unser Handeln – über all das bestimmen wir nicht selbst. Menschen in so einem System ähneln Schafen, die von der Regierung in Ställe gesteckt werden. Jederzeit darf die KPCh die Schafe, die an Gewicht zugenommen haben, schlachten oder verkaufen und damit Geld verdienen. Die Partei bestimmt, wo ein Muslim arbeitet und wie er sein Leben verbringt.

Die Partei bestimmt alles. Die Partei kann tun, was sie will und wann immer sie es will.

Potenzielle Mörder und gesicherte Küchenmesser

Da alle Muslime in Ostturkestan als potenziell verdächtige Mörder gelten, darf jede Familie nur eine Schaufel, ein Messer und eine Axt besitzen. Um Angriffen mit solchen tödlichen Waffen vorzubeugen, haben die chinesischen Unternehmen diese mit ID-Nummern und Chips versehen, sodass der Einsatz solcher Geräte 24 Stunden lang überwacht werden kann. Jeder Kontrolleur weiß also, wann und wie lange beispielsweise eine Mutter in der Küche Gemüse schneidet oder der Vater den Garten mit der Schaufel umgräbt.

Wird das Messer für andere Zwecke benutzt oder nach der Arbeit nicht an seinen üblichen Platz in der Küche zurückgelegt, erhält das Überwachungssystem eine Meldung. Tritt so ein Alarm ein, droht insbesondere dem Besitzer des Hauses Inhaftierung, dessen ID-Nummer auf dem Küchenmesser eingetragen wurde. Genauso können aber auch alle anderen Bewohner als verdächtige Personen ins Lager gesteckt werden.

Als Direktorin musste ich dafür sorgen, dass wir in der Küche des Kindergartens nur noch zwei Gemüsemesser besaßen. Diese Messer waren nicht nur mit einer Überwachungsnummer versehen, sondern zusätzlich mit Ketten am Fuß des Esstisches in der Küche befestigt. Der Griff konnte nicht von der Kette entfernt werden. Wer diesen Anweisungen nicht folgte, setzte alle Beschäftigten der Gefahr aus, eingesperrt zu werden.

Totale Überwachung

Mit enormer Anstrengung unterdrückt die KPCh seit ihrem Entstehen vor 100 Jahren jede abweichende, kritische Stimme. Insbesondere seit Xi Jinpings Machtübernahme im Jahr 2012 ist ihr oberstes Ziel die totale Kontrolle aller Menschen. Dazu nutzt die KPCh heute die modernsten Technologien, nimmt uns sogar Blut, DNA und Stimmproben ab.

Jedes Handy, alle Fernseher, Router und Strommasten haben die Kader mit Spionagegeräten ausgestattet. Selbst die Kasachen in den entlegensten Gebieten erreichen sie auf diese Weise. Anfangs haben die Beamten die Oberhäupter in solchen Bergdörfern mit kostenloser Technik gelockt, um dann bei Bauern und Hirten diese Antennen- und Signalempfangsanlagen zu installieren. Erst später haben wir Einwohner erfahren, dass diese Geräte mit speziellen Spionageprogrammen versehen sind, um jeden unserer Schritte zu überwachen. Alle Informationen laufen über die »Integrierte gemeinsame Operationsplattform« zusammen. Das Big-Data-Programm wird für eine »vorausschauende Polizeiarbeit« genutzt. Das heißt, dass Unschuldige vorbeugend eingesperrt werden.

Die KPCh benutzt aber nicht nur die Technik, sondern auch andere Menschen zur gegenseitigen Beschattung. Eine wichtige Rolle spielen dabei alle Lehrer. Durch gezieltes Abfragen der Schulkinder müssen sie für die Kader bestimmte Informationen ermitteln: »Worüber sprechen deine Eltern? Womit beschäftigen sie sich? Welche Pläne haben sie? Wen laden sie als Gäste ein? Und, und, und …« Die Kinder sind gezwungen, dem Lehrer jeden Tag solche privaten Informationen zu melden. Dadurch sind die Behörden immer auf dem Laufenden, was jede Familie jeden Tag zu Hause macht.

Zusätzlich heuert die KPCh andere Zivilpersonen an, um Menschen auszuspionieren. Das können beispielsweise der Nachbar in einem Wohnblock, ein Verwandter in einer großen Familie, ein Kollege in der Firma oder Leute sein, die in derselben Straße leben. An jedem Standort sind 24-Stunden-Hotlines installiert und Briefkästen vorbereitet, damit jedermann jederzeit einen Verdacht bei den Behörden melden kann.

Die Kader machen den Leuten klar, dass sie ihr Leben nur durch Verrat an anderen retten können. Infolgedessen beginnen die Eltern, ihren eigenen Kindern und Verwandten zu misstrauen. Die Menschen werden immer argwöhnischer und haben Angst voreinander. Sie breiten über alle Telefone, Fernseher und Internetmodems im Haus dicke Bettdecken und nehmen nur noch zögerlich mit anderen Kontakt auf. Vielleicht werden die Kontaktierten sie morgen schon verleumden?

Nach außen hin verkauft Peking dieses größte menschliche Versuchslabor der Welt als hypermodernes und komfortables Leben sowie als Zukunftsmodell für andere Länder. Für den Einzelnen aber gleicht das Leben dort einem Balanceakt auf dünnem Seil über einem tiefen Abgrund.

72 fabrizierte Vorwände für eine Inhaftierung

Wie wäre das? Wenn Ihnen nachts plötzlich ein Sack über den Kopf gezogen wird, weil Sie WhatsApp auf Ihrem Handy installiert haben? Wenn Sie mit Stromschlägen gefoltert werden, da Sie mit Freunden im Ausland telefoniert haben?

Um den Völkermord in Ostturkestan zu begehen, hat die KPCh die Gerichte mit unbegrenzten Rechten ausgestattet. Wie man das Gesetz auslegt, bestimmt alleine die Partei. Eigentlich garantiert Chinas Verfassung Religionsfreiheit. Unter Xi Jinping, der zu Beginn ausgerufen hatte, für eine »Herrschaft des Rechts« zu kämpfen, werden aber auch immer mehr chinesische Anwälte in Hongkong weggesperrt, die gegen willkürliche Inhaftierungen Einspruch erheben. Tatbestand: »Störung der öffentlichen Ordnung«.

Folgende fabrizierte Vorwände reichen aus, um Uiguren, Kasachen und andere Ethnien in Ostturkestan zu inhaftieren. Ohne jeden Prozess. Alle Punkte, die auf Kasachstan bezogen sind, gelten genauso für die in Ostturkestan lebenden Ethnien wie Kirgisen, Tadschiken, Usbeken, Mongolen, Tataren …

Folter, Gehirnwäsche und schlimmstenfalls Mord erwartet alle Personen, die

1. … einen ausländischen Pass besitzen.
2. … ins Ausland gegangen sind.
3. … Kontakte ins Ausland haben.
4. … Verwandte im Ausland haben.
5. … eine Website anklicken, die Links zu unerwünschten ausländischen Websites enthält.
6. … eine Kasachstan-Greencard besitzen.
7. … eine blaue Flagge Kasachstans an den Rückspiegel ihres Autos hängen.
8. … sich positiv über Kasachstan äußern und damit Propaganda für ein anderes System machen.
9. … kasachische oder andere ausländische Lieder hören und verbreiten.
10. … Nachrichten und Bilder, die innerhalb des chinesischen Staates veröffentlicht wurden, an Menschen senden, die im Ausland leben.
11. … offen angeben, welche Nationalität sie haben.
12. … nach Spuren ihrer gefangenen Verwandten suchen.
13. … die Regierung kritisieren oder sich über sie beschweren.
14. … es ablehnen, Chinesisch zu lernen.
15. … nicht an der Feier der chinesischen Nationalfeiertage teilnehmen möchten.
16. … nicht vollständig die sogenannte Familien-Kampagne (»Pair Up and Become Family«-Politik, uigurisch: qoshmaq tuqqan siyasiti) befolgen.
17. … viel Strom verbrauchen.
18. … WhatsApp auf ihrem Handy haben.

19. …zu viele Kinder haben.
20. … die App »Zapya« installiert haben, um größere Dateien zu verschicken.

Verleumdung und Verbrechen im Zusammenhang mit der Religion: Das betrifft Menschen, die

1. … sich Bärte wachsen lassen.
2. … Hijabs tragen.
3. … eine einfache Kopfbedeckung wie eine Doppa tragen.
4. … lange Hemden tragen.
5. … Namaz beten.
6. … Namaz beten lernen.
7. … darauf achten, ob ihre Speisen »halal« oder »haram« sind.
8. … ihre Kinder zum Namaz-Beten motivieren.
9. … ihre Nachbarn, Verwandten und andere zum Namaz-Beten ermutigen.
10. … die Waren des türkischen Staates verwenden, zum Beispiel normale Teppiche im Haushalt.
11. … gegen die Richtlinien für geplante Geburten verstoßen.
12. … religiöse Nachrichten auf ihrem Telefon haben und senden, zum Beispiel »einen gesegneten Freitag« wünschen (uigurisch: Jüme mubarek bolsun!).
13. … sich dagegen widersetzen, dass ihre Kinder mit Chinesen zwangsverheiratet werden.
14. … für die Moschee spenden.
15. … Mullahs sind.
16. … Imame sind.
17. … beim Bau der Masjid geholfen haben.
18. … den Koran zu Hause haben.
19. … zu Hause einen Gebetsteppich haben.

20. … andere ermutigen, für die Moschee zu spenden.
21. … aufhören, Alkohol zu trinken und zu rauchen.
22. … religiöse Inhalte auf ihren Computern und Mobiltelefonen haben.
23. … Kinder und andere im Ramadan zum Fasten ermutigen.
24. … Kinder ermutigen zu beten.
25. … islamische Hochzeitszeremonie durchführen.
26. … religiöse Orte schaffen/bauen.
27. … religiöse Aktivitäten organisieren.
28. … religiöse Websites besucht haben oder Bücher sowie andere Dokumente mit religiösem Inhalt verbreiten.
29. … als Angestellte unter 24-Stunden-Überwachung arbeiten und gegen Vorschriften verstoßen.
30. … Partys wie »meshrep« und »chay« organisieren.
31. … ohne staatliche Erlaubnis heiraten wollen.
32. … verstorbene Angehörige nach religiösen Regeln begraben.
33. … vor und nach dem Essen »Bismillah« sagen und die Hände über das Gesicht streichen.
34. … sich mit Esselamu Eleyküm (arabische Schreibweise: As-salamu alaykum) begrüßen.
35. … Familienmitglieder haben, die von der chinesischen Regierung als Sicherheitsrisiko oder »mittlere Sicherheitsrisikofamilie« eingeordnet wurden.
36. … im Ramadan Menschen zum Fastenbrechen zu sich einladen.
37. … religiöse und nationale Kleidungen tragen.
38. … ihre Häuser mit nationalen Bräuchen und Stilen schmücken und ablehnen, die Dekorationen zu entfernen, wenn Beamte sie bei Kontrollbesuchen dazu auffordern.

39. … Halbmond- und Sternsymbole auf den Grabsteinen ihrer Verwandten haben und die Schriften nicht entfernen.
40. … Kontakt zu Häftlingen haben, die aus der Haft entlassen wurden.
41. … Bücher aus Ländern wie Kasachstan oder der Türkei gelesen und zu Hause behalten haben.
42. … nationale Musikinstrumente aus Kasachstan oder der Türkei zu Hause haben.
43. … eine Pilgerreise planen.
44. … Gedichte und Lieder über Kasachstan schreiben.
45. … Umsiedlung von Kasachen nach Kasachstan fördern.
46. … Schriftsteller sind und Artikel oder Essays über Geschichte, Sitten oder Bräuche ihres Volkes schreiben.
40. … nationale ethnische Kunsthandwerke herstellen.
48. … das Wort »Halal« nicht rechtzeitig am Fenster des Restaurants entfernt haben.
49. … die eine staatliche Anordnung nicht rechtzeitig ausführen.
50. … dreimal nicht an der Flaggen-Zeremonie teilgenommen haben.
51. … am Freitags- oder Eid-Gebet teilnehmen.
52. … predigen und religiöse Informationen geben und andere durch ihren Glauben ermutigen.

Diese Gründe habe ich aus dem Gedächtnis heraus notiert, aber es gibt noch mehr. Eine Zeit lang schickte die chinesische Regierung beispielsweise Uiguren und Kasachen gezielt zum Religionsstudium, um auf diese Weise gefügige Imame zu erziehen. Obwohl diese Männer, mit Förderung der KPCh, danach in die Moscheen zurückkehrten, um dort ihre Arbeit aufzunehmen, wurden sie ab 2016 für ihre »Religiosität« lange Jahre inhaftiert.

Immer wieder werden heimlich aus Ostturkestan staatliche Dokumente wie die *China Cables* oder die sogenannte *Karakax-Liste* durchgestochen. Daraus geht deutlich das ungeheuerliche Ausmaß der Überwachung unserer Landsleute hervor und aus welch lächerlichen Gründen sie hinter Gitter gesperrt werden.

Dass es sich dabei nicht um freiwillige Aufenthalte handelt, wie Peking behauptet, belegen wenige Sätze aus den *China Cables,* wie »Es dürfen auf keinen Fall Ausbrüche vorkommen« oder wenn sich die Insassen nicht an die Regeln hielten, sei »das Ausmaß von Züchtigungen und Strafe … zu erhöhen«.

Diese »Leaks« beweisen, dass die chinesische Regierung den Kampf gegen Extremismus nur vorschiebt, um Kultur und Religion eines ganzen Volkes auszuradieren. Für eine Verhaftung reicht es aus, als Uigure oder Kasache geboren zu sein. Zwar bezeichnet Peking weiter fast automatisiert alle Vorwürfe als Lügen und Schmähkampagnen, doch die eigenen staatlichen Dokumente widersprechen ihnen und zeigen die Wahrheit auf.

ZUMRET DAWUT – ZEUGIN ZWANGSSTERILISATION

Vom Überleben im Schlachthaus

Wenige Tage vor dem Interview musste sich Zumret Dawut einer Operation an der Gebärmutter unterziehen, bestand aber trotz ihrer Schmerzen auf den vereinbarten Termin. »Egal, wie schlecht es mir geht, ich muss meinen Landsleuten eine Stimme geben, denn es gibt so viele Uiguren in den Lagern, die keine Möglichkeit haben zu sprechen …«

Seit ihrer Flucht aus Ostturkestan lebt die 39-Jährige mit ihrer Familie in Virginia. In ihrer Heimat hatte die chinesische Regierung die ehemalige Geschäftsfrau zunächst interniert und danach einer Zwangssterilisation unterzogen. In den USA habe die Gynäkologin nach ihrer Untersuchung wütend auf den Tisch gehauen und geschimpft: »Jetzt weiß ich, was die chinesische Regierung mit den uigurischen Frauen macht. Das sieht schlimm aus!«

Zumret blättert sogleich in einer dicken Mappe mit Unterlagen, um deren Attest herauszusuchen. »Die Ärztin meinte, dass die zahlreichen Wucherungen und Zysten in meiner Gebärmutter auch auf die Zwangseinnahme von Medikamenten zurückzuführen sind. Und dass ich in letzter Minute zu ihr gekommen sei.«

Immer wieder wird Zumret während unserer Gespräche ihre Aussagen mit Fotos, Videoaufnahmen, Artikeln oder Dokumenten aus Ostturkestan stützen. Keiner Zeugin ist es wie ihr bislang gelungen, so viele Beweismittel in den Westen zu schmuggeln. »All diese Belege habe ich gesammelt, als ob ich gespürt hätte, dass ich sie eines Tages brauchen könnte …«

Zumret Dawut ist Mutter dreier Kinder und eine der wichtigsten Zeuginnen für Zwangssterilisation. Gleichzeitig berichtet sie über das Leben im größten Überwachungsstaat der Welt, Zwangsabtreibungen, die sogenannte Verwandtschaftlichungs-Kampagne, Folter und Medikamentenzwang in den Lagern.

Zumret Dawut

Amerika

Zwar lebe ich heute in den USA in Freiheit, aber trotzdem ist die Angst mein ständiger Begleiter geblieben. Wenn ich nach draußen gehe, glaube ich, verfolgt zu werden. Ich habe sogar Angst, aus dem Fenster zu schauen, weil ich fürchte, dass mich ein Spitzel Chinas von Weitem erschießen könnte.

Fühle ich mich heute aufgrund meiner Erlebnisse schlecht und werde mit einem Mal aggressiv, wünsche ich mir, wieder dieses Pulver wie im Lager zu schlucken, nichts mehr zu spüren und in einen Dämmerzustand zu versinken. Bis heute fühle ich mich davon wie eine Drogenabhängige, süchtig und benebelt.

Momentan bin ich arbeitsunfähig und statt zu arbeiten, spreche ich zur Öffentlichkeit. Kurz bevor ich am 23. September 2020 für eine Zeugenaussage nach New York reiste, versuchten meine Brüder aus Xinjiang, mich mit einer Sprachnachricht von meinem Auftritt abzuhalten: »Die Polizei hat gerade unseren Vater abgeholt. Fahre nicht dahin!«

Das war ein entsetzliches Dilemma für mich. Tausend Fragen drängten sich zugleich in meinen Kopf. Was wird aus meinem Vater? Was aus meinen Kindern? Zuletzt atmete ich tief ein und reckte das Kinn. »Ich darf mich nicht durch diese Drohungen einschüchtern lassen.«

Am 12. Oktober schickte mir ein früherer chinesischer Mitbewohner, bei dem ich unten in unserem Wohnblock immer Gemüse und Obst gekauft hatte, eine Sprachnachricht. »Dein Vater starb deinetwegen, weil du diese Zeugenaussage gemacht hast. Du hättest ihn retten können.«

Als wäre dieser Schock nicht gewaltig genug, zitierte tags darauf das chinesische Parteiorgan *Global Times* einen meiner Brüder. Ich sei nie im »Berufs- und Ausbildungszentrum« gewesen und nie sterilisiert worden. Auch die Rede des US-Außenministers Mike Pompeo im Vatikan bezeichnete er als eine »glatte Lüge«, weil er meinen Fall als Beispiel für religiöse Verfolgung in China erwähnt hatte. Woher hatte mein Bruder in Xinjiang bloß von der Rede Pompeos erfahren? In China wird jede Kritik aus dem Ausland sofort im Netz gelöscht.

Diese Form des Terrors gehört zu den üblichen Methoden, wie Peking versucht, die Wahrheit zu unterdrücken – indem sie unsere Väter ermorden oder Brüder zu Verleumdungen über ihre eigene Schwester zwingen.

Durch mein Schweigen könnte ich zwar meine Familie in den USA schützen, aber gleichzeitig litten darunter Millionen unschuldiger Menschen in meiner Heimat.

Darum erzähle ich meine Geschichte.

Bis 2016: Als das Leben schwer, aber noch lebenswert war

Meine Eltern haben mir viel über unsere jahrhundertealte Kultur und die gewaltsame Besetzung unseres Landes durch China erzählt. Ich bin in einer gebildeten und wohlhabenden Familie in der Uigurischen Autonomen Region Xinjiang (XUAR) in Urumqi aufgewachsen. Mein Vater war Imam, ich selbst eine begeisterte Tanzstudentin.

Durch meine Hochzeit mit dem Geschäftsmann Imran Muhammad, der aus Pakistan kommt, habe ich mein Wissen über den Islam noch vertieft. Erst nach unserer Hochzeit im Jahr 2005 fing ich an, fünfmal am Tag zu beten. Für mich ist Religion eine Anleitung, ein guter Mensch zu sein.

Zu Chinesen pflegten wir keine engen Kontakte, weil sie uns Uiguren wie minderwertige Menschen betrachten. Gemeinsam mit meinem Mann baute ich unser kleines, aber erfolgreiches Import-Export-Unternehmen in unserer Landeshauptstadt aus. Wir lieferten unter anderem Lebensmittel aus Pakistan wie Pinienkerne ins östliche China.

Unser Glück vergrößerte sich mit der Geburt unseres Sohnes Danish im Mai 2006, dem im April 2008 unsere Tochter Nuzut folgte. Uns Uiguren waren laut Gesetz zwei Kinder in der Stadt und drei auf dem Land erlaubt.

Am 5. Juli 2009 kam es in Urumqi zu einem Aufstand von Uiguren gegen die permanente Unterdrückung der Regierung. Peking ließ Panzer und schwere Geschütze auffahren. Unter den Toten waren weit mehr Uiguren als Chinesen.

Ab da schürte die Regierung im chinesischen Volk die Rachegefühle und schlug die Propaganda-Trommel: »Der Terrorismus muss bekämpft werden.« Unter diesem Vorwand sollten in der Folge alle Uiguren bestraft werden. Jeder Muslim, der internationale Geschäfte tätigte, galt der Regierung seither als besonders verdächtig.

Das unerlaubte dritte Kind

In unserer Kultur betrachten wir große Familien als einen Segen. Die chinesische Regierung aber hatte muslimische Mütter ab dem zweiten Kind seit vielen Jahren dazu verpflichtet, sich eine Spirale einsetzen zu lassen.

Da ich wie viele andere Frauen nach Einsetzen der Spirale unter starken Bauch- und Rückenschmerzen sowie ständiger Übelkeit gelitten habe, ließ ich sie heimlich von einer uigurischen Ärztin entfernen. So war ich 2013 bald mit meinem dritten Kind schwanger. Das löste große Freude in mir aus, aber auch Panik vor einer drohenden Zwangsabtreibung.

Vielleicht waren es Stress und Angst, die bei meiner dritten Schwangerschaft zu Komplikationen geführt haben. Als mir die Ärzte bescheinigten, dass ich keine Abtreibung vornehmen lassen dürfe: »Sonst wird die Mutter wahrscheinlich daran sterben«, fielen mir mehrere Steine vom Herzen. Trotzdem kamen die Leiterinnen von der Familienplanung zu mir nach Hause und verlangten eine Zwangsabtreibung.

Mein Mann stellte sich schützend vor mich und machte diesen Beamtinnen unmissverständlich klar, dass er als Ausländer über mehr Rechte als andere muslimische Einheimische verfügte: »Meine Frau wird das Kind in meiner Heimat als pakistanischen Bürger zur Welt bringen.« Damit sind wir der chinesischen Geburtenstatistik entkommen.

Die nachfolgende Geldstrafe schreckte uns nicht. Zu der Zeit kostete ein drittes Kind die Eltern eine einmalige Strafe von etwa 2000 Yuan. Für das vierte zahlte man das Doppelte, für das fünfte das Dreifache usw.

Um unsere jüngste Tochter Iffat nach der Geburt auch bei unseren Behörden in Urumqi anzumelden, mussten wir in einem Militärkrankenhaus des Bingtuan (Xinjiang Produktions- und Aufbau-Korps) einen DNA-Test von ihr machen lassen, der zusätzlich 6000 Yuan gekostet hat. Danach sollten wir zehn Nachbarn nachweisen, die belegten, dass dieses Baby wirklich zu uns gehörte. Erst danach erhielten wir die amtliche Anerkennung für Iffat. Was sollten wir uns weiter ärgern? Wir waren wohlhabend und hatten drei gesunde Kinder.

Zwangsabtreibungen

Zwangsabtreibungen kamen in Xinjiang schon vor meiner Geburt vor. In jedem Ort gibt es ein Familienkomitee, das für die Familienplanung zuständig ist; in der Regel besteht es aus zwei Frauen. Früher war eine davon meine Mutter.

Ihre Kollegin war sehr herzlos und grausam, aber meine Mutter war sehr freundlich und hat versucht, den Schwangeren zu helfen. »Verstecke dich zu Hause und zeige nicht, dass du ein Kind bekommst«, hat sie ihnen geraten. Heimlich hat Mutter auf diesem Weg vielen Schwangeren geholfen, ihr Kind zur Welt zu bringen. Später haben diese Frauen ihren Sprösslingen voller Ehrfurcht von ihr erzählt: »Ohne diese alte Tante wärst du heute tot …sie hat viele Leben gerettet.«

Am Ende ist meine Mutter infolge einer Zwangsabtreibung gestorben. Nicht weil sie selbst das Opfer dieser Handlung gewesen war, sondern weil sie Zeugin eines solchen Verbrechens wurde. Das hat ihr das Herz gebrochen.

Mutters Leiden begann damit, dass mein ältester Bruder 1991 bei einem Verkehrsunfall ums Leben gekommen war. Laut Gesetz muss in China der Verursacher eines Verkehrsunfalls für den Verletzten bis ans Lebensende finanziell sorgen. Falls aber das Opfer den Unfall nicht überlebt, muss er lediglich eine einmalige Strafe bezahlen.

Ein chinesischer Lkw-Fahrer hatte meinen ältesten Bruder auf der Straße überfahren und ihm dabei beide Beine zerquetscht. Als der Fahrer bemerkte, dass mein Bruder noch lebte und versuchte, auf dem Bauch wegzurobben, setzte er mit dem Lkw zurück und fuhr so lange über seinen Körper, bis sich nichts mehr in ihm regte. Um ihn zu beerdigen, mussten wir seine fleischlichen Reste mit Schaufeln vom Boden kratzen, die übrigen Körperteile aufsammeln und danach die Straße reinigen.

In der Firma war der Bruder des Lkw-Fahrers der Chef. Als Entschädigung hat er unserer Familie 2000 Yuan angeboten. Mutter wollte das nicht annehmen und verlangte, dass der Fahrer vor Gericht gestellt werde. »Nein, so ein Gesetz gibt es für Muslime nicht«, stutzte dieser Chef meine Mutter zurecht, »entweder ihr nehmt dieses Geld oder ihr bekommt gar nichts.«

Der grausame Tod meines Bruders zog eine weitere Tragödie nach sich. Mein Bruder hatte eine kleine Tochter und eine Frau zurückgelassen, die kurz vor der Entbindung mit ihrem zweiten Kind stand. Während die hochschwangere Witwe um ihren Mann trauerte, erließ die Regierung die Anweisung, dass zwischen zwei Kindern mindestens drei Jahre Abstand liegen müssten. Das war bei meiner Schwägerin nicht der Fall, deswegen musste ihr Kind zwangsabgetrieben werden. Es blieben jedoch nur noch wenige Tage bis zur Geburt. Obwohl Mutter bei der Stadtverwaltung händeringend darum gebeten hatte: »Lasst mir wenigstens sein Kind …!«, da sie gerade erst ihren

Sohn verloren hatte, haben sich die chinesischen Mitarbeiter nicht erweichen lassen.

Im Krankenhaus sahen Mutter und ich dabei zu, wie der Arzt eine Spritze in die Mitte des Bauches der Schwangeren setzte, sodass er den Kopf des Kindes darunter getroffen hat. Dann leiteten sie die Geburt ein. Auf einmal entdeckte Mutter, dass sich der Säugling bewegte. Es war ein kleiner Junge. Wir haben uns sehr gefreut und der Schwester zugerufen: »Ach, das Kind lebt noch!« Mutter nahm den Säugling sehr behutsam in die Arme und wiegte ihn, aber Arzt und Schwestern haben nur traurig die Köpfe geschüttelt. »Das Kind wird nicht lange überleben. Es wird entweder schwerbehindert bleiben oder halb gelähmt sein …« Doch Mutter wollte das Kind nicht mehr hergeben. »Mir ist das egal. Ich nehme das auf mich. Ich werde auf den Kleinen aufpassen.« Eine halbe Stunde später hat sein kleiner Körper plötzlich begonnen zu zittern und zu krampfen, und das Baby hat den Kopf hin und her gedreht. So hatte der Kleine nur wenige Atemzüge bis zu seinem Tod getan.

Kurz darauf musste die Frau meines anderen Bruders, die im achten Monat schwanger war, ebenfalls eine Zwangsabtreibung vornehmen lassen. Mutter hatte den tragischen Tod ihres Sohnes akzeptiert, aber dass danach zwei Enkelkinder vorsätzlich getötet wurden und eines davon mit blutigem Köpfchen in ihren eigenen Händen verstorben war – das hat sie nie verkraftet. »Warum haben sie diese kleinen Kinder getötet?« Dieser Gedanke verfolgte sie wie ein dunkler Geist. Seither vermochte sie kaum noch zu essen und zu schlafen, ließ sich von uns nicht beruhigen und von Ärzten nicht behandeln, bis sie 1997 ihre letzte Kraft verloren hatte.

1997 haben wir meine Mutter auf unserem muslimischen Friedhof begraben. 2016 hat die chinesische Regierung alle

Muslime aufgefordert, ihre Angehörigen wieder auszugraben und die Überreste mit nach Hause zu nehmen. Der gesamte Friedhof werde demnächst einplaniert. »Aber wo sollen wir unsere Toten dann begraben?«, haben wir ratlos gefragt. Die Regierungsmitarbeiter haben nur abgewunken: »Das erfahrt ihr später.« Am Friedhof teilten die chinesischen Mitarbeiter weiße Säcke für die Leichenteile aus. Bald knieten überall Menschen am Boden, um die Skelette zu bergen und in diese Müllsäcke zu stecken. Die Knochen waren sehr groß. Ein starker Wind wehte und erzeugte dabei ein lautes Geräusch, sodass überall um uns herum das Klappern der Knochen erklang. Es war sehr schmerzhaft und unmenschlich, so etwas zu erleben.

Einige Familien haben die Säcke mit den Halbverwesten im Keller aufbewahrt, andere im Bad. Nach 15 Tagen hatten die Behörden ein Massengrab für alle Säcke vorbereitet. Nicht einmal vor unseren Toten hatte die chinesische Regierung Respekt.

Umzug, Fahnenweihe und Drehtüren

Ab 2016 wurde das Leben für alle Uiguren unerträglich, und zwar in allen Bereichen. Unser Haus mit Garten, in der Nähe vom Flughafen, hatte einer Straße weichen müssen. Uiguren durften ab sofort nicht mehr ziehen, wohin sie wollten. »Euren Wunsch können wir nicht erfüllen«, begründeten die Beamten ihre Ablehnung, »in dem Viertel wohnen bereits genug uigurische Familien.« Sie wollten den Zusammenhalt unter den Uiguren lösen und schickten uns in einen Bezirk, in dem viele Chinesen lebten. So zogen wir in einen sechsstöckigen Wohnblock in der Stadt, den uns die Behörden zugeteilt hatten. Wir gaben uns damit zufrieden. Die Wohnung hatte drei Schlafzimmer, Küche, Bad und ein großes Wohnzimmer.

Jeden Montagvormittag stand »Flaggenparade« auf dem Programm. Egal, ob im Winter bei minus 40 °C oder im Sommer bei plus 40 °C, immer versammelten wir uns um die Ecke, sahen zwei Stunden lang dabei zu, wie die rote Fahne gehisst wurde, und sangen die chinesische Nationalhymne. Einige Han-chinesische Einwohner, die anders als wir nicht zur Teilnahme daran gezwungen waren, haben uns deswegen verspottet: »Ach, jetzt ist wieder eure Zeit gekommen. Ihr müsst jetzt wieder eure Liebe für euer Land zu zeigen.« Abschließend nahmen wir unter der chinesischen Flagge den Wochenplan der Regierung mit unseren neuen Aufträgen entgegen. Zum Beispiel: »Dienstag: Blutspende, Donnerstag: Familienplanungskomitee …« Wer sich nicht genau daran hielt, den holte die Polizei ab.

Regelmäßig mussten sich alle muslimischen Ehefrauen zur Kontrolle beim Familienplanungskomitee einfinden. Die extra angereisten Frauenärztinnen hatten dort bereits ihre Gerätschaften aufgebaut. Zuerst untersuchten sie unseren Urin, dann mit Ultraschall Unterbauch und Gebärmutter. In erster Linie ging es darum, Schwangerschaften zu erkennen und zu verhüten.

Ein neues Gesetz verbot, die Spiralen trotz Beschwerden entfernen zu lassen. Nur wer es schaffte, bei fünf Behörden die Genehmigung für einen Eingriff einzuholen, durfte operiert werden.

Diese Verordnung genau wie die Blutspende traf nur muslimische Frauen. Chinesische Frauen lehnten Spiralen meist grundsätzlich ab, weil sie bekanntlich nicht gut verträglich waren und auf Dauer als gesundheitsschädlich galten. Meine Tante und eine ihrer Freundinnen starben, weil ihre Spiralen nach zehn Jahren ins Gewebe eingewachsen waren und es angefangen hatte zu eitern. Das hatte eine tödliche Infektion ausgelöst.

Unangekündigter Besuch ist verboten

Mittlerweile waren an jedem Hauseingang elektronische Drehtüren mit Kameras und Gesichtsscannern installiert. Dort war auch ein Chip angebracht, den die Mitarbeiter des Familienkomitees an der Eingangstür regelmäßig mit einem iPad abgelesen haben. Unangekündigter Besuch zu Hause war verboten. Die Polizei nahm bei der Anmeldung die Daten der Gäste auf und bestimmte, ob und von wann bis wann beispielsweise die Eltern zum Teetrinken bleiben dürften. Anfangs mussten Chinesen und Uiguren noch gemeinsam durch solche vollautomatisch gesteuerten Türen treten, wo auch immer sie hingegangen sind. Später aber haben die chinesischen Einwohner gegen diesen Umstand protestiert. Seither galt die Regelung nur noch für uns Muslime.

In der Schule durften meine Kinder nicht mehr in ihrer Muttersprache reden. Um ihr Sprachniveau in Chinesisch zu verbessern, mussten sie jeden Tag zusammen mit Han-chinesischen Schülern pauken. Während die Han-chinesischen Schüler danach Freizeit hatten und nach Hause gehen durften, mussten die uigurischen Schüler dableiben, um ihr Chinesisch zu verbessern.

Schon lange hat sich keiner mehr getraut, Befehlen der chinesischen Regierung offen zu widersprechen. Waffen hatten wir keine. Und falls jemand gewagt hätte, mit Worten Widerstand zu leisten, hätten die Sicherheitsbehörden nicht nur diese Person, sondern auch ihre Geschwister und Eltern bestraft. Daher traute sich kein Muslim mehr, seine Wut zu zeigen.

Überwachungsmaßnahmen: Menschen verschicken, Pässe sammeln, Blutproben nehmen

Ab Juni 2016 haben die Behörden alle muslimischen Studenten, Geschäftsleute oder Besucher, die nicht in Urumqi gemeldet waren, zurück in ihren Geburtsort geschickt. Danach wirkte die Hauptstadt wie leer gefegt. Viele Geschäfte oder von Uiguren betriebene Restaurants blieben geschlossen.

Mein Vater besaß einige Wohnblöcke, die er vermietete. Daher habe ich mitbekommen, dass viele seiner Mieter ins Lager gesperrt worden sind, nur weil sie trotz dieser Anordnung in Urumqi geblieben waren. Manche Leute hatten auch versucht, aus der Provinz wieder zurück in die Stadt zu flüchten, weil sie erfahren hatten, dass in ihrem Heimatort so viele Menschen hinter Mauern mit Stacheldraht verschwunden waren.

Im September und Oktober 2016 folgte der nächste Schritt, der unser Leben drastisch einschränkte. Alle Uiguren in Urumqi mussten ihre Pässe bei der Polizei »auf den technisch neuesten Stand« bringen lassen. In Hotan oder Kashgar hatten sie damit schon Monate vorher begonnen. Gleichzeitig nahmen die Beamten meine Fingerabdrücke, eine Blut- und Stimmprobe und vermaßen meinen Körper. Anschließend besorgte ich, wie befohlen, ein Ladekabel und lief damit zum Bezirksamt, um dort mein Handy kontrollieren zu lassen. »Wer dort freiwillig hingeht, bekommt danach keine Probleme«, hatten sie uns versprochen, »egal, was wir auf euren Handys für Informationen finden …« Gleichzeitig hatten sie gedroht: »Wer das nicht macht, wird bei der nächsten Kontrolle bestraft.« Alt und Jung standen also in einer langen Reihe vor dem Bezirksamt. Wir hatten an das Versprechen der Behörden geglaubt, aber sie hatten uns angelogen.

Im Innenbereich befanden sich große Geräte, mit denen sie alle Informationen auf den Handys ausgelesen haben. Jede App wurde untersucht. Selbst solche, die man vor langer Zeit gelöscht hatte. Danach waren die Behörden in der Lage, sich jederzeit Zugriff auf unsere Daten zu verschaffen. Sie installierten auch eine App, die bestimmte religiöse Floskeln oder muslimische Worte erkannte. Grüßte man am Telefon beispielsweise mit »Salem Aleikum« oder sagte »Gott schütze dich«, stand unter Umständen fünf Minuten später die Polizei vor der Tür. Binnen kurzer Zeit sind von etwa 100 Personen 40 in unserem Umkreis im Umerziehungslager verschwunden. Die kürzeste Haftzeit betrug in der Regel vier bis fünf Jahre, die längste zwischen 10 und 20 Jahren.

Foto von einer Leiche

Von 100 Gefangenen unter unseren Bekannten sind etwa 20 im Gefängnis gestorben. Nur in größter Eile durften die Verwandten einen Blick auf die Leiche werfen. Das Gesicht frei, der Rest des Körpers verdeckt. Eine religiöse Beerdigung war verboten. Selbst das Weinen hatte man den Trauernden nicht erlaubt. Und wenn ihnen doch die Tränen über das Gesicht liefen, warfen die Beamten ihnen vor: »Du arbeitest gegen den Staat«, und bestraften sie mit dem Aufenthalt im Lager. Den Totenschein mit chinesischen Schriftzeichen mussten die Angehörigen im Lager unterschreiben. Dazu noch viele andere Dokumente, deren Inhalt viele Uiguren nicht kannten, weil sie kein Chinesisch verstanden. Manchmal stand darin, dass der Staat das Recht habe, die Leiche zu behalten, und dass die Familie die Leiche nicht sehen dürfe. Solche Geschichten erzählten Bekannte und Freunde. Tagtäglich.

Ein Foto von einem im Lager verstorbenen Mann habe ich auf meinem Handy. Eine Freundin hatte es mir 2016 geschickt. Racham Dschen war ihr älterer Bruder. Er war 36 Jahre alt, hatte bei meinem Vater zur Miete gewohnt und war wegen der neuen Regierungsverordnung nach Kashgar zurückgekehrt. Zu Hause haben sie Rachman gleich ins Lager gebracht, weil er sich zu lange in Urumqi aufgehalten hatte. Nach dreieinhalb Monaten haben sie seine Leiche freigegeben. Dieser Mann war immer kerngesund und kräftig gewesen. Bei der Sichtung aber musste meine Freundin unterschreiben, dass er wegen einer schweren Erkrankung an der Leber dringend operiert werden musste. Während der Operation sei sein Blutdruck plötzlich abgefallen, was zum Herzstillstand geführt hätte.

Die Uniformierten gaben sich meiner Freundin gegenüber großzügig: »Keine Sorge, du bist ein Waisenkind und hast kein Geld. Daher wird die Regierung diese Operationskosten für dich übernehmen.« Da meine Freundin nur hastig das Gesicht ihres Bruders, aber nicht seinen abgedeckten Körper sehen durfte, vermutet sie, dass Racham Opfer von Organhandel geworden ist.

Ja, warum starben plötzlich Inhaftierte wie die Fliegen? Und warum so viele Junge und Gesunde? Und das in »Berufsbildungslagern«, wie die Regierung das nennt? Manche starben vermutlich an der Folter. Andere an der Angst. Die Behörden sprachen von »Herzfehlern«.

Sogar am Friedhof kontrollierten Polizisten mittlerweile die Besucher Tag und Nacht. Niemand sollte die Gelegenheit haben, eine Leiche heimlich auszugraben, den Körper nach religiöser Tradition zu waschen oder dessen Zustand zu begutachten. Spuren eines Verbrechens und Beweise für einen gewaltsamen Tod haben die Behörden auf diese Weise vernichtet.

Es ist naheliegend, dass besonders die Menschen dem Organhandel zum Opfer fallen, die keine oder nur wenige Angehörige haben. Nach ihnen wird nämlich nie jemand suchen.

Verwandtschaften zwischen Chinesen und Uiguren schaffen

Bald konnten wir uns nicht mal mehr unbeobachtet in unsere eigenen vier Wände zurückziehen. »Wir wollen neue Verwandtschaften zwischen Chinesen und Uiguren schaffen«, verkauften uns die Kader die Kampagne der »Verwandtschaftsverknüpfung« als gute Sache, »ihr seid wie eine Familie, wie Blutsverwandte«.

In Wirklichkeit wollten sie uns vergessen machen, dass wir eine eigene Identität und wie jeder Mensch ein Recht auf Privatsphäre hatten. Sie wollten uns mit allen Mitteln assimilieren und unseren letzten Schlupfwinkel ausspionieren.

Können Sie sich vorstellen, in so einem Wahnsinn zu leben? Jeden Monat zehn Tage lang in Ihrer Wohnung fremde Chinesen zu bekochen, zusammen zu lernen, miteinander zu arbeiten und zusammen zu schlafen? Dabei immer zu lächeln? Egal, wie groß die Demütigungen sind? Alle Uiguren mussten diesem neuen 4-Punkte-Plan der KPCh fortan folgen.

Als ich davon zum ersten Mal hörte, habe ich mir das nicht so schlimm vorgestellt, wie es kommen sollte. Wir waren so viele Übel gewohnt, dass uns nur noch wenig erschreckte. Ich dachte mir: »Gut, die Regierung teilt uns eine chinesische Familie zu, mit der wir Kontakt pflegen werden. Vielleicht rufen wir einander zwischendurch mal an und erkundigen uns nach dem jeweiligen Befinden oder wir wechseln uns hin und wieder mit gegenseitigen Besuchen ab. Dass sie mir aber einen Fremden wie einen Schatten an die Fersen heften, der Teil meiner Familie wird und die Kontrolle über mich übernimmt, das hatte ich nicht vorausgesehen. Dass diese Chinesen nach Lust und Laune zu uns nach Hause kämen, mit Schuhen auf meinem Sofa herumlümmelten und unser Leben derartig einschränkten, hatte ich nicht geahnt.

Meinem Sohn war eine chinesische Lehrerin zugeteilt. Meiner jüngsten Tochter ein Erzieher aus dem Kindergarten. Meiner zehnjährigen Tochter ein 20 Jahre alter Fabrikarbeiter.

Mir ordneten sie einen Polizisten zu. Mein Mann war als Ausländer davon befreit.

Es war der junge Fabrikarbeiter, der uns darauf aufmerksam gemacht hatte, dass wir in der eigenen Wohnung abgehört werden. Während er unseren Router begutachtete, den Mechaniker für den Fernsehempfang installiert hatten, rief er: »Ja, was haben wir denn da?« Ein Abhörgerät war daran befestigt. Ich schluckte und biss auf meine Unterlippe.

Mein Mann Muhammad mochte diese Fremden nicht. »Wann gehen sie endlich wieder?«, murrte er mir leise nachts zu. Dabei hatten wir im Vergleich mit anderen Familien den Vorteil, relativ viel Platz zu haben. Und als Ausländer hatte mein Mann sogar das Recht, den mitgebrachten Wodka und den Verzehr von Schweinefleisch abzulehnen sowie den Platz im eigenen Ehebett zu verwehren.

Für die männlichen »Verwandten« hatte ich Schlafgelegenheiten in einem Extrazimmer vorbereitet. Und die chinesische Frau hat in einem Zimmer mit meinen beiden Töchtern geschlafen. Nach der Arbeit erschienen diese vier Chinesen zusammen zum Abendessen, das ich für alle vorbereitet hatte. Danach haben sie meine drei Kinder und mich jeweils in vier verschiedene Räume mitgenommen und getrennt voneinander befragt. Wie Reporter wollten sie unsere Meinungen und Gefühle kennenlernen. Dabei gaben sie sich harmlos und freundlich. »Was denkst du? Ob die chinesische Regierung alles richtig macht? Meinst du, dass diese neuen Gesetze gegen den Islam gerichtet sind? Wie siehst du das? Ist das mit den Inhaftierungen richtig oder nicht?«

Ich war so wütend, andererseits aber auch stark beschäftigt, dieses Gefühl nicht zu zeigen. Meine Tochter war erst zehn Jahre, die Jüngste fünf Jahre alt, und mein Sohn knapp zwölf Jahre.

Dieselben Fragen haben sie auch den Kindern gestellt. Das fühlte sich für mich an, als säße jemand auf meiner Brust, aber es war nur die Sorge, dass meine Kinder falsch antworteten.

Als Erwachsene kannte ich solche Fallstricke und konnte bewusst die richtige Antwort wählen, aber ein Kind? Ich hörte mich sagen: »Ja, ich finde gut, wie die Regierung handelt …«, nur was antwortete meine Jüngste im gleichen Moment? Die Kinder erzählten doch oft das, was ihnen gerade in den Sinn kam. Deshalb war ich ständig voller Sorgen.

Diese vier ungebetenen Gäste haben sich mit einem Notizblock bewaffnet und aufgeschrieben, wie wir denken, was wir reden und wie wir reagieren, wenn die Regierung uns den Islam verbot. Wie Schauspieler mussten wir dauernd Freude und Dankbarkeit für diese Erziehungsmaßnahmen vorspielen. Sonst würden sie daraus schließen, dass wir die Politik der Regierung ablehnten, was unweigerlich ins Lager führte. Nie haben wir uns frei gefühlt, ständig sind wir unter Druck gestanden.

Mein Mann war oft auf Geschäftsreisen in den USA oder anderen Ländern unterwegs und deshalb nicht jedes Mal zu Hause, wenn sich diese vier Leute in unserer Wohnung breitgemacht haben. Zum Glück. Er ist sehr impulsiv. Ich hatte Angst, dass er diesem jungen Chinesen sonst etwas antun würde, der meiner Tochter schöne Augen gemacht hat. Vermutlich würde er als Ausländer sofort mit seiner Beschwerde zum pakistanischen Konsulat oder zu einer anderen Behörde laufen und uns womöglich noch größere Probleme schaffen. Das wollte ich vermeiden.

Muhammad war sowieso schon wütend über diese Kampagne und hatte dagegen protestiert, als er erfuhr, dass chinesische Männer bei uns übernachteten. »Was haben solche Fremden da zu suchen, wenn ich nicht zu Hause bin?« Er verstand diese

Politik der chinesischen Regierung nicht und regte sich sehr darüber auf.

Bis heute habe ich ihm viele Sachen noch nicht erzählt. Er ist ein sehr sittenstrenger Mann. Das Einzige, was ihn beruhigt hatte, war die Anwesenheit der chinesischen Frau, die womöglich ein wachsames Auge auf die eigenen Landsmänner warf.

Die Kampagne hatte relativ harmlos angefangen, wurde immer schlimmer und hat das Leben aller muslimischen Familien in einen Albtraum verwandelt.

Die 7 Regeln

Bei der Flaggenparade am Montag hatten wir die Regeln für die »Verwandtschaftlichungs«-Kampagne erfahren:

1. Für jeden Chinesen im Haushalt eine eigene Schüssel kaufen.
2. Bevor der Chinese ins Bett geht, muss man ihm die Füße waschen.
3. Neue Bettwäsche kaufen, jeden Tag wechseln.
4. Bestes Essen vorbereiten; sehr reichhaltiges Frühstück servieren.
5. Keine Fragen stellen.
6. Der Chinese kann fragen, was er will.
7. Alle seine Wünsche müssen erfüllt werden.

Zusammengefasst bedeutete das für uns: »Der Fremde ist König in deinem Haus. Du bist sein Sklave.«

Der Chinese, der meiner Tochter zugeteilt wurde, war erst 20 Jahre alt. Dieser junge Mann tauchte jedes Mal besoffen auf, hat nach Alkohol gestunken und immer auf seiner Gitarre gespielt, chinesische Lieder gesungen und sich dann lachend mir zugewendet: »Ach, deine Tochter hat so schöne Augen und Augenbrauen. Warum ist sie nur so schön? Ah, ich denke, weil du Uigurin bist und dein Mann Ausländer ist. Wahrscheinlich werden die Kinder von zwei verschiedenen Landsleuten so geboren. Sie hat eine eigenartige Schönheit. Würdest du mir deine Tochter geben? Ich mag sie sehr gerne.« Solche Scherze hat er gemacht.

Äußerlich habe ich versucht, zu lachen und mir nichts anmerken zu lassen, innerlich hat es mich fast zerrissen. Meinte er das etwa ernst? Welche Absichten verfolgte er? Es war schlimm, dabei zuzusehen, mit welch gierigen Blicken er sie gemustert hat. Sie war doch erst zehn Jahre alt, und dieser Chinese war jung, unverschämt und maßlos.

Eine befreundete Hebamme, die immer drei Monate hintereinander in verschiedenen Krankenhäusern und Städten unterwegs war, schilderte uns Besucherinnen beim Tee Folgendes: »Bei meinem letzten Einsatz musste ich bei mehreren Hundert Frauen Abtreibungen durchführen.« Dabei hat sie so getan, als ob die Frauen freiwillig die Schwangerschaften riskiert hätten.

Sie machte einen tiefen Seufzer. »Wisst ihr was? Wegen dieser Verwandtschaftsverknüpfung stürzen sich diese Frauen auf jeden chinesischen Mann. Danach wollen sie sich von der Schwangerschaft befreien und kommen zu mir.« Nach außen hin gab sie den uigurischen Frauen die Schuld dafür und stellte sie als naive und lustvolle Huren dar.

Meiner Freundin blieb gar nichts anderes übrig, als die Dinge so zu schildern. Sie arbeitete für die Stadt. Hätte sie gesagt, dass die Frauen von den Chinesen zum Sex gezwungen werden, wäre das politisch inkorrekt und Verrat an der Regierungspolitik gewesen. Wer wusste schon, ob eine unter den Gästen sie später hinhängte?

Auf diese Weise aber hatte sie uns sehr klar mitgeteilt, dass unsere uigurischen Frauen Opfer dieser Kampagne geworden sind. Und dass die chinesischen Männer, besonders in den kleineren Dörfern, schamlos jede Frau und jedes Mädchen vergewaltigten. Vermutlich sind mittlerweile 95 Prozent der muslimischen Frauen aufgrund dieser sogenannten Verwandtschaftsverknüpfung sexuell missbraucht worden.

Was sollten wir tun? Wir hatten nur die Wahl, entweder in schwacher Hoffnung zu leben oder in Dunkelheit zu sterben. Uns blieb nichts anderes übrig, als diese Umstände zu akzeptieren. Wenn mich heute jemand fragt: »Hättest du dich nicht einfach wehren können?«, ist das für mich dieselbe Frage wie: »Hättest du nicht einfach sterben können?«

Bald hatten alle Uiguren noch größere Angst vor Verrat, Hausdurchsuchungen und Inhaftierung. Viele gerieten in Panik und beseitigten zu Hause eiligst alle religiösen Dinge, wie Koran oder Gebetsteppiche. Sie warfen diese Sachen ins Klo und versuchten, sie hinunterzuspülen, aber das funktionierte nicht.

Ich habe auf der Straße beobachtet, wie Kanalarbeiter anrückten, um diese verstopften Abflussrohre zu reinigen. Was da alles ans Licht kam! Vasen, Kleider, Bücher … Man konnte diese Artikel nicht beseitigen, sie nicht verbrennen, sie nicht in den Müll schmeißen, denn überall gab es Kameraüberwachung. Man wusste einfach nicht: »Wohin damit?«

Manche Uiguren hatten – wie wir auch – bereits alle diese islamischen Sachen zuvor ins Ausland verschickt oder an bekannte pakistanische Ladenbesitzer abgegeben. Einige Pakistaner haben mit großen Lkws die Städte und Läden abgeklappert, diese Waren eingesammelt und in die Heimat transportiert.

Lächeln, immer lächeln!

Was wusste ich über diese Fremden in unserer Wohnung? So gut wie nichts. Ich weiß nicht, aus welcher Familie der 20-jährige Fabrikarbeiter stammte und ob er eine Erziehung genossen hatte.

Die Kinder fürchteten sich vor diesen vier Fremden, obwohl sie nicht unfreundlich zu ihnen waren, und haben immer versucht, Abstand zu halten, aber das war nicht möglich. Wir fühlten uns wie Goldfische, die mit einem Krokodil zusammen in einem Aquarium leben mussten. Eine falsche Bewegung oder ein kleiner Fehler – und »aus war es«.

Diese Menschen rülpsten, furzten, schmatzten und stopften sich beim Essen im Stehen voll. Auf Hygiene legten sie keinen großen Wert.

Bevor unsere Besucher kamen, habe ich die Kinder flüsternd im Schlafzimmer darauf vorbereitet und mit ihnen die richtigen Antworten trainiert. Besonders unsere Kleinste verstand vielleicht noch nicht, dass sie niemals erwähnen durfte, wie sie ihren Papa beispielsweise beim Beten beobachtet hatte. »Wenn sie fragen: Glaubst du an den Islam oder kennst du den Koran?, dann antwortest du mit Nein …«

Die Kinder hatten aber sowieso längst verstanden, in welcher Gefahr wir alle lebten. Sie sahen es an den Kontrollpunkten auf der Straße. Sie beobachteten vom Fenster aus, wie am helllichten Tag ein Mann seinen Ausweis auf Befehl vorzeigte, man ihm Handschellen anlegte und er in den Polizeiwagen gestoßen wurde. Sie hatten sehr gut verstanden, dass jedes falsche Wort wie eine Tretmine eine verheerende Katastrophe auslösen könnte.

Abends saß ich mit Iffat, Nuzut und Danish, die beiden Mädchen hübsch hergerichtet in Rüschenblusen, neben unseren chinesischen »Verwandten« um den gedeckten Tisch. Alle hoben lächelnd die Gläser, während einer eines der verlangten Beweisfotos für die Behörden machte. Mein eigenes Handy ist voll mit solchen Bildern. Mit lachenden Kindern und einer Mutter, die alle vor Angst fast sterben.

Menschen verschwinden spurlos

In jedem Bezirk in Urumqi gab es ein Lager. Und alle Uiguren befanden sich in ständiger Rufbereitschaft. Im Winter haben wir in warmen Sachen geschlafen, falls wir plötzlich abgeholt werden sollten, damit wir wenigstens Pullover und Hose anhatten. Wir waren alle bereit, jede Minute, jede Sekunde.

Flucht war nicht mehr möglich, da die Kader alle Reisepässe eingesammelt hatten. Mich wiesen sie am Passamt ebenfalls ab: »Wir haben strenge Anweisung von der Regierung. Selbst wenn du zehnmal mit einem Pakistaner verheiratet wärst, spielt das keine Rolle. Du musst trotzdem warten.«

Am 31. März 2018, es war ein Samstag, kochte ich gerade und plante, später einen schönen Tag mit meinem Mann und den Kindern zu verbringen, als das Telefon klingelte. »Komm sofort ins Polizeipräsidium. Es ist dringend!« Muhammad war noch nicht zu Hause

Kurz wurde mir schwarz vor Augen. »Das ist mein Ende«, war ich überzeugt. Kein Bekannter aus unserem Umfeld, den man abgeholt oder zur Polizei bestellt hatte, war je wieder zurückgekehrt. In dem Moment, als ich meine Jacke überstreifte, habe ich einen letzten Blick auf meine kleine fünfjährige Tochter geworfen. Dabei sind mir die Tränen heruntergelaufen. Jeden Abend musste ich ihr Gesicht streicheln, damit sie sich endlich entspannte und einschlafen konnte.

In ausländischen Medien höre ich immer wieder, dass fast eine Million uigurische Muslime in Lagern interniert sind. Doch ich habe mit eigenen Augen eine andere Wahrheit gesehen. Meiner Meinung nach handelt es sich mindestens um fünf Millionen Gefangene. In jedem Ort sind Krankenhäuser und Schulen vollgestopft mit Menschen. Die Städte sind fast menschenleer. In unserer Nachbarschaft lebte keiner mehr. Alle

Häuser standen leer. Mir schien es, als habe Peking fast die ganze muslimische Bevölkerung in Gewahrsam genommen.

Auf dem Polizeirevier haben mich Uniformierte über 20 Stunden lang verhört. In einer Dauerschleife ging es um meine früheren Reisen ins Ausland, um Bankgeschäfte und Anrufe in und aus anderen Ländern. »Weshalb telefonierst du so oft mit Pakistan?« Dabei wussten sie genau, dass mein Mann von dort stammte. Obwohl ich alle Fragen wahrheitsgemäß beantwortet habe, zeigten sie ihre Unzufriedenheit mit mir und schlugen mir mit zusammengerolltem Papier ins Gesicht. Mein Hals war trocken, mir war schwindelig. Nicht einmal ein Glas Wasser reichten sie mir.

»Ich habe doch nichts Verbotenes getan«, rechtfertigte ich mich, aber das interessierte keinen.

März 2018: »Sie haben Mama abgeholt!«

Während ich noch im Polizeirevier im Keller mit Hand- und Fußschellen an einen Metallstuhl gekettet war, kehrte mein Mann von seinem Termin nach Hause zurück, wo ihn das Chaos erwartete. Über 20 Polizisten waren mit vier Hunden in unsere Wohnung gestürmt und durchwühlten alles.

Mein verwitweter Schwiegervater besaß noch einen Koran und ein Buch über die Hadithen auf Urdu. Und weil mein Mann schlagartig diese Gefahr erkannt hatte, schrie er bereits vom Flur zu den Uniformierten hinein: »Das gehört alles meinem Vater! Das gehört nicht mir oder meiner Frau. Mein Vater ist Ausländer und zu Gast bei uns. Er ist kein chinesischer Bürger! Ihr dürft ihm nichts antun!« So rettete er die Kinder und sich aus dieser Situation.

Erst jetzt erkannte Muhammad das ganze Ausmaß der Verwüstung. Schubladen waren ausgeleert, Kissen auf den Boden geworfen, sogar die Mülleimer hatten sie umgekippt. Die Wohnung sah aus, als habe ein Sturm darin gewütet. Mittendrin saß wie erstarrt auf dem Sessel sein über 70 Jahre alter Vater und hielt sich das Herz. Seine Bücher und den Gebetsteppich hatten sie beschlagnahmt samt allen Handys, auch jene, auf denen meine Kinder zu Hause gespielt hatten. Auf solche Weise hatte mein Mann erfahren, dass ich im Lager war.

Die Polizei hatte dem Großvater zuvor ununterbrochen einen Befehl nach dem anderen gegeben: »Mach den Schrank auf! Dreh den Teppich um! Zeig deine Bücher …!« Der alte Herr hatte so ein respektloses Auftreten aus der eigenen Heimat nicht gekannt. Er war zutiefst schockiert. Die Hunde hatten geknurrt und die Kinder sich zitternd hinter ihm versteckt.

Erst als die Polizisten wieder weg waren, haben sie angefangen, bitterlich zu weinen und zu schreien: »Sie haben Mama abgeholt!« Muhammad hat ein bis zwei Stunden gebraucht, bis er die Kinder und seinen Vater beruhigen konnte. Ihm war bewusst, wie ernst die Lage war. »Wenn Zumret zur Polizei gerufen wurde, wird auch der Rest der Familie bald große Probleme bekommen.«

Am nächsten Morgen brachte mein Mann die Kinder zur Schule. Mich haben die Uniformierten derweil gefesselt in ein medizinisches Zentrum geschoben. Nachdem sie mir die schwarze Kapuze vom Kopf gezogen hatten, sah ich weinende Frauen in Handschellen, Personal in weißen Kitteln und viele Polizisten, die herumliefen. Wie bei allen anderen Gefangenen haben sie vor der Internierung mein Blut kontrolliert, mich geröntgt und Tests gemacht.

Was die Regierung wohl mit all diesen Daten macht? Erstens steht für die chinesische Regierung wahrscheinlich der äußerst gewinnbringende Organhandel im Vordergrund. Deshalb sammeln und archivieren sie Daten darüber, wer gesunde Nieren, eine gesunde Leber oder ein gesundes Herz oder welche Blutgruppe und Krankheiten jemand hat …

Zweitens bauen sie unermüdlich die technische Überwachung und Kontrolle in diesem Polizeistaat aus. Sie hatten bei mir eine Stimmprobe aufgenommen und die Iris eingescannt. Wer heute als Uigure vom Ausland in die Heimat telefoniert, den erkennt und identifiziert die Überwachungstechnologie an der Stimme. Sofort können Beamte dann entsprechende Kontaktpersonen ausmachen und festnehmen.

Bei Einbruch der Dunkelheit lieferten sie mich im Lager ab. Bis zum heutigen Tag lebe ich jede Stunde mit der Erinnerung an das, was ich darin durchgemacht habe. Diese zwei Monate kann ich nie mehr vergessen.

Das Lager

Das sogenannte Umerziehungszentrum des Wissenschaftlichen Entwicklungsdistrikts war vormals eine kleine Schule gewesen und lag in meinem Wohnbezirk. Die Anwohner nannten es auch »Bei Zan Gefängnis«. Etwa 2000 Menschen waren hier eingesperrt, schätze ich. Die Hälfte war mit Männern besetzt, die andere Hälfte mit Frauen. Keiner hatte mich aufgeklärt, was mich erwartete und warum ich inhaftiert wurde.

»Zieh dich nackt aus!«, hieß es im ersten Raum, wo ich eine graue Gefängnisuniform erhielt. Aber ich schämte mich vor den anwesenden Männern und flehte: »Bitte, können diese Beamten den Raum verlassen.« Eine weibliche Polizistin trat vor und schnauzte mich an: »Hier ist nicht dein Haus, in dem du verwöhnt wirst! Hier gibt es keinen Unterschied zwischen Frau oder Mann.« Eine Augenbraue hochgezogen, musterte sie mich verächtlich und versetzte mir einen Schlag. »Zieh dich jetzt aus! Sonst werden die Männer da hinten dir dabei helfen!«

Danach haben mir die Sicherheitsbeamten meine langen Haare abgeschnitten. Und während sie mit der Schere an mir herumfuhrwerkten, habe ich gehört, wie im Nebenzimmer ein erwachsener Mann mit dem Kopf gegen die Wand geschlagen wurde und laut weinend »Mama« geschrien hat. Diesen Schmerzensschrei eines erwachsenen Mannes nach seiner Mutter höre ich heute noch in meinen Ohren.

Der Boden des Raumes war mit Haaren bedeckt. An den langen grauen Zöpfen erkannte ich, dass auch ältere Frauen hier eingesperrt waren. Bei diesem Anblick zog es mir die Brust zusammen. Wir uigurischen Frauen legen sehr viel Wert auf unsere Haare. Sie sind unser Stolz und unsere Schönheit. Und wieder landete eine lange dunkle Strähne zu meinen Füßen.

Als ich später in Amerika zum ersten Mal die über 70 Jahre alte, berühmte uigurische Dissidentin Rebiya Kadeer begrüßte, habe ich ihre grauen Zöpfe in beide Hände genommen, sie weinend geküsst und dabei geschluchzt: »Diese Haare habe ich im Lager gesehen.«

In dem Gebäude hatten sie die Klassenräume mit eingezogenen Wänden in mehrere Zellen aufgeteilt. Als der Polizist die Tür zu meiner Zelle aufsperrte, schlug mir ein fürchterlicher Gestank entgegen. Es war, als würde ich in eine Wolke aus Kot, Urin, Schweiß und Blut eintauchen. Der Polizist bedeckte sein Gesicht mit seiner Jacke und schubste mich hinein. Kein natürliches Licht drang von außen durch, denn die Fenster waren zugemauert.

Es waren so viele Frauen auf so engem Raum zusammengepfercht, dass sie sich in wechselnden Schichten mit Stehen und Sitzen auf einer Holzbank an der Wand abwechselten. Sie starrten vor Schmutz, weil sie seit Monaten weder duschen noch sich richtig waschen durften. Von vier Seiten waren Kameras auf uns gerichtet wie auch auf die offen dastehende Schüssel, die als Toilette diente.

Die Älteste war eine 67 Jahre alte Großmutter, die Jüngste eine 17-jährige Jugendliche. Reden war verboten. Wir durften uns nicht einmal mit Blicken verständigen. Keine Mimik war erlaubt, absolute Gleichgültigkeit verlangt.

Die Frauen stammten alle aus Urumqi. Ich musste zweimal hinsehen, bis ich einige wiedererkannte. Viele waren bereits seit 2016 interniert. Alle kratzten sich fortwährend wegen der Läuse an Köpfen, Armen, Beinen und überall, sodass sie bluteten und offene Wunden hatten.

Diese Schülerinnen, Geschäftsfrauen oder Hausfrauen trugen wie ich eine graue Uniform und bestanden nur noch aus Haut und Knochen. Die Augen traten aus den Höhlen hervor. Ihr Gesundheitszustand war schlecht. Ich kam als kräftige und gesunde Frau ins Lager, aber nach zwei Monaten sah ich genauso aus wie sie.

Hinlegen zum Schlafen war nicht möglich. Zu viert teilten wir uns nachts aneinandergelehnt sitzend eine sehr dünne Decke mit einem aufgedruckten Drachenzeichen, sodass meist nur ein Teil des Körpers notdürftig bedeckt war. Alle drei Stunden wechselten wir ab. Diesen Rhythmus habe ich immer noch im Kopf. Alle drei Stunden reiße ich nachts meine Augen auf. Es dauert, bis ich realisiere, dass ich nicht mehr im Lager bin, und aufatme, um drei Stunden später wieder hochzuschrecken.

Gefangene wie Schädlinge mit Gift besprühen

Dreimal am Tag haben uns die Wachen etwas zu essen vorgesetzt. Meistens verfaultes Gemüse, mit kochendem Wasser übergossen. Bereits der Anblick war schrecklich, aber wir mussten das hinunterwürgen. Bei der zweiten Mahlzeit handelte es sich um eine Suppe, in der vielleicht vier oder fünf Reiskörner schwammen. Zuletzt erhielten wir zwei sehr kleine chinesische Dampfbrötchen, die so steinhart waren, dass man sie nicht einfach durchbeißen konnte.

Mit diesen Mahlzeiten ließ sich nicht einmal ein Viertel des Magens füllen. Ständig litten wir unter Hunger. Alle zehn bis 15 Tage haben sie uns ein Fleischgericht zugeteilt, aber da schwamm so viel Fett oben auf dem Teller, dass uns bereits vom Anblick übel wurde. Unsere Religion verbot uns, Schweinefett zu essen, aber sie zwangen uns unter Androhung schwerer Strafen dazu.

Am zweiten Tag sperrten Angestellte die Tür auf. In der Hand eine Pumpe, gefüllt mit Insektiziden, auf die sie gedrückt und uns alle in unseren grauen Uniformen besprüht haben. »Das hilft euch für eure Wunden!«, spotteten sie. Dieses Mittel brannte auf den offenen Stellen an der Haut wie Feuer.

Beim nächsten Mal rissen sich einige Frauen die Kleidung vom Leib und ließen ihren nackten Körper mit dem Gift wie von einer Dusche besprühen, damit die Wäsche danach nicht klatschnass war. Keine schämte sich noch vor den Männern in den weißen Schutzanzügen wegen ihrer Nacktheit. Scham hat an so einem Ort keinen Platz. Es war so kalt und so klamm in diesen nassen Sachen.

In diesem Raum gab es ein Waschbecken. Morgens drehten die Beamten den Hahn auf, aber jeder Frau blieb nicht mal eine Minute Zeit, um sich Hände und Gesicht zu waschen. Es musste sehr schnell gehen, schon haben sie das Wasser wieder abgedreht.

Als sich eine Frau rasch das Gesicht gewaschen hatte, strich sie sich automatisch die nassen Haare zurück. Sofort haben die Aufseher sie angebrüllt: »Du hast ein Gebetswaschungsritual durchgeführt!«, und sie dafür heftig geschlagen. Üblicherweise machen wir vor einem Gebet eine Waschung und streichen uns danach mit beiden Händen kurz über den Kopf, aber das war nur eine harmlose Geste gewesen. Nach diesem Vorfall habe ich sehr darauf geachtet, nie meine Haare nass zu machen, damit mir das bloß keiner unterstellen könnte.

In den ersten 15 Tagen dachte ich dauernd an meine Kinder. An meine kleine Tochter. Wie soll sie schlafen ohne mich? »Bald komme ich nach Hause. Muhammad wird das pakistanische Konsulat einschalten und mich retten!«, sagte ich mir.

Ich hatte mich an der Tatsache festgeklammert, dass ich unschuldig sei und deshalb wieder schnell auf freien Fuß käme. Aber dann habe ich mit einem Schlag jegliche Hoffnung verloren, denn ich hatte den Sinn dieser Einrichtung verstanden: »Wie alle anderen werde ich zum Tode verurteilt, nur weil ich eine Uigurin bin.«

Jeden Tag demütigten sie uns. Mit allen möglichen Methoden. Einmal musste ich mich dringend erleichtern. Statt den Blick von mir abzuwenden, beobachteten mich die Wachen die ganze Zeit dabei. Jeden Tag haben uns die Gefängnismitarbeiter damit gedroht, uns umzubringen. »Wenn du nicht das machst, was wir sagen, werden wir dich zum Tode verurteilen!«

Die Mitgefangenen

Warum sie Mädchen und Frauen Tag und Nacht wie Schwerverbrecherinnen in Ketten gelegt, uns teils nackt ausgezogen und geprügelt haben? Was unser Verbrechen war? Bei vielen Mädchen hatten die Sicherheitsbeamten auf ihren Smartphones Bilder oder Worte gefunden, die mit dem Islam zusammenhingen. Andere hatten Kontakt ins Ausland, Geld ins Ausland verschickt oder von dort empfangen. Manche hatten lange Kleider oder Kopftücher getragen oder gebetet.

Mich selbst verdächtigten sie offenbar, weil ich in der Vergangenheit viel mit einer Reisegruppe in Ländern wie Japan oder Indonesien unterwegs gewesen war. Dafür hatte ich sogar eine schriftliche Erlaubnis vom Amt, die ich vorlegen konnte.

Am zweiten Tag ist mir eine zittrige 67 Jahre alte Frau aufgefallen. Ihr Vergehen war, dass sie mit dem arabischen Ausland telefoniert hatte, um eine Pilgerfahrt nach Mekka zu beantragen. Diese alte Dame war Diabetikerin, die zu Hause jeden Tag Insulin gespritzt hatte. Im Lager jedoch verweigerte man ihr diese lebensnotwendige Medizin. Sie war sehr schwach und seufzte: »Ach, wenn ich nur ein bisschen mehr essen könnte, dann ginge es mir besser …«

Aus Mitleid habe ich ihr eines meiner Brötchen gegeben. Diese Geste aber hatten die Wachbeamten im Kameraraum beobachtet, sind gleich darauf in unsere Zelle hereingepoltert und haben mich mit ihren Gummiknüppeln zu Boden gehauen.

Im nächsten Moment spürte ich, wie ein Chinese mit seinem Fuß meine Beine hinunterdrückte und der andere seinen Schuh auf meine Wange setzte, während er ununterbrochen auf mich einschlug. Vor Schmerz habe ich laut gerufen: »Oh, mein Gott!« Es war das erste Mal in meinem Leben, dass mich jemand heftig geschlagen hat. Daraufhin hat er noch fester seinen Schuh auf meine Gesichtshälfte gepresst und mit dem Knüppel noch wilder auf meinen Körper getrommelt: »Jetzt kannst du noch mal nach deinem Gott rufen. Wenn er so mächtig ist, soll er dich doch jetzt von meinen Füßen befreien!«

Zum Schluss hat der Chinese seinem Kollegen angeordnet: »Schreib sie auf! Sie bekommt die höchste Stufe.« Während religiöse Frauen wie ich als die gefährlichsten und unkooperativsten Gefangenen galten, ordneten sie die anderen als halbwegs kooperativ und sehr kooperativ ein.

Bis zum nächsten Tag war ich nicht in der Lage aufzustehen. Noch heute leide ich, wegen dieser Schläge, unter Rücken- und Beckenschmerzen. Und immer wieder träume ich davon, wie er mir den Fuß ins Gesicht setzt, bis ich schreiend aufwache. »Oh, mein Gott!«

Medikamente

Frühmorgens haben sie Kapseln, gefüllt mit einem weißen Pulver, aus einem großen Sack gefischt. Über die Finger hatten die Mitarbeiter dünne Handschuhe gezogen und uns anschließend eine Kapsel bis tief nach hinten in den Rachen hineingeschoben, damit wir sie nicht wieder ausspuckten.

Es handelte sich um starke Beruhigungsmittel, die uns betäubten und abhängig machten. Danach fühlte man sich so schwer, als schleppte man Gewichte an den Füßen hinter sich her. Mit einem Mal vergaß ich sogar meine Kinder und meinen alten Vater.

Gleich am ersten Tag war mir aufgefallen, dass alle Frauen unter starkem und heftig stinkendem Ausfluss gelitten haben. Der Stoff ihrer Unterhosen war davon hart wie Pappe. »Vielleicht liegt es daran, dass sich die Frauen nicht waschen dürfen und stundenlang im Unterricht auf dem kalten Betonboden sitzen müssen?«, dachte ich mir zuerst. Aber nach ein paar Tagen hat dasselbe auch bei mir angefangen. Da war mir klar, dass das von dieser Injektion herrührte, die der Arzt uns einmal im Monat in den Arm verabreichte und die bei mir Schmerzen verursachte. »Das verhindert Krankheiten«, hieß es nur.

Danach hatte ich, wie alle anderen Frauen, keine Periode mehr, sondern an den Tagen, an denen wir sonst bluteten, diesen starken und klebrigen Ausfluss.

Gehirnwäsche

Unsere Aufgabe war es, zu chinesischen Dienern zu werden. Im Klassenraum stand ein kasachischer Lehrer vorne in einem Käfig. Offenbar wollten sie ihn auf die Weise vor tätlichen Angriffen schützen. Nur wovor hatten sie Angst? Mit Hand- und Fußschellen gefesselt, hockten wir uigurischen Frauen und Mädchen bedröhnt auf dem kalten Betonboden und waren nicht in der Lage, uns zu rühren.

»Der Islam ist eigentlich keine Religion der Uiguren.« Solche Dinge brachte der Lehrer uns im Unterricht bei. »Der Islam ist wie ein Virus, das aus arabischen Ländern in euer Land getragen wurde. Er hat sich dann in eure Köpfe eingenistet. Der Islam ist eine ansteckende Krankheit, die euch vergiftet.«

Mit gestreckten Füßen und Händen mussten wir fünf Stunden lang ausharren, zuhören und alles wie Sprechpuppen nachplappern. »Der Islam ist eine Religion, der die Menschen zum Selbstmord zwingt. Das ist eine Gefahr für die Welt und verstößt gegen die Gesetze der Menschlichkeit.«

Beim Verlassen des Klassenraums hielt ein Chinese einige Frauen in der Reihe auf und bellte sie an: »Gibt es Gott? Sag, dass es keinen Gott gibt!« Es fällt einem gläubigen Menschen äußerst schwer, so etwas zum ersten Mal zu äußern. Das tut einem in der Seele weh. Und sie zwangen uns auch noch dazu, das zu wiederholen. Beim ersten Mal schaffte ich es noch nicht, es ging mir einfach nicht über die Zunge … Doch so lange, wie ich das nicht auszusprechen vermochte, habe ich Schläge bekommen.

Eine kasachische Wachbeamtin hat mich so hart verprügelt, dass ich seither eine Abneigung gegen Kasachen spüre. Gezielt schürte die Regierung auf diese Weise unter den muslimischen Ethnien Hass, um unseren Zusammenhalt zu zerstören. Die Verhöre haben die mehrheitlich vertretenen Chinesen geführt, aber die Schläge haben oft die Kasachen ausgeteilt.

Bei einer Frau neben mir tropfte im Unterricht ständig Muttermilch aus ihren Brüsten. Zwar durften wir nicht miteinander reden, aber wir nutzten dennoch die Gelegenheiten, die sich uns boten. Lautstark riefen alle mit einer Stimme: »Xi Jinping ist der größte Führer!« In diesem Lärm warf ich der jungen Mutter neben mir einen schnellen Blick auf ihr nasses Hemd gerichtet zu, und sie verriet mir mit unbewegter Miene: »Vor 38 Tagen habe ich mein Kind geboren.«

Eine andere Frau neben mir hatte die ganze Nacht in der Zelle geweint, und noch immer liefen ihr stumm die Tränen herunter. Ich beugte mich zu ihr, während alle anderen die Parolen nachbrüllten. »Was ist los mit dir?« Da hat sie gezischt: »Komm mir nicht näher! Ich stinke!« Zwei Polizisten hatten sie nachts vergewaltigt, danach von zwei Seiten auf sie uriniert und sie verlacht: »Jetzt kannst du mit unserem Urin die Gebetswaschung machen. Das bringt dich ins Paradies.« Und gleich darauf rissen wir die Münder auf und schrien laut: »Xi Jinping ist der barmherzigste Führer!«

All das zusammen ergab ein einziges Durcheinander in meinem Kopf. Wegen der Medikamente befanden wir uns in einem Zustand wie in Watte gepackt und realisierten nicht, was genau um uns herum ablief. Da ich zudem in der Schule nie Chinesisch gelernt hatte und nur die Umgangssprache beherrschte, verstand ich immer nur die Hälfte.

Einerseits haben sie uns mit Medikamenten gefüttert, andererseits haben sie uns mit diesen Botschaften vollgestopft. Das meiste aber ist durch mich hindurchgefallen wie durch ein Sieb. Fest eingebrannt hat sich mir, wie sehr der Westen uns schaden wolle. »Amerika und der Westen – das ist unser schlimmster Gegner.«

Wenn einem jeden Tag diese Propaganda eingebläut wird, kommt man irgendwann zum Entschluss: »Die chinesische Regierung ist übermächtig. Sie kann uns festnehmen, einsperren, töten und mit uns machen, was sie will. Wenn ich ab sofort alles mache, was sie wollen, werden sie mich in Ruhe lassen.«

Höre ich heute den Namen Xi Jinping, so sehe ich einen Massenmörder vor mir, der mit einem großen Schwert in der Hand auf einem weiten Feld Unschuldige niedermetzelt. Kaltblütig und erbarmungslos.

Folter

Auf unserer Etage haben wir in der Nacht die Schreie der Männer gehört. »Entweder hat der Wahnsinn sie gepackt«, so vermutete ich angesichts dieser markerschütternden Laute, die einem bis unter die Haut fuhren, »oder sie werden auf abscheulichste Weise gefoltert.«

In unserem Stockwerk gab es einen Folterraum. Jede Einzelne aus unserer Zelle haben sie dorthin zum Verhör gebracht. Dieser Raum war mit verschiedenen Utensilien ausgestattet: Peitsche, Gummiknüppel, Hammer mit Nägeln, Elektrohaube für den Kopf, Stromstuhl ... Offenbar hatten diese Folterknechte über Generationen der kommunistischen Partei gedient, denn solche Menschen haben ein Herz aus Stein.

Wie Hagelkörner prasselten die Fragen auf mich herab: »Weißt du, warum du hier im Lager bist? Warum hast du einen Pakistani geheiratet? Etwa, weil er Moslem ist? Zwingt er dich dazu, den Islam zu praktizieren? Warum warst du in den USA? In deinem Pass steht, dass du auch in Japan warst? Was hast du da gemacht?« Ich war völlig durcheinander.

Ich hatte Glück, dass ich nicht gefoltert wurde wie die anderen Frauen. Mich hat die Tatsache gerettet, dass mein Mann Ausländer war, der in der Öffentlichkeit für meine Freiheit gekämpft und alles versucht hat, mich zu retten. Trotzdem haben sie mich immer wieder in diesen Folterraum geführt und über mein Verhältnis zum Islam verhört.

»Als du mit deinem Mann in Pakistan warst, hat er dich dazu gezwungen, dich zu verschleiern? Hast du dort auch Moscheen besucht? Haben da auch Frauen über den Islam gepredigt? Kennst du ihre Namen?« Ich habe meist nur mit »Nein« geantwortet. Schließlich konnten sie mir das Gegenteil nicht beweisen.

Der Folterraum hat immer stark nach Blut gerochen. Die Wände und Böden waren mit Blut verschmiert. Zwar stand ich unter dem Einfluss von Psychopharmaka, aber ich habe dennoch registriert, dass sie immer wieder dieselben Fragen stellten, und mich bemüht, immer wieder dieselben Antworten zu geben. »Ja, das stimmt, dass ich viel gereist bin, aber das war doch erlaubt …« Beim Verhör haben sie Audio- und Videoaufnahmen von uns Frauen gemacht, damit sie uns beim nächsten Verhör mit unseren Widersprüchen überführen konnten. »Du bist eine Lügnerin! Hör dir das an, heute hast du anders geantwortet als gestern …« Das reichte als Grund, um Gefangene an noch schlimmere Plätze zu verschicken.

Plötzlich sind sie aus der Zelle verschwunden. Aber wohin? Erst nach meiner Entlassung habe ich von einigen Familienangehörigen erfahren, dass sie unmittelbar danach aufs Amt vorgeladen worden seien, wo ihnen die Beamten mitgeteilt hatten: »Deine Schwester oder Tochter oder wer auch immer ist zu zehn Jahren oder noch längerer Haftzeit verurteilt und verlegt worden.«

Selbstmordgedanken

Es gab sehr viele blutjunge Mädchen in diesem Lager. Sie waren so wunderschön, so rein, so naiv. Fast jeden Tag und zu jeder Zeit, mitten in der Nacht oder im Unterricht, haben die Wachen sie abgeholt. Sie haben die Mädchen nach Lust und Laune für ihre Zwecke benutzt. Einige wurden ständig mitgenommen, andere nur manchmal. Diese Männer haben uns nicht als Menschen gesehen, sondern wie Gegenstände benutzt.

Wenn sie die Mädchen in die Zellen zurückbrachten, sah man ihnen sofort an, dass sie sexuell missbraucht worden waren. Die ganze Zeit wischten sie sich mit ihren Händen über ihr Gesicht und den ganzen Körper, als ob sie sich vom Schmutz befreien und säubern wollten. Sie haben die ganze Nacht geweint und geschrien. Sie konnten das nicht vergessen.

Sterben. Das wäre eine Erlösung gewesen. Doch für uns gab es kein Messer und keine Klinge, womit wir uns die Pulsadern hätten aufschneiden können. Es gab kein Seil, um einen Knoten zu knüpfen, womit wir uns hätten aufhängen können. Es gab keine Waffe. Außer unseren eigenen Zähnen.

Ich habe dabei zugeschaut, wie diese Mädchen und Frauen sich ihre eigene Zunge durchgebissen haben. Wie sie ihre Hände zerfleischten, voller Wut und Schmerz. Sie waren so durchgedreht vor Pein, nur noch damit beschäftigt, ihr eigenes Leben zu beenden. Sie bluteten aus dem Mund. Ihr Zustand war zutiefst verstörend.

Das Lager war wie ein Schlachthof. Wir duckten uns in unserer Zelle zusammen wie Tiere vor dem Metzger. Jederzeit konnte ein chinesischer Polizist hereinkommen und eine von uns zum Schlachten abholen. So haben wir auf unseren Tod gewartet. Vielleicht lag es an diesen Medikamenten, aber da hatte kein anderer Gedanke mehr Platz in meinem Kopf außer: »Wer ist als Nächste dran?«

In den 62 Tagen habe ich kein einziges Mal erlebt, dass eine der Frauen freigelassen wurde. Dauernd haben sie uns mit falschen Versprechen geködert: »Wenn du deine Prüfungen gut ablegst, fleißig und gut gelernt hast, wirst du freigelassen.« Als ich wieder draußen war, habe ich gehört, dass unter Entlassenen vor allem Schwerkranke waren. Die Frauen sollten zu Hause sterben.

Ohne meinen Mann wäre ich selbst schon lange tot. Bis nach Peking zum pakistanischen Konsulat war er gereist, um für meine Freilassung zu protestieren. Dadurch hat er sich selbst auch in Gefahr gebracht. Immerhin aber lebte Muhammad seit 26 Jahren in Urumqi, hatte seither ehrenamtlich für das chinesische sowie für das pakistanische Konsulat gearbeitet und bei Problemen erfolgreich zwischen Pakistanern und Chinesen vermittelt. Dieser Status hat ihm und damit auch unserer Familie einen gewissen Schutz verliehen.

Doch in einem Polizeistaat wie diesem konnten morgen bereits andere Regeln gelten – zumindest für uns Muslime.

2. Juni 2018: Entlassung

Am 2. Juni 2018 holten mich Polizeibeamte in Handschellen aus der Zelle ab. Schon hatte ich die schwarze Kapuze über dem Kopf. Mein Herz schlug mir bis zum Hals. Ich atmete flach und unstet, fühlte mich wie eine zum Tode Verurteilte auf dem Weg zum Henkersplatz. »Vielleicht bringen sie mich in den Hof, um mich dort zu exekutieren?«

Als sie die Kapuze wegzogen, befand ich mich auf dem Polizeirevier. Ich sah meinen Mann, und erst da habe ich verstanden, dass ich das Lager verlassen durfte. Vorher aber holte mich ein

Sicherheitsbeamter in ein separates Zimmer, um mich fast zwei Stunden lang über meine Pflichten zu belehren. Niemals dürfte ich draußen etwas erzählen über das, was ich da drinnen im Lager gesehen und erlebt hatte. Andernfalls drohte erneute Inhaftierung.

Gleichzeitig gab er mir konkrete Antworten vor: »Wenn dich jemand fragt, wie es im Lager ist, sagst du, dass das Essen gut schmeckt, dass es schön und wie im Urlaub ist.«

Im Anschluss daran sah ich zu, wie die Hand meines Mannes immer wieder zauderte, während er die vorgelegten Dokumente nacheinander unterschrieb. Er konnte Chinesisch sprechen, aber nicht gut lesen, deswegen hat er den Beamten aufgefordert, uns die Einverständniserklärung vorzulesen. Zusammengefasst lautete der Inhalt: »Meine Frau war freiwillig dazu bereit, sich umerziehen zu lassen, weil sie von ihren verseuchten Gedanken befreit werden wollte.«

Was für eine Ungeheuerlichkeit! Welcher Mensch begibt sich freiwillig in eine Folter-Anstalt? Welche Mutter lässt dafür ihre Kinder alleine zurück? Welche Frau lässt sich aus freiem Willen misshandeln und solchen Qualen aussetzen? Der Polizist hielt uns die Stifte hin, und wir unterzeichneten.

Ohne Unterschrift keine Freilassung.

Wie ein Geist in fremder Haut

Nach diesen zwei Monaten im Lager fühlte ich mich wie ein Geist in einem fremden Körper. Meine Haut hing wie ein loses Kleid an mir herunter. Ich hatte keine Kraft und keine Muskeln mehr. Als meine Kinder und meine Verwandten, die mich zu Hause voller Freude erwarteten, in diesem Zustand gesehen haben, haben alle angefangen zu weinen. Ich selbst war wie eine Schlafwandlerin. »Wo bin ich? Was ist passiert?« Ich stand wie betäubt zwischen diesen aufgelösten Menschen. »Mama! Mama!« Warum riefen die Kinder nach mir?

Nur an diesem einen Tag habe ich meine Verwandten wiedergesehen. Niemandem war es danach noch erlaubt, mich zu besuchen. Es hätte aber sowieso keiner mehr gewagt, das zu tun. Meine Brüder haben jedoch immer wieder mal nachgefragt, wie es mir ginge. Um sie nicht unnötig durch meine Nähe in Gefahr zu bringen, habe ich mich ferngehalten. Sonst hätte ich ihnen am Ende doch noch etwas aus dem Lager erzählt.

Die ersten Tage waren schlimm. Wie aus heiterem Himmel fing ich an, bitterlich zu weinen, und wenn ich nicht weinte, habe ich plötzlich wie eine Verrückte laut aufgeschrien. In der Nacht bin ich exakt nach drei Stunden aufgesprungen mit dem Gedanken im Kopf: »Die Nächste muss jetzt schlafen …!« Oder ich habe mich im Wohnzimmer zusammengeduckt und gerufen: »Die Polizei kommt und wird mich verhören …« In so einem Moment spürte ich wieder die Schläge und den Schuh des Wachbeamten auf meinem Gesicht.

Die Erinnerungen drangen stoßweise in mir nach oben, nachts genauso wie am Tag. Sechs Monate lang habe ich ständig in meine Hose uriniert. Meine Blase war entzündet, ich konnte meinen Urin nicht mehr halten, wahrscheinlich, weil der Betonboden dort immer so kalt gewesen war. Ich musste Windeln tragen. Das war sehr demütigend für mich. Ich habe lange Zeit gebraucht, bis ich realisiert hatte, dass ich aus dem Lager freigelassen war.

Seither litt ich unter heftigen Komplexen, fühlte mich wie ein unbrauchbarer Mensch. Dachte, dass ich alle Weiblichkeit verloren habe. Die ganze Zeit nagten die Gedanken an mir: »Ach, mein Mann wird nur noch aus Mitleid oder wegen der Kinder mit mir zusammenleben. Er liebt mich nicht mehr.

Wie auch? Ständig stinke ich nach Urin, mir ist schwindelig und übel …«

Automatisch habe ich Abstand zu meinem Mann gehalten, aber Muhammad hat sich dennoch um mich gekümmert. Er hat alles dafür getan, dass ich mich wieder ein bisschen glücklich fühlte. Tag und Nacht hat er verschiedene Gerichte gebracht, damit ich wieder zu Kräften komme; er hat mir mit dem Löffel Suppe eingeflößt und mich in der Nacht getröstet.

Schließlich hat er Hanteln zum Gewichtheben und ein Laufband für mich gekauft, damit ich zu Hause trainierte. »Du musst diese Übungen machen, um deine Muskeln wieder aufzubauen und dich besser zu fühlen«, motivierte er mich. Und er hat immer wieder zu mir gesagt: »Bald wirst du wieder genauso schön wie früher sein. Ich liebe dich.«

Tatsächlich hatte ich alle Hoffnung verloren, ihn als Frau jemals wieder befriedigen zu können oder ihm dasselbe zu geben wie früher. Es war schrecklich, nur noch aus Minderwertigkeitsgefühlen zu bestehen. »Wer bin ich schon? Ich bin der letzte Dreck.«

»Lass uns abhauen!«

Meine Kinder hatten mich so schmerzhaft vermisst. Danish berichtete mir, dass der Lehrer ihm in der Zeit meiner Gefangenschaft im Unterricht ein Video über die Umerziehungslager vorgespielt hatte. Darin sahen die Schüler tanzende und lachende Menschen, in traditionelle Gewänder gehüllt, die in geschmückten Klassenzimmern voller Freude Chinesisch lernten.

»Deine Mama ist in so einer Schule«, hatte ihm der Lehrer klargemacht, »sie lernt dort die Gesetze. Ihr geht es sehr gut dort.« Dieses Bild hatte mein Sohn von meiner Situation im Lager. In der Klasse gab es aber einen chinesischen Schüler, der war viel älter als Danish und auch viel größer. In der Pause ging er zu meinem Sohn und pöbelte ihn an: »Deine Mutter ist im Gefängnis, sie wird dort verprügelt.« Mein Sohn hat das empört zurückgewiesen: »Was erzählst du da für einen Schwachsinn!«

Da hat der chinesische Junge ihn geschlagen und wie eine Gummipuppe hin und her geschmissen. Alle anderen Schüler haben lachend dem Chinesen applaudiert, weil er einen kleinen Uiguren verhaute. Ein anderer uigurischer Mitschüler hat diese Szene heimlich auf Video aufgenommen und an meinen Mann geschickt: »Sie müssen etwas unternehmen! Ihr Kind wird gerade zusammengeschlagen.«

Auch meine beiden Mädchen hatten sich so sehr nach ihrer Mutter gesehnt. Seitdem ich wieder zu Hause war, wollten sie nicht mehr zur Schule gehen. Sie fürchteten, dass ich sonst bei ihrer Rückkehr wieder verschwunden wäre. Kaum waren sie zur Tür eingetreten, riefen sie aufgeregt: »Wo ist Mama? Ist die Mama da?« Beide klebten regelrecht an meiner Seite. »Wir wollen dich nie wieder verlieren!« Andauernd haben sie das wiederholt.

Als ehemalige Gefangene stand ich unter besonders strenger Beobachtung. Reisen war für mich ab sofort verboten. Ich durfte nicht mal mehr die Stadt verlassen ohne Genehmigung. Es wäre sofort aufgeflogen, denn Checkpoints riegelten alle Orte voneinander ab. Nur innerhalb meines Viertels durfte ich mich bewegen.

Die Polizei meldete sich ständig bei mir und fragte nach: »Du hast seit drei Tagen das Haus nicht verlassen. Warum?« Alle Daten über uns wurden fortwährend gesammelt, ausgelesen und ausgewertet. Sobald das Verhalten vom Durchschnitt abwich, machte man sich als Staatsfeind verdächtig. Wer beispielsweise einen Liter Benzin mehr als üblich getankt hatte, erhielt gleich einen Anruf von der Polizei. »Du hast so viel getankt. Wo willst du hinfahren?«

Hatte man einige Tage nur in den eigenen vier Wänden verbracht, musste man der Polizei Auskunft über die Gründe dafür erteilen. Der Uniformierte tippte dann auf die Liste mit den vorgedruckten Antworten und wollte wissen: »Welche Antwort passt bei dir?« Zum Beispiel: »Ich bekomme Besuch« oder »Ich bin krank«. Danach folgten die nächsten zu dieser Antwort passenden Fragen: »Wer war zu Besuch?« oder »Warst du beim Arzt?«. Kranke waren verpflichtet, das mit einem ärztlichen Attest zu belegen.

Seit der Entlassung aus dem Lager musste ich mich zudem jeden Tag bei der örtlichen Polizeibehörde um 8:00 Uhr melden und meine Papiere vorlegen. Manchmal fühlte ich mich wie eine Aussätzige.

Beamte vom Bezirksamt hatten beispielsweise die Auflage, mit ehemaligen Gefangenen keine Freundschaften zu schließen. Und junge Frauen erhielten oft nicht die nötigen Dokumente für ihre Hochzeit, wenn sie einen Partner hatten, der in Haft gewesen war.

Wenn ich mich draußen vor der Haustür in die Sonne setzte, ignorierten mich Nachbarn und Bekannte und liefen an mir vorbei, als wäre ich Luft. Jeder hatte Angst davor, mit mir in Kontakt zu treten. Wer es aber trotzdem wagte, mich zu fragen: »Wie war es im Lager?«, dem antwortete ich: »Schön war es da.«

Schweigen brechen

In den ersten Tagen hatte ich sogar meinem eigenen Mann nichts über meine Erfahrungen preisgegeben. Alleine bei der Vorstellung daran stieg mir der Schweiß auf die Stirn. Die Polizei würde sonst ihre Drohung wahrmachen und mich sofort wieder abholen. Offen reden war in der Wohnung wegen der Abhörgeräte sowieso nicht möglich. Und vor den Kindern sprechen war gefährlich.

Die Erinnerungen an die Vergangenheit brachten manchmal meinen Kopf fast zum Platzen. Und irgendwann habe ich nachts im Bett den Mut gefunden, meinen Mund zu öffnen, aber obwohl ich meinem Mann etwas zuflüsterte, klang meine Stimme laut im Schlafzimmer. Dann herrschte wieder Schweigen, und es war nichts zu hören außer den Sirenen der Polizeiautos auf der Straße. Stück für Stück habe ich Muhammad auf diese Weise das Grauen im Lager geschildert. Und später habe ich ihm auch tagsüber immer wieder atemlos etwas zugezischt, was ihm die Fassung raubte.

Zwar waren wir in Urumqi finanziell gut versorgt, aber ich habe mit heiserer Stimme meinen Mann beschworen: »Bitte nimm mich mit nach Pakistan! Ich brauche kein Haus, kein Auto, kein Geld. Ich brauche nichts. Ich will nur mit euch zusammen sein. Ich habe Angst, dass ich bald wieder eingesperrt werde. Selbst wenn wir mit den Kindern irgendwo im Wald leben oder in einem kleinen Zelt schlafen, bin ich damit einverstanden. Hauptsache, wir leben in Freiheit.«

Und mein Mann ist mit der Zeit immer wütender geworden und knurrte: »Die chinesische Regierung hat offenbar beschlossen, alle Uiguren auszulöschen. Wir müssen hier weg, und zwar schnellstmöglich!«

September 2018: Besuch aus dem Ausland in Urumqi

Mein Vater wohnte in der Nachbarschaft, wo sich auch die größte Moschee in Urumqi befand. Im September 2018 hatte ich auf der Straße beobachtet, wie vor seinem Haus etwa zehn Polizisten Wache schoben.

Kurz darauf habe ich den Grund dafür erfahren. Sie hatten meinem Vater folgende Mitteilung gemacht: »Wir haben die Moschee geputzt und wieder eröffnet. Du wirst morgen dort vorbeten, da wir Besuch von Journalisten aus dem Ausland erwarten. Sie wollen hier die Zustände kontrollieren.« Zugleich erhielt mein Vater genaue Anweisungen, was er den Reportern zu sagen habe: »Du wirst erzählen, dass du der Imam bist und die Regierung dafür sorgt, dass ihr alle frei leben, beten und eure Religion ausüben dürft.«

Mein Vater aber sträubte sich dagegen: »Nein, ich habe Angst! Ich will das nicht tun. Ihr habt ja zuvor alle eingesperrt, die gebetet haben. Wenn ich jetzt euren Befehlen folge, werdet ihr mich danach genauso ins Lager bringen.« Daraufhin hat der Polizist ihn beruhigt: »Nein, keine Sorge, dir wird nichts passieren. Das ist ein Befehl der Regierung, du musst das machen.« Sie hatten ihm eine rote Mappe mitgebracht, in der sich 100 chinesische Yuan befanden. »Das ist für dich, damit du morgen fünfmal betest. Und jeder, der morgen in die Moschee kommt und mit dir sein Gebet verrichtet, bekommt pro Gebet 20 Yuan.«

Wenn solche Besuche ausländischer Delegationen angekündigt waren, übernachteten jedes Mal drei bis vier Polizeibeamte in den Wohnungen der Ausländer. Dabei handelte es sich nicht um rangniedrige Polizisten, sondern um Beamte von höheren Sicherheitsbehörden oder sogar vom Auswärtigen Amt. So eine kleine Gruppe zog mit ihren Reisetaschen gleich darauf auch bei uns ein. Die chinesische Regierung hatte Menschen wie uns besonders im Visier, da wir Verbindungen ins Ausland hatten und uns die Journalisten daher vielleicht kontaktieren würden. Damit wir nicht über die wahren Zustände in unserem Land auspackten, sperrte man Familien wie unsere in dieser Zeit einfach in die eigenen Wohnungen weg. Die vier Polizeibeamten zeigten sich freundlich und trugen ihr künstliches Lächeln im Gesicht. Sie hatten sogar Obst mitgebracht und sich bei uns für die Unannehmlichkeiten entschuldigt: »Wir bekommen Besuch aus dem Ausland, daher werden wir mit euch hier leben und so lange bleiben, bis die Regierung uns zurückruft.« Diese chinesischen Beamten haben sogar den Müll hinausgebracht, denn keiner von uns durfte vor die Tür. Erst nach drei oder vier Tagen packten sie wieder ihre Taschen.

Mein Mann und ich standen in engem Kontakt mit anderen Pakistanern in der Stadt. Daher haben wir mitbekommen, dass sich bei einem Bekannten, der auch mit einer Uigurin verheiratet war und einen Laden auf dem großen Basar betrieb, für den nächsten Tag hoher Besuch vom pakistanischen Konsulat angekündigt hatte.

In der derselben Nacht standen chinesische Polizisten in seiner Wohnung und belehrten ihn: »Du wirst deinem Gast morgen mitteilen, dass die Lage in Urumqi sehr gut ist. Früher hat es hier viele Terroristen gegeben, aber heute ist das Leben friedlich. Die Menschen sind alle glücklich.« Unser Bekannter schluckte. »Du solltest an deine Frau und deine Kinder denken. Du bist aus Pakistan und du willst bestimmt, dass deine Familie mit dir ausreisen darf …«

Tags darauf hat unser Bekannter, Wort für Wort, dem pakistanischen Diplomaten die von der Polizei gewünschten Informationen wiedergegeben. Dafür aber erntete er einige bissige Kommentare aus der pakistanischen Gemeinschaft. »Warum lügst du? Was erzählst du für einen Unsinn?« Da hat er sich gerechtfertigt: »Ich muss meine Familie und mein Leben schützen. Was hättet ihr an meiner Stelle getan?«

Als nach vier Tagen die Überwachung der Ausländer in Urumqi abgeschlossen war, sind die hohen chinesischen Sicherheitsbeamten weiter nach Kashgar gefahren, um sich dort bei den ausländischen Familien einzunisten. Sie waren den Journalisten aus dem Ausland immer mindestens einen Tag voraus.

Liste mit 200 Frauen

Montag. Flaggenparade. Ich hielt den Wochenplan in meiner Hand. Eine Beamtin sprach von einer Liste mit 200 Frauen, die bereits zwei oder mehr Kinder hatten. Alle waren für eine Zwangssterilisation vorgesehen. Und ganz vorne stand mein Name. Es war, als müsste mein Gehirn diese Botschaft erst übersetzen, bevor sie zu mir durchdringen konnte. So ungeheuerlich erschien mir das. Bereits am nächsten Montag sollte die Operation stattfinden.

»Ihr kommt alleine, also ohne Begleitung von Familienangehörigen«, erklärten sie den Ablauf. Wie schockgefroren stand ich da, während die Beamten uns dieses Angebot wie ein großes Geschenk anpriesen. »In seiner Fürsorglichkeit übernimmt der Staat für euch die vollständige Organisation. Damit helfen wir euch, dass ihr außerplanmäßig nicht mehr schwanger werdet und dass euch später unnötige finanzielle Ausgaben durch Sterilisation und Abtreibungen erspart bleiben. Ihr werdet nach dem Eingriff sogar heimgebracht. Und das ist alles kostenlos!«

Keine Ahnung, wie ich nach Hause gekommen bin. Als Nächstes stand ich vor meinem Mann, starrte ihn an und sagte mit stockender Stimme: »Ich muss mich sterilisieren lassen …«. Muhammad zog scharf die Luft ein. »Nein! Das dürfen wir nicht zulassen!« Aber ich hatte Angst, mich zu verweigern und dann erneut verhaftet zu werden.

Beim Familienkomitee warb mein Mann um Verständnis für meine Situation: »Zumret ist krank, sie hat Nierenprobleme, kann ihren Urin nicht halten … unmöglich kann sie einen solchen

Eingriff in dieser Situation ertragen. Reicht Ihnen nicht ihre Versicherung, dass sie keine weiteren Kinder bekommen will?«

In seiner Verzweiflung hat Muhammad den beiden zuständigen Frauen im Büro sogar angeboten, sich stattdessen selbst sterilisieren zu lassen. Das lehnten sie jedoch ab. »Nein, wir dürfen dich nicht anfassen, weil du Ausländer bist. Zumret muss zur Sterilisation kommen.« Da sich mein Mann nicht einsichtig zeigte, drohten sie ihm zuletzt: »Wenn ihr nicht kooperiert, dann müssen wir dich aus dem Land ausweisen, aber deine Frau und eure drei Kinder bleiben hier.« Außerdem werde sich das ungünstig auf die weitere Schulbildung unserer Kinder auswirken, was bedeutete, dass sie später beispielsweise keinen Platz an der Universität erhielten.

Diese Ungerechtigkeit war so erdrückend. Die ganze Nacht haben mein Mann und ich geweint. Wir hatten uns so sehr gewünscht, nach Pakistan auszureisen und dort noch mehr Kinder zu bekommen. Wir schafften es nicht, uns mit diesem schmerzhaften Gedanken abzufinden. Nirgendwo sonst auf der Welt werden Frauen reihenweise auf Befehl zwangssterilisiert. Für mich war das so, als hätte die Regierung beschlossen, dass ich keine Frau mehr sein dürfte.

Ein chinesischer Nachbar hatte von unserem Leid mitbekommen und bekundete uns sein Mitleid: »Es ist wirklich schlimm, wie unsere Regierung euch behandelt. Das geht zu weit!« Han-Frauen waren von solchen Zwangsmaßnahmen ausgenommen.

Ja, es gab auch solche Chinesen, die Mitgefühl mit uns zeigten. Doch das war einer unter Hunderttausenden. In all den Jahren hatte ich es nie erlebt, dass ein einzelner chinesischer Bürger, mit dem wir jahrelang gut zusammengearbeitet hatten, lautstark gegen unsere ständige Misshandlung protestiert hätte.

Kein Einziger hat für uns die Stimme erhoben und die Regierung infrage gestellt: »Warum behandelt Peking die Uiguren so grausam?«

November 2018: Zwangssterilisation

Am Montag sind mein Mann und ich zusammen beim Familienkomitee erschienen, obwohl ich alleine kommen sollte. »Wir nehmen deine Frau jetzt mit ins Krankenhaus«, beruhigten sie Muhammad und schickten ihn sofort wieder weg, »sie wird ganz schnell operiert und dann wieder nach Hause gebracht. Geh heim und koche eine Suppe für sie.«

Mit fünf anderen Frauen saß ich in einem Minibus, gefolgt von einem Polizeiwagen. Ich griff meine Tasche fester, um meine Hände ruhig zu halten. Draußen an den Straßen klebten überall die Plakate der Regierung, die für Abtreibungen warben und mit Belohnungen lockten. Ließ eine Schwangere freiwillig abtreiben oder sich sterilisieren, erhielt sie von der Regierung 4000 Yuan.

Vor dem Bezirkskrankenhaus in Urumqi stiegen wir aus. Manche Frauen weinten. Im 13. Stock in einem langen Korridor, von dem seitlich viele OP-Räume abzweigten, warteten noch viele weitere Frauen aus anderen Stadtteilen. Ich dachte an das vierte Kind, das ich mir mit meinem Mann so sehnlichst gewünscht hatte, aber nie bekommen würde.

Wie ich waren einige der Betroffenen völlig in sich gekehrt, manche haben leise geklagt: »Zuerst haben sie uns zwangsweise eine Spirale eingesetzt, das aber reicht ihnen noch nicht. Jetzt wollen sie uns sterilisieren. Dann lassen wir das jetzt auch noch mit uns machen …«

Zunächst mussten wir eine Untersuchung über uns ergehen lassen, dafür Urin und Blut abgeben. Eine Frau aus meiner

Gruppe hatte ein Geschwür in ihrer Gebärmutter. Bei ihr haben sie entschieden, dass sie mit der Sterilisation erst noch abwarten müssten. So blieben wir zu viert.

Vor meinen Augen stand fortwährend dasselbe Bild von meinem Mann, wie er sich letzte Nacht die Tränen abgewischt hatte. Da war so große Trauer, so große Verzweiflung in seinen Augen gewesen. Ich war überzeugt: »Das ist das Ende meines Lebens. Was will Muhammad mit einer Frau, die keine Frau mehr ist?«

Es war schlimm genug für mich, nach dem Lager an diesem Gefühl zu leiden, dass mein Körper nicht mehr mein Körper war und dass ich mich nicht mehr attraktiv fühlte. Seither trug ich Windeln und litt unter Bauchkrämpfen. »Jetzt bin ich keine Frau mehr, mein Mann wird mich verlassen.« Ununterbrochen hatte ich diese Bilder im Kopf und habe mich damit komplett kaputtgemacht.

Die Schwestern bereiteten uns für die OP vor, zogen uns einen Kittel an und eine Haube über den Kopf. Dann schoben sie uns auf den gynäkologischen Stuhl. Dort setzte die Ärztin mir eine Spritze und sagte: »Ich werde dir jetzt einige Fragen stellen, und du wirst antworten. Wie viele Kinder hast du? Wie heißt du? Wie alt bist du? …« In dem Moment bin ich schon bewusstlos geworden. Es war die Narkosespritze.

Als ich meine Augen wieder öffnete, lag ich auf einer Bahre in einem langen Korridor mit einigen anderen Frauen, von denen manche vor Schmerz stöhnten. Ich zitterte, es war sehr kalt, nur ein dünnes Laken bedeckte mich. Keine Schwester weit und breit.

Ich habe mich sehr schwach gefühlt, konnte mich kaum auf den Beinen halten. In meinem Unterleib spürte ich einen stechenden Schmerz. Ein Arzt hatte mir zum Abschied noch geraten, mir in einer privaten Praxis Infusionen verabreichen zu lassen.

Zu Hause hatte ich den Eindruck, dass in meinem Körper etwas fehlte, was mir vorher Kraft gegeben hatte. In meiner Angst und meiner Unzufriedenheit habe ich meinem Mann vorgehalten: »Du willst nur, dass ich als Mutter für die Kinder existiere, aber du liebst mich nicht mehr als Frau.« Tatsächlich hatte ich meinem Mann außer meinen selbstzerstörerischen Gedanken nichts mehr anzubieten.

Sprach Muhammad mit jemand anderem oder schenkte mir nicht so viel Aufmerksamkeit, wie ich mir das gewünscht hätte, kochten sofort wieder die Zweifel in mir hoch: »Er will mich nicht mehr … ich bin nicht mehr genug …« Ich habe ihm auch ständig unterstellt, dass er eine andere Frau wollte.

Mein Mann aber hat mich tapfer ertragen und immer dagegengehalten: »Nein, das stimmt gar nicht. Ich schätze dich immer noch so wie früher. Hör auf mit diesen Gedanken. Wir werden das schon gemeinsam schaffen. Ich helfe dir.« Er hat mich immer wieder aufgerichtet.

Sobald ich aufrecht laufen konnte, suchte ich eine uigurische Frauenärztin auf, um die Sterilisation wieder rückgängig zu machen. Daraufhin hat sie mich aufgeklärt: »Wenn du dich freiwillig sterilisieren lässt, biegen die Ärzte die Eierstöcke um und binden sie ab. Bei einer Zwangssterilisation aber werden die Eierstöcke durchgeschnitten und anschließend zusammengebunden. Du bist für den Rest deines Lebens unfruchtbar.« Als ich das hörte, fuhr es mir in den Magen wie eine heiße Nadel.

Die chinesische Führung rühmt sich heute dafür, uns Uigurinnen aus »der Rolle der Gebärmaschinen befreit« und uns »selbstbewusster und unabhängiger« gemacht zu haben. Darauf gebe ich ihnen folgende Antwort: »Ihr habt uns nicht befreit, sondern ihr habt uns unsere Freiheit geraubt. Ihr habt uns gegen unseren Willen sterilisiert und uns somit unsere Weiblichkeit gestohlen. Ihr habt uns unsere Identität und unsere Gesundheit gestohlen und uns zu halben Menschen gemacht!«

Anruf: Mach deine Tochter fertig!

Ich war noch geschwächt von der Zwangssterilisation, als die vier chinesischen »Verwandten« wieder vor der Tür standen. In den Händen hielten sie Eier und Joghurt. »Für deine Genesung«, sagten sie und erwarteten gleichzeitig, wie immer von mir verwöhnt und gut bewirtet zu werden. Danach löcherte mich der mir zugeteilte Polizist, ob ich Probleme mit meiner Sterilisation hätte. Und er wollte wissen, wie zufrieden ich mit diesem Eingriff und dieser Politik der Regierung sei. Natürlich äußerte ich meine Dankbarkeit, obwohl mir Kopf und Körper schmerzten. »Als Chinesen müssen wir alle tun, was das chinesische Gesetz uns vorschreibt.«

Nachdem endlich die zehn Tage, in denen sie bei uns gelebt hatten, vorbei waren, klingelte etwa fünf Tage später das Telefon. Es war der 20-jährige Chinese, der mit schwerer Zunge sprach: »Hast du schon mitbekommen, dass Chinesen jetzt bei euch wie die Herren im eigenen Haus sind? Sie dürfen tun und lassen, was sie wollen. Ich würde gerne heute deine Tochter mitnehmen. Bereite Nuzut vor, mach sie sauber, sie soll sich duschen und schön anziehen.«

Das war wie ein Schlag vor den Kopf. Als er das gesagt hatte, bin ich nach hinten aufs Sofa umgefallen, hielt sprachlos das Telefon ans Ohr, während er weiter lallte: »Ich komme dann und hole sie ab. Ich werde meinen Spaß in der Nacht mit ihr haben, und sie morgen in der Früh zur Schule bringen.«

Wie sollte ich so einem Kerl meine Tochter mitgeben? Was sollte ich tun? Wie konnte ich sie vor seinem Zugriff schützen? Für eine Mutter, die eine zehn Jahre alte Tochter hat, waren das entsetzliche Gedanken.

Alles in mir schrie in tiefer Angst um Hilfe, aber meine Stimme blieb ruhig und verriet mich nicht: »Leider geht es ihr heute schlecht. Sie hat Durchfall und musste sich übergeben. Sie schläft jetzt und geht auch morgen nicht zur Schule. Sie muss jetzt ein paar Tage zu Hause bleiben.«

Keine Ahnung, woher meine Lippen so schnell diese Antwort gefunden hatten. Der junge Fabrikarbeiter gab sich damit vorerst zufrieden. Gleichzeitig hatte ich Angst, dass er sofort bei der Verwaltung anrufen und sich dort über mich beschweren würde, weil ich ihm meine Tochter nicht mitgeben wollte. Das war ein Verstoß gegen das Gesetz. Vielleicht kam gleich die Polizei und führte Nuzut ab – und dann erst recht mit Gewalt?

Wie ohnmächtig saß ich da und lauschte in den Flur hinein. Waren da trampelnde Schritte? Hunde? Dieses Gefühl, bestehend aus Angst und Schrecken, in diesen Stunden kann ich nicht beschreiben. Mir war furchtbar elend zumute. Doch zum Glück blieb es still im Flur. Und es passierte nichts.

Jedes Mal, wenn er danach wieder angerufen hat, habe ich verzweifelt nach neuen Ausreden gesucht. Einmal hatte ich meiner Tochter beispielsweise Wundpflaster auf ihre Hände geklebt und behauptet, dass sie an irgendeiner ansteckenden Hautkrankheit leide. Ich habe sie dann sicherheitshalber auch nicht zur Schule geschickt. Auf solche Weise konnte ich meine Tochter vier- bis fünfmal vor seiner Gier bewahren, aber jedes Mal hatte ich wieder große Angst, dass er sie einfach aus meinen Armen reißen und hinter sich herzerren würde. Und dass ich gleich darauf selbst verhaftet werden würde, weil ich nicht kooperativ war.

In unserer Wohnung hat sich dieser junge Chinese womöglich wegen seiner anderen Landsleute zusammengerissen. Alle Türen standen offen, zu viele Zuschauer waren anwesend. Da hatte er nicht die Gelegenheit, meine Tochter ungestört zu missbrauchen. Nuzut hatte ich von seinen Anrufen nichts erzählt. Ich musste Ruhe bewahren und jeden Anflug von Panik unter uns vermeiden.

Befehl ist Befehl!

Ob sich die chinesischen Frauen angesichts dieser Kampagne und des Verhaltens ihrer eigenen Ehemänner und Söhne empört haben? Mir ist kein Beispiel bekannt, dass sie sich deswegen unwohl gefühlt oder sogar Scham empfunden hätten. Im Gegenteil. Unsere chinesische Mitbewohnerin hatte sich sehr glücklich gezeigt und bei jeder Gelegenheit die Regierung gelobt. »Jetzt bekommen wir eine Lohnerhöhung von 1300 Yuan dafür, dass wir hier mitmachen. Das ist super!«

Die chinesischen Einwohner hatten kein schlechtes Gewissen. Sie redeten sich immer damit heraus, dass die Regierung das so angeordnet habe. Und Befehl sei nun mal Befehl. Wahrscheinlich banden die chinesischen Männer ihren Ehefrauen auch nicht auf die Nase, dass sie mit den muslimischen Frauen im Bett waren oder was sie sonst mit ihnen alles angestellt hatten. Nach außen hin ging es vorrangig darum, mehr Geld zu verdienen. Die Chinesen sind sehr materialistisch.

Seitdem die Regierung diese Verwandtschaftspolitik eingeführt hatte und Chinesen in unseren Wohnungen lebten, haben wir deren Mentalität noch besser kennengelernt und ihre Absichten noch gründlicher durchschaut. Ich denke, dass sie voller Hass sind. Sie schauen auf uns herab und mögen uns nicht. Alles, was die Regierung mit uns macht, finden sie richtig. Sie kennen kein Erbarmen gegenüber unserem Volk. »Wenn die Regierung sagt, dass du ein Verbrecher bist, dann bist du ein Verbrecher«, so taten sie achselzuckend ihre Meinung über diese brutale Politik kund. »Wenn dich deshalb die Todesstrafe erwartet, dann musst du eben sterben.«

Durch diese Verwandtschaftspolitik hat die chinesische Regierung noch mehr Hass zwischen Uiguren und Chinesen gesät.

Passgeschichten

Weg aus diesem Land! Nur weg! Aber wie? Am 2. Juni war ich freigelassen worden. Seither kämpfte ich darum, meinen Reisepass wiederzubekommen. »Zuerst zahlst du für dein drittes Kind nachträglich eine Geldstrafe«, forderten sie, »ihr habt damals gegen das Familienplanungsgesetz verstoßen.«

Mittlerweile forderten sie von manchen Großfamilien mehrere 100 000 Yuan Strafgebühr. Das Familienkomitee hatte in jeder Familie Preistabellen verteilt, in denen aufgelistet war, wie viel man bei welcher Anzahl von Kindern zahlte. Sogar die dritt- oder viertgeborenen Kinder, die zu dem Zeitpunkt schon erwachsen waren, mussten noch mal Strafe für ihre gesetzlich nicht erlaubte Geburt bezahlen. Wer sich das nicht leisten konnte, kam ins Lager oder sollte die Strafe in Form von Arbeit ableisten. »Ist die Regierung plötzlich arm geworden oder warum zieht sie den einfachen Leuten so viel Geld aus der Tasche?« Verbittert schüttelte ich den Kopf.

Die Quittung für mein eigenes Bußgeld von 18 400 Yuan, was etwa 2500 Dollar entspricht, habe ich abfotografiert. Trotz der Zahlung musste ich immer wieder zum Passamt laufen, wo ich mich hinten in die lange Schlange eingereiht habe, um erneut einen Antrag zu stellen.

Dann erschütterte die nächste Kampagne unser Leben: »Alle Uiguren sollen ihre Pässe abgeben und löschen lassen.« Jeder sollte eine Erklärung unterschreiben, dass er nie wieder einen Pass beantragen werde. Was bedeutete das? Ein Mensch ohne Pass ist staatenlos, rechtlos und schutzlos. In einer anderen Abteilung forderten die Beamten meine Landsleute dazu auf, die Namen ihrer im Ausland lebenden Familienangehörigen löschen zu lassen.

Während alle damit beschäftigt waren, ihre Pässe abzugeben, war ich als Einzige damit befasst, mir einen neuen Pass ausstellen zu lassen. Meinen Schwiegervater hatte Muhammad bereits nach Pakistan zurückgeschickt. »Er ist krank und muss operiert werden«, machten wir gemeinsam auf dem Passamt deutlich. Da wir den alten Herrn versorgen müssten, sei unsere Anwesenheit in Pakistan zwingend nötig.

Zuerst verlangten die Zuständigen eine Bestätigung über die Operation. Danach sollten wir beweisen, dass es sich wirklich um einen großen Eingriff handelte, der unsere Pflege dort erforderlich machte.

Schließlich bescheinigten sie meinem Mann: »Gut, du kannst ausreisen, aber deine Frau bleibt hier. Sie hat Ausreiseverbot.« Muhammad wurde rot vor Ärger: »Nein, ich kann nicht für meinen Vater kochen und ihn betreuen, deshalb muss meine Frau mitkommen.« Da mein Mann bekannt dafür war, in der Öffentlichkeit Lärm zu schlagen, wenn es um seine Frau ging, behandelten die Beamten ihn vorsichtig und stellten mir endlich einen Pass in Aussicht.

Da aber im Zuge der neuen Kampagne auch mein Pass aus dem System gelöscht worden war, musste das Dokument erst wieder mühsam hergestellt haben. Um das zu erreichen, rannte ich von Amt zu Amt, bis ich am Ende 50 bis 60 Stempel eingeholt hatte.

Nur beim Familienkomitee zögerten sie weiterhin, mir den Stempel zu geben. »Zuerst musst du etwas Gutes tun für das Zusammenleben von Chinesen und Uiguren.« Ich sollte einer chinesischen Frau, die unter einer Lungenkrankheit litt, die Verlegung und Behandlung in einem Krankenhaus in Guandong bezahlen. Das Foto dieser Chinesin habe ich auf meinem Handy abgespeichert. Zuerst verlangten sie dafür 15 000 Yuan. Mein Pass war bereits fast fertiggestellt, da hat die Polizei bei mir angerufen und gefordert: »Diese kranke Chinesin braucht noch weitere 15 000 Yuan.« Nachdem wir auch das hingeblättert hatten, haben sie meinen Pass ausgestellt.

Zuletzt drang das Einwohnermeldeamt darauf, dass ich im Pass hinter der Angabe Religion das Wort »Islam« streichen und durch »keiner Religion angehörend« ersetzen lassen sollte. Binnen weniger Minuten hielt ich endlich das begehrte Dokument in der Hand. Angesichts meiner leuchtenden Augen versetzte mir der zuständige Beamte jedoch den nächsten Dämpfer: »Zwar hast du jetzt einen Pass, aber damit darfst du nirgendwo hinreisen. Du musst den Pass erst freischalten lassen.«

Also fuhr ich erst zum Familienkomitee, von dort weiter zur örtlichen Verwaltung, dann zur städtischen Verwaltung, sprach bei jeder Behörde vor, damit sie einzeln den Pass für mich freigaben. Erst dann erhielt ich die Erlaubnis auszureisen. Bedingung war, dass ich einen Monat später wieder zurückkehrte. Andernfalls drohe uns allen großes Unheil.

Leider hatte ich nicht die Möglichkeit, von meinem Vater endgültig Abschied zu nehmen, da wir seiner zweiten Frau nicht vertraut haben. »Ich gehe nur für einen Monat nach Pakistan«, sagte ich zu ihm und umarmte ihn ein letztes Mal. Selbst die

Kinder wussten nicht, dass wir nicht mehr zurückkehren würden. »Wir sehen uns bald wieder,« sagte ich und wandte den Blick ab, damit er nicht den Schmerz in meinen Augen sah.

Flucht

Am 30. Januar 2019 suchten wir zu fünft am Flughafen in Urumqi auf der Anzeigetafel unseren Flug nach Islamabad. Die ganze Zeit befürchtete ich, im letzten Moment festgenommen zu werden, aber wir kamen ungestört durch alle Sicherheitskontrollen. Als das Flugzeug abhob, war ich schweißgebadet und bat meinen Mann: »Bitte, kneif mich. Ist das die Realität oder nur ein Traum?«

In Pakistan selbst fühlten wir uns nicht sicher. Die Heimat meines Mannes hatte sich in den letzten Jahren, aufgrund der großen Investitionen Pekings, fast in ein kleines China verwandelt. Zum Glück war es kein Problem, weiter in die USA auszureisen, da mein Mann bereits 2016 für unsere ganze Familie ein Touristenvisum besorgt hatte.

Immer schon hatten wir den Traum gehegt, dort eines Tages Urlaub zu machen. Dass wir in Amerika einmal leben würden, hatten wir nicht geahnt. Kaum in Washington angekommen, haben wir einen Asylantrag gestellt.

Da wir nicht nach Urumqi zurückgekehrt waren, übten die chinesischen Behörden sofort Druck über unsere Verwandten in der Heimat aus. Mein Bruder drang verzweifelt über WeChat-Nachrichten in mich: »Die Polizei fragt nach dir! Es ist nicht richtig, wenn wir alle nur wegen dir in Schwierigkeiten geraten!«

Was sollte ich bloß tun? Manchmal wusste ich vor Angst weder ein noch aus. Ständig warnten mich Leute vor dem langen Arm Chinas. Und die Gehirnwäsche der KPCh wirkte deutlich in mir nach. »Die chinesische Regierung ist übermächtig! Sie wird meine Familie in den USA und meine Familie in Xinjiang vernichten.«

Wieder war es mein Mann, der mir Mut machte und mit der Hand mein Kinn hob. »Du warst nur zwei Monate in diesem Lager, aber überlege doch mal, dort sind noch Millionen Menschen über Jahre inhaftiert.« Er sprach mit ruhiger Stimme weiter, aber ich spürte, wie aufgeregt er dabei war. »Niemals dürfen diese Verbrechen geduldet werden. Es ist egal, was uns das kosten wird, du musst Zeugnis ablegen.«

Nach meiner ersten Aussage bei der *Washington Post* litt ich aber erneut unter solchen Angstzuständen, dass ich mein Interview wieder zurückziehen wollte und sechs Monate lang nicht mehr mit den Medien gesprochen habe. In meinem Kopf drehte ich mich wie in einem Strudel, nur ein Gedanke beherrschte mich: »Die chinesische Regierung wird uns zerstören.«

Tag für Tag habe ich mir den Kopf zermartert, bis ich begriffen hatte, wie wichtig mein Aktivismus ist. Die chinesische Regierung muss für ihre Verbrechen gegen die Menschlichkeit in Ostturkestan bestraft werden.

Neues Leben

Wenn ich das Leben in Xinjiang und das im Exil in Amerika vergleiche, fühlt es sich so an, als hätte mir jemand jahrelang fest den Mund zugehalten, sodass ich kaum noch Luft bekam. Plötzlich aber hat jemand diese Hand weggerissen. In Amerika erscheint es mir, als wäre ich aus einem engen, dunklen Loch in die Weite der Freiheit entkommen. Meine Kinder staunen heute noch: »Auf den Straßen sehen wir hier kaum Polizisten. Keiner bestraft uns, wenn wir unsere Meinung sagen oder beten.« Uns geht es gut. Ein bekannter Pakistaner hat uns günstig ein hübsches kleines Reihenhäuschen am Stadtrand vermietet, aber seit zwei Jahren warten wir auf einen Termin für unsere Anhörung. Unser Status ist bis heute noch ungeklärt.

Ich weiß nicht, wie das weitergeht …

Bislang haben wir von keiner Organisation oder von NGOs Unterstützung erhalten. Mein Mann arbeitet und versorgt uns. Für einen Psychotherapeuten fehlen mir die Mittel, aber auch die Zeit. Die Termine mit den Journalisten sind fast zu meinem Hauptberuf geworden, allerdings habe ich bis zum heutigen Tag damit keinen Dollar verdient. Die chinesische Regierung verleumdet mich als Spionin, die von der US-Regierung Geld dafür erhielte.

Nachdem der Sprecher des chinesischen Außenministeriums Wang Wenbin im Fernsehen mein Foto hochgehalten und mich als Lügnerin bezeichnet hatte, folgten die nächsten Drohungen aus China. Natürlich lebe ich weiter in Angst. Ich bin eine Frau und eine Mutter. Und China ist eine Weltmacht, die zu allem fähig ist.

In den USA aber können wir frei atmen. Das ist unbeschreiblich, unter welchem Druck die Menschen in meiner Heimat leben müssen. Sie bekommen dort kaum Luft, sie ersticken in diesem System. Ein Zurück gibt es für meine Familie nicht mehr. Zu Hause wartet der Tod.

ANALYSE

Sogar unsere Körper gehören der Kommunistischen Partei

Nicht einmal der eigene Unterleib gehört einer Uigurin oder einer Kasachin in Ostturkestan. Autonomie gibt es für Muslime in der »Autonomen Region Xinjiang Uygur« nur auf dem Papier. Um unsere Bevölkerungszahl schleichend zu verkleinern und uns im selben Zuge leichter zu assimilieren, hat die chinesische Regierung bereits Anfang der 1990er-Jahre die Fruchtbarkeit der Frauen in Ostturkestan mit gewaltsamen Maßnahmen reduziert. Neben gesundheitlichen Folgen der Zwangssterilisationen müssen die Frauen die Demütigung ertragen, entmündigt zu sein.

Diese Form des Völkermords an Uiguren, Kasachen, Kirgisen und anderen Turkvölkern hat die KPCh von langer Hand vorbereitet, denn sie verfolgt ihre politischen Pläne stets vorausschauend in Abschnitten zu 5, 10, 15, 30 und sogar 50 Jahren. Bevor die Geburtenkontrolle so strikt durchgeführt wurde, haben unsere Frauen oft unter Lebensgefahr heimlich mehrere Kinder bekommen.

Seit Xi Jinpings Machtübernahme richtet sich diese Politik aber gezielt gegen Musliminnen. Zugezogene Han-Chinesinnen sind von solchen Strafaktionen ausgenommen, selbst wenn sie heute mehr als drei Kinder haben. Manche Muslimin hingegen wird hart abgestraft, weil sie ein drittes Kind in die Welt setzt, obwohl es gesetzlich erlaubt ist.

Damit Uiguren oder Kasachen in Ostturkestan statt den erlaubten zwei Kindern in der Stadt und drei Kindern auf dem Land bestenfalls nur noch ein Kind in die Welt setzen, hat der Staat auf der einen Seite einige Richtlinien erlassen, die Belohnungen für solche Familien mit Einzelkindern vorsehen. Dazu gehört die Vergabe von Ehrenurkunden und Boni für Regierungspersonal. Auf der anderen Seite droht allen Familien, die gerne mehr Kinder haben möchten, eine Reihe drakonischer Strafmaßnahmen. Dazu gehören zum Beispiel das Beschlagnahmen von Land und Eigentum, Entlassung aus dem Beamtendienst, Beschränken verschiedener finanzieller Leistungen oder Verhängen hoher Geldstrafen … Die Grundlage für die Existenz raubt der Staat manchmal auch denjenigen Familien, die den geforderten zeitlichen Abstand zur Geburt des zweiten Kindes von drei bis vier Jahren nicht einhalten.

Die Geburtenkontrolle hat das Zentralkomitee der KPCh in allen Provinzen, Präfekturen, Städten, Landkreisen und Dörfern Ostturkestans mithilfe Hunderter Millionen Yuan umgesetzt. Durch Propaganda trichtern die Kader den gequälten Menschen ein, dass so ein brutaler Eingriff ins intimste Leben völlig normal sei. Mittlerweile haben unsere jungen Frauen Angst davor, schwanger zu werden.

Als Direktorin musste ich jedes Jahr für die Regierung Statistiken über die Schülerzahlen anfertigen und stellte dabei fest, dass es jeden Herbst etwa 250 bis 300 einheimische Kinder weniger waren als im Vorjahr. An chinesischen Schulen beobachtete man so einen Rückgang der Schüler nicht. Aus den Zahlen der Regierung geht hervor, dass beispielsweise im mehrheitlich von Uiguren bewohnten Hotan und Kashgar die Geburtenraten zwischen 2015 und 2018 um 60 Prozent gesunken sind.

Im Dezember 2016 hatte ich auf einer Parteisitzung in meinem Landkreis Mungulkure erfahren, dass alle muslimischen Eltern, die ihre im Ausland geborenen Kinder aus Sicherheitsgründen dort bei ihren Verwandten zurückgelassen hatten, demnächst einen Untersuchungsbefehl erhielten. »Wir werden gegen die Kinder, die ausländische Staatsbürger sind, vorgehen und auch ihre Eltern maßregeln«, kündigten die Kader an. Solche Mütter und Väter hatten nicht nur ihre Kinder verloren, weil sie gegen die staatlich angeordnete Verhütungspflicht verstoßen hatten, sondern die Regierung überzog sie zusätzlich noch mit Strafzahlungen und Schulden, die sie erdrückten.

Im selben Jahr hatte die KPCh unsere einheimischen Familien, die diese hohen Summen bereits abbezahlt hatten, erneut bestraft mit der Begründung: »Verdacht auf Verstoß gegen die staatliche Geburtenkontrollpolitik«. Letztlich hat die Politik der Geburtenkontrolle der Partei den Weg geebnet, unser Volk noch effektiver auszulöschen, denn diese Gesetze lieferten zahlreiche Vorwände, uns Muslime in Konzentrationslager einzusperren, zu foltern und zu töten.

Körperliche und seelische Wracks am Fließband produzieren

Die KPCh bemächtigt sich der Körper unserer Frauen auf vielfache und grausame Art, um Geburten unmöglich zu machen. Keine Schwangere hat seit 2016 in diesem Überwachungsstaat noch die Möglichkeit, sich längere Zeit vor den Augen der zahlreichen Kameras und Spitzel zu verstecken oder sich auf andere Art gegen die Zwangsmaßnahmen zu wehren. Die chinesische Regierung legt großen Wert darauf, dass die vorgesehenen Eingriffe und Operationen an unseren Frauen zu 100 Prozent umgesetzt werden.

Das umfasst massenweise den Einsatz von Langzeitverhütungsmitteln und Sterilisationen, bei denen folgende Methoden unter anderen eingesetzt werden:

Das Intrauterinpessar (IUP)
Diese spezielle Spirale wird in die Gebärmutter operiert. Die Methode vermindert die Möglichkeit einer Befruchtung der Eizelle durch Spermien.

1. Ligaturoperation (chirurgische Sterilisation)
   Dabei wird ein bestimmter Teil des Eileiters entfernt und ligiert bzw. Blutgefäße werden abgebunden, damit sich Sperma und Eizelle nicht treffen.
2. Zwangsabtreibung (siehe auch Kapitel Zwangsabtreibung): Schwangere Frauen werden zuerst einer Zwangsabtreibung unterzogen, danach werden »Loops« oder »Ligationsoperationen« durchgeführt, um weitere Schwangerschaften zu verhindern.

Nach der Geburt eines Babys müssen sich die Frauen zunächst einer »IUP«-Operation« unterziehen. Es handelt sich dabei um ein ringähnliches Eisenstück, das in die Gebärmutter eingefügt wird. Die Qualität des Eisenrings ist jedoch so schlecht, dass dieser Fremdkörper kurz darauf zahlreiche gesundheitliche Probleme verursacht.

Im Laufe der Zeit wird der Eisenring das Gewebe durchdringen und eine Wunde verursachen, die große Schmerzen sowie Gebärmutterhalskrebs oder Gebärmutterkrebs verursachen kann. Selbst wenn solche leidenden Frauen mit dem Tod ringen, erlauben die Regierungsbeamten ihnen oft nicht, dieses Eisen entfernen zu lassen. Ob sie sterben, spielt keine Rolle. Hauptsache, sie werden nicht wieder schwanger.

In der Not schleppen sich die derart Gepeinigten in private Krankenhäuser, um sich dort diesen Fremdkörper entfernen zu lassen. Da das ohne Erlaubnis der Behörden erfolgt ist, haben sie vielleicht vorerst ihr Leben gerettet, gleichzeitig jedoch gegen das Gesetz der Geburtenkontrolle verstoßen, was schwere Strafen für sie zur Folge hat.

Jeden dieser schweren Eingriffe kann man sich vorstellen wie einen Zustand zwischen einmal sterben und wieder auferstehen. Alle diese Maßnahmen werden auch in kommunalen Familienplanungsämtern durchgeführt. Den Mitarbeitern dort ist es gleichgültig, ob die sanitären Bedingungen den üblichen Standards entsprechen oder auch sonst die nötigen Bedingungen für eine Operation gegeben sind. Ihnen geht es nur darum, die Vorlagen der KPCh zu erfüllen. Für die schwerwiegenden physischen und psychischen Folgen solcher Eingriffe bei den Patientinnen übernehmen die Behörden keine Verantwortung.

In den Krankenhäusern werden diese zwangsangeordneten Operationen wie am Fließband wiederholt, aber auch dort werden die üblichen Hygienevorgaben sehr oft missachtet. Teils operieren die Ärzte unsere Frauen noch während der Inspektion in Räumen, in denen es an Ausstattung und Sauberkeit mangelt. Die mangelnde Sauberkeit macht solche Operationen lebensgefährlich für die Frauen. Die

Geburtenkontrolle geschieht ohne jede Rücksicht auf Verluste. Leben in Ostturkestan bedeutet für muslimische Frauen ein Leben in Angst.

Während unser Volk an den Folgen der Politik langsam stirbt, lobt das chinesische »Forschungszentrum für Entwicklung in Xinjiang« die KPCh dafür, den Geist unserer Frauen »emanzipiert« zu haben, sodass sie »keine Herstellungsmaschinen für Babys mehr sind«.

Zwangsabtreibung – eine nie heilende Narbe

Als Ärztin im Krankenhaus sowie in meinem eigenen privaten Umfeld habe ich erlebt, wie bei Verwandten, Bekannten oder Arbeitskolleginnen ihre Babys kurz vor der Geburt mit einer Spritze in den Bauch zwangsabgetrieben worden sind. »Ihr seid Gegner unserer Politik!«, hat man diesen zu Tode verängstigten Frauen noch am Krankenbett vorgehalten.

Manche der abgetriebenen Kinder kamen lebendig zur Welt, starben aber wenige Tage später infolge des brutalen Eingriffs. Eine Frauenbeauftragte hatte meine Freundin entdeckt, als sie im sechsten Monat schwanger war, und sie umgehend ins Krankenhaus gezwungen, wo der Arzt eine Spritze in ihren Bauch setzte, um ihre Zwillinge abzutreiben. Die kleinen Rücken der Babys waren voller Blut. Danach konnte meine Freundin keine Kinder mehr bekommen.

Die Männer erfahren oft erst nach der Arbeit vom Schicksal ihrer Frauen und Kinder. Einen ähnlichen Fall hatte eine gute Kollegin von mir erlebt, deren zweite Schwangerschaft einige Monate früher als gesetzlich vorgesehen eingetreten war. Bei der erzwungenen Abtreibung hat sie sehr viel Blut und das Bewusstsein verloren. Als sie wieder zur Arbeit erschien, war sie kreidebleich und in schlechter Verfassung. Danach wurde sie im erlaubten Zeitraum erneut schwanger, erlitt aber eine Fehlgeburt.

Ihr Mann hat sie zu verschiedenen Ärzten gebracht, damit sie sich davon erholte. Aber sie weinte nur noch und versank in Depressionen. Ich vermute, dass ihre Gebärmutter bei der Ausschabung stark verletzt worden ist, denn auch sie konnte nie wieder ein Kind bekommen.

Eine erzwungene Abtreibung bedeutet für eine werdende Mutter einen der schmerzhaftesten und quälendsten Prozesse in ihrem Leben. Es ist eine Narbe, die nie verheilt. Die Frauenbeauftragten überwachen uns Uigurinnen oder Kasachinnen engmaschig, gehen von Tür zu Tür und spüren uns wie Suchhunde hinterher, ob wir ungeplant schwanger geworden sind. Zusätzlich führen Frauenärzte regelmäßige Untersuchungen zur Früherkennung von Schwangerschaften durch.

Wenn sie eine Schwangere ausfindig machen, spielt es keine Rolle, wie alt das Baby im Mutterleib ist. Egal, ob es am nächsten Tag geboren wird – das Kind muss sterben. Für die Kontrolleure geht es einzig darum, ihre Arbeit gründlich auszuführen, deshalb töten sie diese Kinder ohne jegliche Skrupel, manchmal auch mithilfe von Medikamenten.

Mit dem Recht auf den eigenen Körper werden unsere Frauen gleichzeitig aller Rechte auf ihre Mutterschaft beraubt. Sie haben auch kein Recht, sich zu äußern, wenn sie infolge der zwangsangeordneten Eingriffe krank werden und unter unerträglichen Schmerzen leiden. Unsere Frauen müssen sich ruhig verhalten und durchhalten. Niemand wird ihre Klage hören, denn sie haben kein Recht, gehört zu werden. Wenn sie es aber dennoch wagen, ihre Stimme zu erheben, werden sie von der Regierung als Verbrecherinnen abgestempelt. Unzählige Sternenkinder, Babys und Mütter sind Opfer dieser grausamen Familienpolitik.

Nur wir, die Zeuginnen, die diesen Völkermord mit eigenen Augen gesehen oder am eigenen Leib erlebt haben, wissen, was es bedeutet, diesen Schmerz zu ertragen. Diese Dramen, die sich in unseren Familien abspielen, sind für Außenstehende kaum vorstellbar.

Doppelt bestraft

Es gibt viele Arten von Zwangsabtreibungen, aber in Ostturkestan werden diese auf unmenschliche Weise durchgeführt. Egal, um welche Form der Abtreibung es sich dabei handelt, sie wird dem Körper der Frau im Nachhinein großen Schaden zufügen. Durch diese Geburtenprävention ist nicht nur der Anteil kranker und geschwächter Frauen in unserer Heimat stark gestiegen, sondern ebenso linear ist der Anteil derer gewachsen, die nach einer Geburt nie wieder schwanger werden können.

Werden Frauen aus Versehen schwanger, bringen sie sich aus Angst vor Bestrafung oft in Lebensgefahr. Sie suchen meist nach allen möglichen Auswegen, ihr Kind schnell abzutreiben, indem sie private Kliniken oder kleine Praxen in Hinterhöfen aufsuchen. Dort arbeiten häufig ungenügend ausgebildete Mediziner mit mangelnder medizinischer Ausstattung, die sie aus eigener Tasche für diesen medizinischen Pfusch bezahlen.

Auf diese Weise müssen die Frauen doppelt büßen, finanziell sowie gesundheitlich, was den Familienfrieden oft stark belastet. Die Lebenserwartung unserer Frauen nimmt wie die Zahl unserer Bevölkerung allmählich ab.

Das zeigt, dass die chinesische Regierung ihre Ziele erreicht.

Nach der Zwangsabtreibung

In jedem Bezirk melden Beamte den lokalen Behörden alle Frauen, die eine Zwangsabtreibung durchlitten haben. In der Zeit, als ich in Ostturkestan gelebt habe, sind vom Amt beauftragte Personen in die Dörfer gefahren, um die Patientinnen zu inspizieren. Sie untersuchen jedoch nicht, ob die Frauen die Operation gut verkraftet haben. Ihnen geht es nur darum, herauszufinden: »Hast du die Verhütungsvorschriften der Regierung eingehalten oder bist du wieder schwanger?« Falls ja, wird der nächste Operationstermin festgelegt. Was die Frauen selbst wollen, spielt keine Rolle.

Egal, welche katastrophalen Folgen solche Eingriffe haben, für die Kader ist nur eines wichtig: »Die hundertprozentige und effektive Umsetzung des politischen Willens.« Ob die Frauen danach sterben oder überleben, sich in Schmerzen winden oder für immer krank bleiben, interessiert die Beamten in keiner Weise. Muslimische Frauen gelten nicht als gleichberechtigte Mitglieder der chinesischen Gemeinschaft. Sie sind Sklavinnen der KPCh.

Unter der Politik der Geburtenkontrolle haben früher auch chinesische Frauen stark gelitten. Während aber diese Maßnahmen bei den Chinesinnen zurückgenommen wurden, stiegen sie in Xinjiang bei den Frauen anderer Ethnien stark an und wurden durch neu hinzugefügte Regeln noch brutaler.

Aufgrund der erzwungenen Ein-Kind-Politik droht China, dem bevölkerungsreichsten Land der Welt mit 1,4 Milliarden Einwohnern, in Zukunft eine Überalterung und Vergreisung der Gesellschaft. Daher erlaubt Peking heute allen Chinesinnen offiziell zwei bis drei Kinder. Doch viele wollen das gar nicht mehr. Lebenshaltungskosten, Stress und Arbeitsdruck sind zu hoch. In kaum einem Land der Welt sind die Vermögen so ungleich verteilt wie im kommunistischen China. Und auch chinesische Frauen sind oft von früheren Erfahrungen ihrer eigenen Mütter und Großmütter traumatisiert.

RAHIMA MUHAMMAD NURI: ZEUGIN FÜR GEBURTENKONTROLLE

Nachts auf dem Friedhof die Leiche eines Babys ausgraben, Frauen ohne Betäubung mit einem Messer im Unterleib Geschwülste herausschneiden oder beim Essen mit der Familie plötzlich schreiend aufspringen: »Schnell! Versteckt euch, Kinder!«

Rahima Muhammad Nuris Erzählungen klingen wie aus einem Psychothriller, aber sie schildern nur den ganz normalen Wahnsinn, den eine Hebamme und Mutter von acht Kindern im größten Polizeistaat der Welt durchlitten hat.

Muslimische Eltern, die in Xinjiang mehrere Kinder bekommen, werden aufgrund der Geburtenkontrolle schwer bestraft. Selbst Hochschwangere zwingen die Kader mit brutalen Methoden zur Abtreibung. Größere Familien werden auseinandergerissen.

In diesem Überwachungsstaat ist die gelernte Krankenschwester, Hebamme und Mutter in mehrfacher Hinsicht eine außergewöhnliche Zeugin. Die 43-Jährige hat zuerst im Krankenhaus Erfahrungen mit der mörderischen Familienpolitik Pekings gesammelt, nach ihrer Kündigung eine Frauenpraxis für Musliminnen in Hotan aufgebaut und nebenher selbst acht Kinder zur Welt gebracht. Jeden Tag drohte der Großfamilie die Gefahr, von Spitzeln entdeckt zu werden, sodass ihr Leben in der Heimat zunehmend einem Tanz auf dem Vulkan glich.

Dennoch hat Rahima unter lebensgefährlichen Umständen schwangeren Frauen geholfen, ihre Babys heimlich zur Welt zu bringen. Verstecken, Täuschen und Tarnen – das waren die Strategien ihrer Familie, um in diesem Polizeistaat zu überleben. Am Ende war der Druck jedoch so groß und die Überwachung zu scharf, sodass Rahimas Familie als Ausweg 2015 nur noch die Flucht blieb.

Rahima Muhammad Nuri

Leben retten, um jeden Preis: Nachts auf dem Friedhof ein Kindergrab ausheben

Mit acht Kindern aus dem größten Überwachungsstaat der Welt zu fliehen grenzt fast an ein Wunder. Viele uigurische Familien sind heute zerrissen, manchmal leben nur einige Kinder oder nur ein Elternteil im Exil. Wie habt ihr das alle zusammen geschafft?

Ja, für alle Kinder Pässe zu bekommen war kompliziert. Ab Frühling 2015 gab es eine kurze Phase, wo es mit einem Mal einfacher war, an die begehrten Dokumente zu gelangen.

Warum wolltet ihr unbedingt eure Heimat verlassen?

Wir hatten miterlebt, wie die Polizei immer mehr Leute abgeholt hat. Unsere Nachbarn waren plötzlich verschwunden. Und wir haben immer öfter von jungen Männern gehört, die exekutiert worden sind. Unser gesamtes Leben ist nach und nach immer stärker eingeschränkt geworden.

Was bedeutete das konkret für eure Familie?

Als Muslime lebten wir in ständiger Scham, nur weil wir eine andere Kultur, Religion und Sprache hatten als die Chinesen. Wir konnten unsere Würde nicht schützen und frei leben. Am Ende war es meinem Mann und mir egal, ob wir im Ausland nur von Brot und Wasser leben würden … Hauptsache, wir könnten unsere Kinder retten und für sie da sein, so wie wir es gerne wollten. Mit Bestechungsgeldern haben wir nach und nach für meine Kinder einen Pass erhalten. Bei den zwei Jüngsten ist es aber sehr schwierig geworden.

Was war das Problem?

Die Behörden verlangten zuerst, dass wir einen Han-Chinesen finden, der ein gutes Wort auf dem Amt für uns einlegte. Mein Mann war als Physiotherapeut im Krankenhaus in Hotan beschäftigt, und aus Dankbarkeit für seine erfolgreiche Behandlung hat ein chinesischer Patient uns diesen Gefallen erwiesen. Wir mussten aber bei der Polizei lügen, um diese Pässe zu bekommen.

Wieso lügen?

Wegen der Geburtenkontrolle haben viele größere uigurische Familien ihren Nachwuchs ab dem dritten oder vierten Kind bei einer Schwester, einem Bruder und anderen Bekannten als deren eigene Kinder registrieren lassen. Daher hatten meine beiden Jüngsten offiziell andere Eltern, die an einem anderen Ort lebten.

… und dann gab es Probleme mit diesen »Eltern«?
Auf der Polizeistation mussten wir schwören, dass die Angaben über die Herkunft der Kinder wahr seien. Gleichzeitig drohten sie uns: »Wenn sich das als Lüge herausstellt, kommt ihr ins Gefängnis.«

Damit habt ihr euer Leben in große Gefahr gebracht …
Vor dem Gefängnis hatte ich weniger Angst als davor, meine Kinder zu verlieren. Ohne diese Pässe hätten wir unsere zwei Jüngsten mit zwei und dreieinhalb Jahren alleine in diesem uns feindlich gesinnten Staat zurücklassen müssen. Dieser Gedanke war unerträglich für mich. Sobald der letzte Pass nach mehreren Monaten fertig war, haben wir, in kleinen Gruppen aufgeteilt, das Land verlassen.

Es ist ungeheuer gewagt, in einem Land, in dem eine so strikte Geburtenkontrolle herrscht, acht Kinder in die Welt zu setzen.
Traditionell haben wir Uiguren oft große Familien. Unserem Glauben nach bringen viele Kinder Glück, für uns selbst und für unser Land. Trotzdem gibt es natürlich auch Uigurinnen, die lieber mehr Freiheit, Karriere und weniger Stress haben wollen. Das entscheidet jedes Ehepaar für sich selbst.

Hast du da nicht bei jeder neuen Schwangerschaft Todesängste ausgestanden?
Ab dem dritten Kind haben wir in ständiger Angst gelebt. Nach

jeder Geburt sind wir in eine neue Wohnung und in einen anderen Stadtteil umgezogen. Eine Vorsichtsmaßnahme, damit die Leute in der Umgebung nicht gleich bemerkt haben, dass wir so viele Kinder hatten. So saßen wir ständig auf unseren gepackten Taschen und Koffern …

Trotz ständiger Polizeikontrollen haben alle Kinder bei euch gewohnt?
Ja, wir haben alle acht Kinder immer bei uns gehabt. Etwa die Hälfte aller Familien in unserer Umgebung hatte mehrere Kinder, deshalb haben wir einander rechtzeitig gewarnt … Sobald jemand von der Behörde auftauchte, habe ich fünf Kinder in den Hof geschickt. Falls es zu spät war, hatten meine jüngeren Kinder bereits die richtige Antwort für die Kader bereit. »Wir sind Freunde und nur zum Spielen hier.«

Ein furchtbarer Stress, da man nie weiß, ob die Beamten einem Glauben schenken oder nicht …
Ja, einmal hatte ich für uns alle gekocht, den Tisch gedeckt, und wir wollten gerade anfangen zu essen. In dem Moment erhielten wir eine Warnung. »Kontrolle!« Sofort sind unsere fünf Kinder die Treppen hinuntergestürzt und kehrten erst drei Stunden später zurück, als das Essen längst kalt war. Wie oft habe ich meinem Mann vorgeklagt: »Wir können hier nicht mal normal zusammen essen. So kann das nicht weitergehen ...« Ich hatte solche Angst, wieder ins Gefängnis zu kommen.

Wieder? Wieso warst du bereits im Gefängnis?
Als ich 21 Jahre alt und noch unverheiratet war, hatte ich an der Uni Informatik studiert und bin aufgefallen, weil ich ein Kopftuch getragen habe. Eines Tages hat mich die Polizei abgeholt.

Das war 1999. Nach einer Woche ließen sie mich wieder gehen. Egal, ob ich unschuldig war oder nicht … Dadurch war ich abgestempelt wie eine Verbrecherin. Ich musste mein Studium aufgeben.

Das Gefängnis war der Grund, warum du danach deine Ausbildung zur Krankenschwester und Hebamme gemacht hast?
Ja, nach dieser Ausbildung in Hotan war ich in einem staatlichen Krankenhaus angestellt und arbeitete in der Abteilung für Geburten und gynäkologische Untersuchungen. Direkt gegenüber von unserem Büro befand sich die Abteilung für Abtreibungen an uigurischen Frauen. Meine Freundinnen waren dort beschäftigt, aber ich wollte da nicht hin. Für mich war das Mord, denn in unserer Religion ist es Sünde, ein Kind zu töten. Täglich haben da bis zu 100 Abtreibungen stattgefunden.

Was hast du mitbekommen von diesen Zwangsabtreibungen?
Die hochschwangeren Frauen hatten unglaublich große Angst. Sie haben geweint, um Erbarmen gefleht oder wirkten wie gelähmt. Das Unheimlichste für sie war die Art und Weise, wie ihr Kind getötet werden sollte. Sie wussten oder hatten es bereits auf Videos gesehen, dass ein Arzt eine lange Spritze durch ihre Bauchdecke in den Kopf des Kindes stach und es mit einer Injektion ins Gehirn tötete. Deswegen hatten sie vorher alles versucht, um das zu verhindern.

Warst du selbst auch als Zeugin dabei?
Einmal stand ich mit dem Chefarzt am Bett einer Frau, die schon im 8. oder 9. Monat schwanger war. Der Chef hat mich

aufgefordert, die Spritze zu nehmen: »Mach du das!« Aber ich konnte das nicht tun, denn ich sehe ich es als unsere Pflicht, unsere Nachkommen zu beschützen. Daraufhin hat er selbst die Spritze genommen …

Sind die Schwangeren etwa bei vollem Bewusstsein?
Während diese Spritze gesetzt wird, sind die Frauen bei vollem Bewusstsein. Oft ist es so, dass das Kind im Leib getötet wird. Ein totes Kind zu gebären ist aber noch viel schwieriger als ein lebendiges. Selbst wenn man verschiedene Medikamente einsetzt, um den Muttermund schneller zu öffnen, erfordert es sehr große Anstrengung, ein Kind, das sich nicht bewegt und nicht mitarbeitet, zur Welt zu bringen.

Wie hatte diese Hochschwangere reagiert? Hat sie den Arzt angefleht, ihr Kind nicht zu töten?
Ich kann mich nicht mehr an ihre Worte und an ihr Aussehen erinnern, weil das über 20 Jahre her ist. Ich weiß nur noch, dass mich dieses Erlebnis dazu veranlasst hat, meine Arbeit im Krankenhaus sofort zu kündigen, weil ich so etwas nie wieder durchmachen wollte. Die Krankenhausleitung hat mich auch heftig für mein unkooperatives Verhalten kritisiert.

Hast du in dieser Abtreibungsabteilung auch schwangere chinesische Frauen gesehen?
Nein, niemals. Diese unterschiedliche Behandlung zwischen Chinesen und Muslimen erlebt man sehr oft in Xinjiang. Auf dem Markt verkaufen zum Beispiel chinesische Frauen an ihrem Stand Gemüse, um den ihre vier oder fünf Kinder herumspringen. Uns behandelt die Regierung genauso wie Vieh. Sie können jederzeit mit uns machen, was sie wollen.

Werden die Frauen bei der Abtreibung betäubt?
Gelegentlich werden vorher Betäubungs- oder Beruhigungsmittel eingesetzt, aber sehr viele uigurische Frauen müssen ohne Narkose abtreiben. Das ist wahnsinnig schmerzhaft. Vom vierten bis zum fünften Schwangerschaftsmonat benutzen Ärzte bestimmte Geräte, um das Kind zu entfernen. Die Frauen bluten oft noch mehrere Tage nach dem Eingriff.

Die Belastung dieser Frauen ist enorm …
Ja, die Frau meines Bruders hat während der Entbindung in einem privaten Krankenhaus das Bewusstsein verloren. Da sie sich zuvor wegen ihrer Schwangerschaft versteckt hatte, blieb eine Krankheit bei ihr unentdeckt, die man sonst im Vorfeld hätte gut behandeln können. Sie musste sehr schnell in ein größeres Krankenhaus verlegt werden. Meine Schwägerin hat nur knapp überlebt, ihr Kind aber ist kurz nach der Geburt gestorben. All diese Tragödien hätten nicht geschehen müssen, wenn es nicht diese Gesetze der Regierung gäbe. Die Kader schränken unsere Rechte so stark ein, dass wir Frauen gezwungen sind, unser eigenes Leben und das unserer Kinder aufs Spiel zu setzen.

Hast du nach der Kündigung im Krankenhaus weiter als Hebamme gearbeitet?
Mit meinem Mann habe ich 2002 eine kleine Apotheke eröffnet, an die ich eine kleine Frauenpraxis angeschlossen habe. Dort habe ich fast sechs Jahre lang Schwangere untersucht und ihnen geholfen. Es sind sehr viele Frauen zu mir gekommen …

Was genau hast du in deiner Frauenpraxis angeboten?
Alles, was üblicherweise in der Gynäkologie gemacht wird. Außer Abtreibungen. Ich erinnere mich an eine Frau, die im

7. Monat schwanger war. Sie war auf der Flucht vor Nachbarn und Kadern, die ihre Schwangerschaft entdeckt hatten und eine Zwangsabtreibung von ihr verlangt haben. Ich sollte bei ihr sofort die Geburt einleiten, aber ich hielt dagegen: »Das ist viel zu früh.« »Bitte, sonst töten sie das Kind …« Die Frau hat verzweifelt darauf bestanden.

Hast du es dennoch getan?
Nein, ich selbst traute mir das nicht zu und habe sie in eine private Klinik begleitet. Dort haben sie die Geburt künstlich eingeleitet, aber der Säugling war noch nicht wirklich lebenstüchtig. Die Lungen hatten sich noch nicht geöffnet. Wir wollten das Baby schnell in ein größeres staatliches Krankenhaus bringen, wo es eine bessere technische Ausstattung für Frühgeburten gab. Ich erinnere mich noch genau, wie auf der Fahrt das Blut aus dem Mund und den Augen dieses Babys tropfte. Das Gesicht dieses toten Kindes kann ich nicht vergessen.

Hast du manche Patientinnen nach solchen Erlebnissen wiedergesehen?
Viele von diesen Müttern, die eine zu frühe Entbindung durchgemacht haben, litten später unter üblen Folgen. Genauso wie ihre zu früh geborenen Kinder. Unsere Frauen stehen unter einem so gewaltigen Druck, dass sie nicht mal ihre Kinder zu einem normalen Zeitpunkt gebären dürfen. Dass so viele Mütter und Kinder in meiner Heimat krank werden, dafür trägt die chinesische Regierung die Verantwortung.

Was waren die üblichen Probleme nach zu früh eingeleiteten Geburten?
Eine gerissene Gebärmutter oder starke Blutungen, weil eine

eingeleitete Geburt sehr viel schneller abläuft als normal. Auch die Narbenbildung führt zu späteren Komplikationen. Und die Muskeln bilden sich nicht so gut wieder zurück. Das alles hat Auswirkungen auf die anderen Organe.

Wie war der psychische Zustand der Frauen?
Manche Frauen waren mit den Nerven völlig am Ende und zutiefst verängstigt. Ich musste sie noch viele Tage lang bei mir unterbringen, weil sie sich nicht nach Hause getraut haben. Sie hatten Angst, dass die Kontrolleure kommen und sie zur Verantwortung ziehen würden.

Der chinesische Staat nötigt muslimische Frauen mit Spiralen und anderen Methoden zur Verhütung. Hattest du damit in deiner Praxis auch zu tun?
Ja, unsere Frauen werden zu Operationen gezwungen, bei denen ihnen verschiedene festsitzende Präventionsmittel wie IUDs (Intrauterinpessare oder Spiralen) aus qualitativ schlechten Materialien eingesetzt werden. Danach kamen diese Patientinnen zu mir und baten mich darum, das wieder zu entfernen. Dabei habe ich ihnen Ringe, Ketten und alles Mögliche aus dem Unterleib wieder herausoperiert. Das hat leider oft Spuren hinterlassen.

Inwiefern?
Es gab unterschiedliche Formen wie Spiralform, T-Form oder Dreiecksform. Manche ließen sich leicht herausziehen, andere nur schwer entfernen, wie beispielsweise die runden Pessare. Einige Frauen hatten diese Teile schon fünf oder eine sogar 19 Jahre im Körper. Solche Gerätschaften waren bereits richtig festgewachsen. Man musste sie samt einem großen Stück Gewebe

oder Haut herausschneiden. Bei jeder Frau kam es zu Verletzungen, die längere Zeit brauchten, um zu verheilen.

Waren diese Eingriffe gefährlich für die Frauen?
So ein Fremdkörper im Unterleib stellt auf längere Sicht immer eine Gefahr für den Körper dar. Viele hatten nach dem Einsetzen der Verhütungsmittel nur noch unregelmäßig ihre Periode. Dazu kommt die Gabe von zwangsverordneten Tabletten. Man weiß nicht, was das für ein Zeug ist, aber dadurch wird der Hormonhaushalt stark gestört. Die Frauen haben mir berichtet, dass sie dadurch depressiv oder aggressiv geworden seien. Ihr Gemütszustand hatte sich stark verändert, aber das war noch nicht alles …

Was meinst du damit?
… mehrere Frauen litten infolge dieser Behandlungen unter großen Schmerzen an der Gebärmutter. Ich habe so viele bösartige Geschwüre und Tumoren gesehen. Um diese Wucherungen zu entfernen, die äußerlich einem Muttermal gleichen, musste ich eine Art Zange benutzen und sie Stück für Stück aus dem Gewebe schneiden. Die Frauen schreien dabei vor Schmerzen, es tut einem selbst so weh, das zu hören.

Wieso benutzt man keine Betäubung?
Ich weiß es nicht. Die Ärztekammer hat das so vorgeschrieben. Narkose ist nicht erlaubt.

Stimmt es tatsächlich, dass viele Frauen offenbar gar nicht wissen, was genau beim Frauenarzt mit ihnen gemacht wird?
Meistens haben die Ärzte ihren Patientinnen nichts erklärt. Sie sagen ihnen nur: »Wir machen das, damit du nicht so viele Kin-

der bekommst«, oder geben Propagandasprüche zum Besten, wie: »Je weniger Kinder du hast, umso besser kannst du dich um jedes Kind kümmern.« Bei solchen Gelegenheiten werden auch Eileiter verengt, oder die Gebärmutter wird entfernt. Das passiert besonders oft bei Frauen auf dem Land.

Wer danach unter Beschwerden leidet und kein Geld hat, kann sich eine Behandlung wahrscheinlich gar nicht leisten, oder?
Die Reichen behandeln die Ärzte freundlich, aber die Armen werden sehr abschätzig behandelt und einfach weggeschickt. In ihren Augen sind bedürftige Menschen nichts wert. Egal, wie groß ihre Schmerzen sind oder ob sie dem Tode nahestehen. Viele solcher Fälle landeten dann bei mir.

Ab 2016 hatten sich die Geburtenkontrollen noch mehr verschärft. Hast du das auch so erlebt? Frauen auf dem Land werden auf großen Plätzen zusammengetrieben, auf Lkws geladen und in die Krankenhäuser gefahren.
Meine Schwester hat selbst in der Geburtenkontrolle gearbeitet und bestätigt, dass es ab 2016 schlimmer geworden ist. Auch sie hat ihre Arbeit niedergelegt, weil sie es psychisch nicht mehr aushalten konnte. Überall diese Angst und überall der Tod …

Besonders für eine Mutter wie dich, die ihre Kinder dauernd vor den Augen anderer verbergen muss …
Niemals konnte ich mit meinen acht Kindern zusammen auf der Straße unterwegs sein. Wir haben uns immer aufgeteilt und sind getrennt gelaufen. Erst als wir in der Türkei waren, haben wir verstanden, was es bedeutet, wie eine Familie zusammenleben zu dürfen.

Wieso hast du deine Praxis wieder aufgegeben?
Es kamen immer mehr und mehr Hochschwangere mit dem Wunsch: »Bitte leite die Geburt schnell ein …!« Irgendwann hatte ich das Gefühl, dass das so nicht weitergehen kann und dass es eines Tages auffliegen würde. 2008 habe ich damit aufgehört.

Du warst ja selbst auch immer wieder schwanger zwischendurch …
Ab dem vierten Kind war meine Familie damit beschäftigt, von einem Ort zum anderen zu ziehen. Der gesetzlich vorgeschriebene Abstand zwischen den Geburten lag eigentlich zwischen drei und vier Jahren. Wer sich nicht daran hält, dem drohen Kündigung seines Arbeitsverhältnisses oder enorm hohe Geldstrafen … Nur wer sehr wohlhabend ist, Schmiergelder verteilt oder gute Kontakte zu einem hohen Beamten hat, kann sich freikaufen. Wer alleinstehend, hilflos oder arm ist, ist in diesem korrupten System verloren.

Wie hoch waren diese Geldstrafen denn?
Die Höhe der Strafe hängt oft vom Ort ab, in dem man lebt. Mein Bruder musste nach dem dritten Kind 700 000 Lira (ca. 70 000 Euro) bezahlen. Zuerst hatte er einen Kredit aufgenommen und sein Erspartes abgegeben. Am Ende ist er mit Frau und Kindern in die Türkei geflohen. Manche Familien müssen ihr Leben lang umsonst für den Staat arbeiten, um diese Strafe abzuzahlen. Wie solche Menschen überleben sollen, interessiert die Regierung nicht.

Obwohl es lebensgefährlich für dich war, hast du heimlich als Hebamme deinen muslimischen Landsleuten weiter geholfen …

Die Leute hatten gehört, dass ich Hebamme gewesen bin. Deshalb sind nach wie vor Frauen zu mir gekommen. Einmal bat mich eine Uigurin, schnell die Geburt einzuleiten, da ihr die Kader bereits auf den Fersen waren. So haben wir das Kind in meiner Wohnung zur Welt gebracht. Aber Mutter und Vater machten sich schreckliche Sorgen: »Was machen wir, wenn die Kader morgen vor unserer Tür stehen? Sie werden uns nicht in Ruhe lassen und fragen: ›Wo ist das Kind?‹« Der Ehemann schüttelte traurig den Kopf: »Wir müssen ihnen sagen, dass der Säugling gestorben ist. Nur, wie sollen wir ohne Leiche den Beweis erbringen?«

Welche Lösung habt ihr gefunden?

In derselben Nacht sind wir heimlich auf den Friedhof geschlichen. Dort hat das Ehepaar ein frisches Kindergrab ausgehoben, den kleinen Leichnam geborgen und am nächsten Tag den Beamten vorgelegt. »Seht her, unser Kind wurde abgetrieben.« Danach haben sie es nachts zurück ins Grab gelegt. Das alles war zu viel für mich. Damit konnte ich nicht umgehen. Ich fand, dass das nicht richtig war, obwohl ich verstanden hatte, warum es notwendig gewesen ist. Das tote Kind hat dem anderen Säugling das Leben gerettet. Aber das fühlte sich alles sehr, sehr falsch an für mich.

Deine Praxis war sehr erfolgreich. Wie habt ihr danach euren Lebensunterhalt bestritten?

Mein Mann und ich haben in Hotan einen Kindergarten eröffnet, der sehr beliebt gewesen ist. Nach einem Jahr aber hat die Regierung uns gezwungen, diesen Kindergarten zu schließen, ohne einen wirklichen Grund zu nennen. Wahrscheinlich fiel es ihnen schwer zu ertragen, dass Uiguren in der Lage waren, für sich selbst zu sorgen und etwas aufzubauen. Jeder andere Staat hätte solch ein soziales Engagement als gute Sache betrachtet und selbst davon profitiert. Das gilt aber nicht für China. Nicht für Uiguren.

Habt ihr in der Türkei beruflich wieder Fuß gefasst?
Die Arbeitslosigkeit ist hoch, und wir haben hier nicht die gleichen Rechte wie andere, da wir keine Staatsbürgerschaft besitzen. Aber wir sind dankbar, denn wir sind hierhergekommen, um frei unsere Religion auszuüben und wie Menschen leben zu dürfen. Dafür haben wir alles aufgegeben. Unsere Arbeit, unsere Verwandten, unsere Heimat. Mein Mann treibt heute Kleinhandel. Ich habe mich an der Uni für Pädagogik eingeschrieben und einen Kindergarten für Uiguren eröffnet.

Wie ist die Situation der uigurischen Kinder in der Türkei?
An einer Schule gibt es bis zu 40 Waisen. Vielen Kindern fehlt mindestens ein Elternteil. Mutter oder Vater sind im Lager in Ostturkestan.

Wie siehst du eure Zukunft?
Anfangs hatte man uns auf dem Amt gesagt, dass wir nach fünf Jahren die Staatsbürgerschaft erhielten. Die fünf Jahre sind vergangen, aber keiner von uns hat einen Pass. Und es ist schwierig einzuschätzen, wie es weitergeht. Immer öfter hört man über Uiguren, die von der türkischen Polizei festgenommen worden sind und die womöglich zurückgeschickt werden. Wieder sitzen wir auf unseren gepackten Taschen. Nur wohin sollen wir gehen?

Wie schaffst du es, unter solchen Umständen die Hoffnung zu bewahren?
Unser Leben in unserer Heimat zwingt uns dazu, stark zu werden, besonders uns Frauen. Wenn wir nicht stark werden und stark bleiben, dann werden wir als Volk verschwinden. Ich halte an meinem Glauben fest und schöpfe daraus Kraft, um meine Familie zu schützen und neue Projekte auf die Beine zu stellen.

Welche Zukunft siehst du vor dir?
Ich weiß nicht, ob ich irgendwann unser Land in Freiheit erleben werde, aber ich danke Gott, dass er meine Familie bislang beschützt hat und mich für die Freiheit kämpfen lässt. Ich bete für mein Volk und ich bete für euch alle.

ANALYSE

Folgen der Geburtenkontrolle: egoistische Einzelkinder und ausgestoßene »Schwarze Nopus«-Kinder

Eigentlich sollten wir uns über jedes Kind freuen, das gesund zur Welt kommt. In Ostturkestan ist das jedoch nicht der Fall. In unseren Kindergärten und Schulen haben sich noch zwei weitere Auswirkungen der Geburtenkontrolle bemerkbar gemacht.

Da die meisten Familien aufgrund der Geburtenkontrolle nur noch ein Kind hatten, konzentrierte sich ihre ganze Aufmerksamkeit auf diesen Nachwuchs. Eltern, Großeltern und andere Verwandte überschätzten und verwöhnten diese Einzelkinder oft wie kleine Könige, die nie gelernt hatten, mit anderen zu teilen. All das wiederum formte sie zu charakterlich schwachen Persönlichkeiten, die egoistisch handelten, keinen Sinn für Gemeinschaft entwickelten und verweichlicht nur den eigenen Hunger stillen wollten.

Die Geburtenkontrolle der KPCh hat auch dafür gesorgt, dass es in Ostturkestan viele Kinder ohne Papiere gibt. Diesen ungesetzlich geborenen Babys verweigert die chinesische Regierung den Eintrag in das sogenannte Schwarze Nopus, das Familienbuch. Das hat dramatische Folgen für sie.

Diese Kinder besitzen keine Papiere, denn die Regierung verleugnet ihre Existenz. Nur von ihren eigenen Eltern werden sie als Menschen anerkannt. Würde jemand so ein Kind töten, missbrauchen oder ihm die Organe entnehmen, wird dieser Verbrecher niemals zur Rechenschaft gezogen.

Die Eltern in Ostturkestan geben in der Regel alles für ihren Nachwuchs und behandeln alle Kinder gleich, egal, ob sie einen Eintrag im Stammbuch haben oder nicht. Doch es ist eine fast unmögliche Aufgabe, diese rechtlosen Mädchen und Jungen in so einem Staat zu schützen.

Zwar dürfen sie später als Erwachsene heiraten und eine Familie gründen, aber die Rechtlosigkeit eines Elternteils wird auf die nächste Generation weiterübertragen. Auch ihre Kinder werden wie »Freiwild« betrachtet und sozusagen vom Staat »zum Abschuss freigegeben«.

»Schwarze Nopus«-Kinder gibt es nur bei Uiguren, Kasachen und den anderen muslimischen Ethnien. Auch auf diese Weise führt Peking seine »Säuberungspolitik« in Ostturkestan durch.

Kinder ohne Existenzrecht

2016 bin ich als Direktorin auf sieben ungesetzlich geborene Kinder gestoßen, als ich wie üblich zur Anmeldezeit eine Liste aller Kinder in Aksu mit vier Jahren zusammengestellt habe. Nachdem ich alle Daten aufgenommen hatte, musste ich diese Liste an die Behörden nach oben weiterleiten, wo alle Namen mit den Angaben in der Datenbank verglichen werden.

Jedes »legal« geborene Kind ist im System registriert. Das ist sehr wichtig, denn damit hat es Anspruch auf Schulbücher, Unterrichtsmaterialien und sein Mittagessen im Kindergarten. Über diese sieben Kinder aber fehlten die nötigen Angaben im System. Da war klar, dass es sich um »Schwarze Nopus«-Kinder handelte. Sie waren alle in einem kürzeren Abstand als erlaubt zur Welt gekommen.

Es handelte sich um drei Uiguren, einen Kirgisen, zwei Kasachen und ein Mädchen, das eine kasachische Mutter sowie einen dunganischen Stiefvater hatte. Obwohl solche Kinder kein Recht hatten, Kindergarten, Schule oder später eine Universität zu besuchen, hatte ich sie verbotenerweise bei mir untergebracht.

»Oft unterrichteten Eltern die Kinder selbst heimlich im Keller, damit sie wenigstens Schreiben, Lesen und Rechnen lernten«, berichtete auch die Zeugin Rahima Muhammad Nuri. Wehe denen, die dabei erwischt wurden! Was denken Sie, was es mit der Psyche eines kleinen Kindes macht, das im Keller aufwächst?

Anfangs gab es für Beamte wie mich aber noch Schlupflöcher im Regelwerk der KPCh. Einer dieser Jungen fiel mir gleich am ersten Tag auf, weil er zerschlissene, löchrige Kleidung trug. Mit meinen Lehrern habe ich Geld gesammelt und Kleidung, Stifte, Hefte und eine Schultasche für ihn beschafft.

Es dauerte nicht lange, da bin ich zum Verhör geladen worden. Dabei versuchte ich, die Vorwürfe meiner Vorgesetzten mit ihren eigenen Argumenten zu entschärfen: »Müssen nicht auch solche Kinder zum Wohle der Gemeinschaft ganz im Sinne der kommunistischen Ideologie erzogen werden?« Zusätzlich führte ich die schwierigen Lebensverhältnisse der sieben Kinder an. Ein Scheidungskind lebte zum Beispiel bei den Großeltern, zwei andere waren bei Verwandten untergeschlüpft. »Wie sollen die Kinder der Partei dienen, wenn sie nicht lernen, deren Geist zu verstehen?«

Tatsächlich haben meine Vorgesetzten das so durchgewunken. Allerdings beharrten sie darauf, dass diesen Kindern keine Mahlzeit gewährt werden dürfte. Ich erklärte mich einverstanden, dachte aber insgeheim: »Wie soll das gehen? Ich kann doch kein Kind den ganzen Tag ohne Essen lassen?«

Die gemeinsamen Mahlzeiten mit 40 bis 55 Kindern fanden üblicherweise in den eigenen Klassenräumen statt. Fehlten Schüler aus Krankheitsgründen, habe ich ab sofort deren Essen an diese sieben umgeleitet. Bei jedem Mittagessen musste ich nach einem anderen Ausweg suchen. Für den Einkauf stand uns Lehrern nur ein begrenztes Budget zur Verfügung. Oft habe ich selbst Geld zugesteckt und gesagt: »Kauft etwas mehr!«

Bevor unsere Kleinen den ersten Bissen genommen haben, sprachen sie eine Art Tischgebet: »Ich danke der Kommunistischen Partei, dass wir eine Mahlzeit bekommen.« Haben sich aber die sogenannten Prüfungskommissionsmitglieder zur Kontrolle angemeldet, schickte ich die sieben Kinder nach Hause.

Zum Glück gab es zu dieser Zeit noch ein wenig Vertrauen unter den Lehrern. Es dauerte jedoch nicht mehr lange, bis die Politik unseren Gemeinschaftssinn vergiftete und gegenseitiges Anschwärzen förderte.

DINA NURDYBAY – HAUPTZEUGIN FÜR KINDERLAGER UND ZWANGSARBEIT

Gefeiert für ihre Kreationen in der Modebranche, beklatscht im Blitzlichtgewitter der staatlich gelenkten Presse und von internationalen Preisen gekrönt: Die 29-jährige kasachische Modedesignerin Dina Nurdybay feierte große Erfolge und kletterte auf der Karriereleiter immer weiter nach oben.

»Ich war modern, aufgeschlossen, multikulturell – mehr Chinesin als Kasachin«, sagt sie über sich selbst und berichtet über ihr regenbogenbunt gefärbtes Haar, das sie nach dem Schaulauf auf dem Catwalk noch ein halbes Jahr lang getragen hat. Völlig überraschend wird sie im Oktober 2017 festgenommen und in elf Monaten durch sieben Lager geschleust, ohne jemals den genauen Grund für diesen Albtraum zu erfahren. »Jeder Tag dort war voller Angst«, blickt sie zurück.

Durch den ständigen Wechsel der Lager erlebte Dina Nurdybay als Zeugin die unterschiedlichsten Schicksale und Perspektiven – ob als Tänzerin in einem Propagandafilm der KPCh, als Putzfrau in einem Kinderlager oder als Zwangsarbeiterin in einer riesigen Industriehalle, eingesperrt mit anderen Näherinnen in einem Eisenkäfig. Sie sah zwölfjährige halb verhungerte Mädchen, die sich für ein Stück Schokolade verkauften, psychisch gebrochene Studentinnen, die das Lager nicht mehr verlassen wollten, und heiratswillige Chinesen, die vor dem Gefängnistor auf die entlassenen Frauen warteten.

»Das Lager war die Hölle! Was aber danach folgte, war noch schlimmer«, beschreibt Dina den einsetzenden Psychoterror der Kader.

Dina Nurdybay

Mitten aus dem Leben gerissen: erfolgreich, multikulturell, modern

Elf Monate lang hat mich die chinesische Regierung in sieben verschiedenen Lagern eingesperrt, in meinem Landkreis Nilka, im Kasachischen Autonomen Gebiet Ili in Xinjiang. Von heute auf morgen bin ich mitten aus meinem Leben herausgerissen worden.

Damals war ich 24 Jahre alt, eine sehr erfolgreiche Modedesignerin, hatte viele Preise und Wettbewerbe gewonnen, arbeitete mit den bekanntesten Künstlern, Theater- und Opernhäusern in der Landeshauptstadt Urumqi zusammen und hatte gerade meine Geschäfte weiter ausgebaut. Unter meinen Freunden, Bekannten und Mitarbeiterinnen waren Chinesen, Uiguren, Dunganen, Kirgisen und natürlich auch Kasachen wie ich. Ich fühlte mich wohl und glaubte, in einer modernen, multikulturellen Gesellschaft zu leben.

Da ich oft im Fernsehen auftrat und alle großen Medien über mich berichteten, war ich eine angesehene Persönlichkeit. Im Alter von zehn Jahren hatte ich bereits angefangen, Chinesisch zu lernen. Ich schätzte chinesisches Essen und meine chinesischen Kollegen, deshalb habe ich mich regelmäßig mit ihnen in China-Restaurants getroffen.

Manche meiner uigurischen Mitarbeiterinnen waren strenggläubige Frauen mit Kopfbedeckung, die fünfmal täglich ihre Gebete verrichtet haben. Untereinander haben wir uns aber nicht an unserer Glaubensrichtung, sondern an unseren Leistungen gemessen und uns gegenseitig respektiert.

Im Spaß haben mich die Uigurinnen oft aufgezogen: »Du bist viel zu modern und zu modebewusst. Du bist keine Kasachin mehr, du bist fast schon chinesisch.« Vor dem ersten Bissen am Esstisch hatte ich höchstens mal *»Bismillah«* gesagt, das war auch schon alles mit meiner Religiosität. Ich habe gerne schicke Kleider und dazu hohe Schuhe getragen.

Trotz meiner Erfahrungen im Lager bin ich bis heute noch weit davon entfernt zu behaupten, dass Chinesen schlechte Menschen sind. Allgemein gibt es für mich nur gute und schlechte Menschen auf der Welt.

Gäbe es aber eine Rangordnung für schlechte Regierungen, stünde die KPCh als schlechteste an erster Stelle.

Nichts mitbekommen vom geplanten Vernichtungsfeldzug

Vor meiner Inhaftierung hatte ich nur beiläufig gehört, dass Uiguren »zum Studienzweck« fortgezogen seien. Ich hatte keine Ahnung, dass bereits ein Vernichtungsfeldzug Pekings gegen uns Muslime im Gange war. Von morgens bis spätnachts bin ich in meiner Schneiderwerkstatt gestanden, habe Modelle entworfen und war völlig in meiner eigenen Welt versunken. Für mich als Kasachin stand stets der Erfolg und die Unterstützung meiner Familie im Vordergrund, daher lautete mein Motto: »Wenn du einen Tag freinimmst, hast du Tausende andere verloren.« Beruflich ging es bei mir immer um alles oder nichts, um Konkurrenz oder Wettbewerb, aber nie darum, das Leben zu genießen. Meine Arbeit war meine ganze Leidenschaft.

Die Auflagen für muslimische Geschäftsleute hatten sich in meiner Heimatstadt zunehmend verschärft. Fragte man bei den Behörden nach den Gründen, so hieß es, dass seien die Regeln der freien Marktwirtschaft, Verwaltungsmaßnahmen oder schlicht »die neue Geschäftsordnung«.

In meinen Läden musste ich seit 2016 Alarmsysteme installieren und eine Reihe von Propagandaplakaten und Partei-Anweisungen aufhängen, darunter: Stets der Kommunistischen Partei treu dienen und nicht politisch aktiv werden; außerdem musste ich vor dem Laden eine chinesische Fahne aufhängen. Erst im Lager habe ich verstanden, dass all diese bürokratischen Maßnahmen bereits der Beginn eines geplanten Völkermords waren.

Wir Kasachen in Xinjiang waren bekannt als braves, angepasstes Volk, wir wollten in Frieden leben und hatten mit Politik nichts am Hut. Hätte ich vorher von der drohenden Gefahr Wind bekommen, wäre ich rechtzeitig ins Ausland nach Kasachstan abgehauen. Ich hatte meinen Pass, genug Geld, und meine Eltern waren dorthin bereits umgesiedelt.

14. Oktober 2017: »Wir holen dich ab!«

Bis Mitternacht hatte ich noch einige Bestellungen von Großabnehmern abgearbeitet, anschließend fiel ich todmüde ins Bett. Am Morgen darauf, am 14. Oktober 2017, entdeckte ich auf meinem Anrufbeantworter viele verpasste Anrufe der örtlichen Polizeistation. Auf einmal klingelte wieder das Telefon. »Bleib, wo du bist! Wir holen dich ab.«

»Es geht sicher um meine Reisegenehmigung«, vermutete ich. Nach fünf Jahren Schufterei hatte ich nämlich endlich die Zusage für einen staatlich geförderten sechsmonatigen Aufenthalt zum Erfahrungsaustausch mit anderen bekannten Designern, nahe Peking, bekommen.

Kurz darauf erschienen zwei kasachische Sicherheitsleute in meinem Haus, legten mir zu meinem Erstaunen Handschellen an und brachten mich im Auto zur Polizeidirektion in meiner Stadt Nilka. »Was ist los?«, fragte ich verstört. »Als wir das letzte Mal dein Handy überprüft habe, gab es ein kleines Problem«, beruhigte mich einer, »in spätestens zwei Stunden haben wir das geklärt.«

Der Raum in der Polizeistation war voller Monitore, Kameras und Computer. Etwa eine halbe Stunde wartete ich alleine an einem Tisch und verfolgte auf den Bildschirmen, wie sie gruppenweise sehr viele Männer und Frauen im Hof sortiert und in Handschellen in verschiedene Autos geladen haben.

Zu dem Zeitpunkt wusste ich nicht, warum dort so viele Menschen waren. Erst später habe ich erfahren, dass die örtlichen Behörden Geldprämien dafür erhalten haben, wenn sie regelmäßig eine Liste verdächtiger Menschen bei der Polizei abgaben. Den Polizeibeamten wiederum war egal, wer in welchem Lager landete. Hauptsache, ihre Zahlen stimmten.

Während ich da in Handschellen im Büro saß, rekonstruierte ich krampfhaft, was in letzter Zeit vorgefallen war. Am 8. Februar 2017 war ich, wie so oft, auf Besuch zu meinen Eltern nach Kasachstan gereist. Etwa sieben Monate später hatte mich die Polizei im September einbestellt, um mein Handy an ihrem

Computer auszulesen. Da sie nichts Auffälliges entdeckt hatten, hatten sie mich aber wieder gehen lassen.

Einige Tage später jedoch nahmen sie mehrere Fotos von mir in der Polizeistation auf. Einmal frontal und einmal von der Seite, jeweils vor einer weißen Wand. »Warum braucht ihr das?«, fragte ich. »Nur so …«, sagten sie. Das waren Leute, die ich aus meiner Stadt kannte, deshalb wagte ich noch mal nachzuhaken: »Sagt doch …« Daraufhin rückten sie damit heraus, dass sie die Daten aller jungen Leute sammelten, die über die Grenze gereist waren.

Mit einem Mal schreckte ich aus meinen Erinnerungen hoch, weil hinter mir ein lauter Befehl ertönte: »Alle Frauen raus!« Zwei Sicherheitsleute brachten mich in den Hof und erklärten mir: »Das Gespräch findet im Bezirkszentrum statt.«

Unterwegs gabelten sie eine weitere Frau auf. Die Bäuerin kam direkt aus dem Stall, ihre Kleidung war verdreckt. Sie hieß Kargul und war zwischen 30 und 40 Jahre alt. Als sie ihr Handschellen anlegen wollten, hat ihr Schwiegervater voller Bitterkeit gesagt: »Sie wird euch schon nicht weglaufen.« Es war Vormittag, gegen 10:30 Uhr.

Auf der Fahrt stellte diese Bauersfrau immer wieder Fragen an die Polizisten: »Wie lange bleiben wir weg? Ich muss meine beiden kleinen Kinder von der Schule abholen.« Ich rutschte hin und her und war ebenfalls sehr nervös, weil ich wichtige Termine hatte. Der kasachische Sicherheitsbeamte neben mir reichte mir sein Handy und meinte: »Es kann sein, dass dein Aufenthalt viel länger als geplant sein wird.« Deshalb sollte ich dringende Arbeiten schnell telefonisch erledigen.

Sofort habe ich meinen Freund verständigt, ihn gebeten, die Stoffe zu bestellen und alles Weitere zu regeln. »Eventuell bin ich eine Weile weg.« Daraufhin gab er zurück: »Denke jetzt nicht an deine Arbeit, Dina, sondern nur an dich …« Gleich darauf sprang er in seinen Wagen und folgte dem Polizeiauto, um zu erfahren, wo sie mich hinbrachten.

»Ich muss zurück ins Geschäft«, dachte ich verbissen. Vom Staat hatte ich 2016 einen Förderkredit erhalten, den ich binnen zwei Jahren zurückerstatten musste. Das erste Jahr hatte ich längst erfolgreich abbezahlt, aber wie sollte ich im zweiten Jahr meine Schulden tilgen, wenn sie mich jetzt längere Zeit festhielten?

Seit etwa zehn Jahren entwarf ich eigene Modelle, kaufte Stoffe, schnitt und nähte. Dabei hatte ich mich auf Tourismusprodukte sowie die Nationaltracht der Kasachen für Liebhaber, Tänzer und Künstler spezialisiert und sogar mein eigenes Label gegründet. Zwei große Läden hatte ich in Nilka aufgebaut, einen 400 m^2 großen Raum gemietet, dort Nähmaschinen aufgestellt und 30 Näherinnen, fünf Designer und zwei Führungskräfte beschäftigt. Sogar aus Kasachstan hatte ich Bestellungen entgegengenommen von Sängern, die bei uns Konzerte gaben. Meine verzierten Decken und Teppiche waren beliebte Hochzeitsgeschenke. Im Monat verdiente ich umgerechnet rund 17 000 US-Dollar.

Niemals hatte ich Einschränkungen seitens der chinesischen Behörden erlebt, weil ich kasachische Nationaltrachten herstellte. Das war auch gar nicht verboten. Im Nachhinein aber habe ich überlegt, ob mir die Kader deshalb nationalistische Gedanken unterstellt haben.

Während ich im Lager war, haben sie mich enteignet, meine Werkstatt auseinandergenommen, einen Schuldenberg unter mir aufgetürmt und mich am Ende darauf sitzen lassen. Dann haben die Kader alle meine wichtigen Social-Media-Accounts gelöscht, die ich beruflich genutzt hatte. Alle Fotos weg. Als hätte ich nie existiert.

Zwölf Tage: Wie die Hühner auf der Stange

Als sich das schwarze Eingangstor hinter mir schloss, parkte mein Freund auf der gegenüberliegenden Seite und wartete. Wie eine Herde Schafe trieben uns die Sicherheitsbeamten ins Gefängnis in einen dunklen Saal hinein, der bereits mit Männern und Frauen vollgestopft war. Die Bauersfrau neben mir hat angefangen zu weinen. »Ich war schon mal an diesem Ort, hier kommt man nur schwer wieder raus.«

Die Wachen verteilten uns nach Wohnort und Geschlecht, dann befahlen sie uns: »Gebt euren Schmuck, Gürtel und alle metallhaltigen Sachen ab!« Ich legte Ohrringe und Ringe ab, dazu auch ein Halscollier mit wertvollen Steinen, das ich nie wiedergesehen habe.

Während sie den Männern Säcke über die Köpfe zogen, erhielten wir Frauen rosafarbene Sportanzüge, in die wir sofort hineinschlüpfen sollten. Danach pferchten sie mich mit etwa 30 anderen Frauen in einen düsteren, feuchten Raum. Das Fenster war zugeklebt. Über der Tür war ein Spalt, der schwaches Licht hereinließ.

Vor Kälte zitterte ich, weil ich nur T-Shirt und eine Hose anhatte. Zum Glück hatte mein Freund als erfolgreicher Händler überall Kontakte und nutzte diese aus, um mit dem Personal vor Ort zu sprechen. Am dritten Tag ist es ihm gelungen, mir eine Jacke und einen Pullover zukommen zu lassen.

Ab dem zweiten Tag reichten sie uns etwas zu essen. Zu fünft oder zu sechst teilten wir uns ein Brot und löffelten Brühe. Nach einigen Tagen teilte man uns erneut in Gruppen mit jeweils zwölf Personen auf und steckte uns in andere dunkle Räume. Tagsüber hockten wir zwölf Frauen wie die Hühner aneinandergereiht auf breiten Holzbänken, wo unsere Füße herunterhingen. Am Ende der Bank erledigten wir unsere Bedürfnisse in einen Eimer. Abends legten wir uns auf der hinteren Seite der Holzbänke zum Schlafen. Die ersten Nächte habe ich kein Auge zugemacht.

Zu dieser Zeit fand in Peking der 19. Parteitag statt. Von den Wachen erfuhren wir, dass wir alle aufgrund unserer Verbindungen ins Ausland eine Gefahr für die innere Sicherheit darstellten. Womöglich planten wir einen Aufstand, um diese wichtige Versammlung zu stören. Vorbeugend hatte man uns daher für zwölf Tage eingesperrt. Die Wachen beschwichtigten uns: »Sobald der Parteitag vorbei ist, dürft ihr nach Hause.«

Einerseits hat uns das tief frustriert, andererseits haben wir mit schwarzem Humor darauf reagiert: »Seht mal, wie gefährlich wir sind!« Unter uns waren Großmütter und Schülerinnen. Unser einziger Gedanke war: »Wann ist das endlich vorbei?« Wir wollten nach Hause und zählten die Tage …

Am 12. Tag setzten sie mich mit 25 Frauen in Handschellen und mit einem Sack über dem Kopf in einen Polizeibus. »Jetzt komme ich frei«, habe ich mich gefreut.

Lager: Und dann kam Aigül

Nachdem sie mir den Stoff wieder heruntergezogen hatten, schaute ich mich fragend um und entdeckte dabei das Schild »Umerziehungslager«. Kaum hatte ich das gelesen, hörte ich neben mir die scharfe Stimme einer chinesischen Wächterin: »Runter mit dem Kopf!«, und spürte einen harten Schlag im Nacken.

Die Wucht des Schlages warf mich zu Boden. Mir wurde schwarz vor Augen. Seither dröhnt mir mein Kopf und fühlt sich an, als ob er gleich herunterfallen würde. Letztes Jahr habe ich ein MRT von meinem Kopf machen lassen. Meine Halswirbelsäule sei verletzt, und einige Nerven seien zerquetscht, hat mir die Ärztin erklärt.

Benommen nahm ich die Umgebung wahr. Vor uns ragte ein fünfstöckiges Gebäude in die Höhe. Um uns herum ein neu errichtetes Gelände mit verschiedenen Lagern. In einer großen Vorhalle teilte uns ein Beamter mit, dass wir in einem Erziehungslager seien. »Hier müsst ihr eure verseuchten Gedanken reinigen und die kommunistische Ideologie studieren!«

Und dann zuckte ich zusammen, denn im nächsten Moment stapfte die stellvertretende Leiterin des Lagers herbei. Es war eine alte Bekannte aus meinem Heimatort Nilka, wo ich seit 2015 wieder lebte. Aigül war Kasachin wie ich, mit einem Chinesen verheiratet und der Partei so treu ergeben, dass sie sicher sofort bereit gewesen wäre, die Zweit- oder Drittfrau von Xi Jinping zu werden. Sie hatte viele unschuldige Menschen ins Lager gebracht, weil sie kein Chinesisch verstanden und aus Gutgläubigkeit die von ihr vorgelegten falschen Geständnisse unterschrieben hatten. So machte Aigül aus einfachen Leuten eine Vielzahl von Terroristen.

Bereits vor meiner Inhaftierung hatte sie mich mit ihrem Argwohn verfolgt. Sie war lange als Sekretärin in der Verwaltung und Vorsitzende eines Frauenverbands beschäftigt. Daher hatte sie mir gelegentlich hübsche Näharbeiten anderer Frauen zum Verkauf vorbeigebracht. Und was hatte Aigül mit dem Geld gemacht? Sie hatte es selbst eingeheimst, anstatt die Summe, wie vereinbart, an die Näherinnen zu verteilen.

Jedes Mal, wenn sie mein Geschäft betreten hatte, waren ihr schnippische Bemerkungen über die Lippen gekommen. »Du bist zu oft im Ausland unterwegs. Wieso bleibst du nicht wie alle anständigen Frauen zu Hause?« Vielleicht war sie eifersüchtig, dass ich an internationalen Ausstellungen und Messen teilgenommen hatte.

Diese KP-Beamtin war dunkelhäutig, etwa 1,60 Meter groß

und 40 Jahre alt. Sie stammte aus einer Familie von Parteimitgliedern. Von Kindheit an war sie von der kommunistischen Ideologie geprägt und folgte seither dem Plan, das eigene Volk zu jagen. Sie war eine durch und durch hässliche Frau, die sich am Leid unzähliger Menschen bereichert hat.

Immer wieder hatte sie versucht, auch mich hinzuhängen wegen meines »strengen, islamischen Glaubens«. Aber sie hatte niemanden gefunden, der ihr das bestätigt hat. Als erfolgreiche Designerin war ich in der chinesischen Geschäftswelt gut vernetzt. Da Aigül aber eifrig weiter der Polizei »Volksverräter« ans Messer lieferte, hatte die chinesische Regierung sie für ihre »großen Leistungen« zur stellvertretenden Leiterin aller Lager in Nilka befördert.

In den Lagern arbeitete Aigül auch als Lehrerin. Gleich am ersten Tag unserer Begegnung machte sie mir klar: »Jetzt bist du in meinen Händen, ich kann dir dein Leben zur Hölle machen …« Und daraufhin hat sie alle möglichen Schikanen an mir ausprobiert. Zuerst hat sie meine Telefonanrufe oder Besuchstermine gecancelt und Informationen meines Freundes nicht an mich weitergegeben.

Unter den Insassinnen war sie sehr verhasst. Gelegentlich gab es einen Kontrollbesuch des uigurischen Lagerleiters, der teilweise versucht hat, seine eigenen uigurischen Landsleute vor ihrer Willkür zu schützen und ihnen Haftverkürzungen zu ermöglichen. Die Regierung hatte diese leitenden Funktionen im Lager bewusst mit Muslimen besetzt, weil sie unsere Sprache und Kultur verstanden und uns dadurch besser zu lenken vermochten.

Die obersten Bosse aber waren immer Chinesen, und auch das Personal im Lager war zu etwa 90 Prozent mit Chinesen besetzt. Sie waren so geschult, dass sie kein Mitleid zeigten.

Beim Kontrollbesuch des uigurischen Leiters mussten wir uns in einer Reihe wie Soldaten aufstellen und strammstehen. Erschien Aigül im Vorfeld die Frisur einer Gefangenen nicht ordentlich genug, stürmte sie auf diese zu und riss sie so heftig an den Haaren, bis sie ein Büschel in der Hand hielt. Ältere Frauen, die nicht gut auf den Beinen waren, hat sie beschimpft und geschubst: »Dummes, unzivilisiertes Dreckstück!« Wenn sie die Namen der Gefangenen schrie, hallte das durch den ganzen Flur.

Mit ihrer etwa gleichaltrigen uigurischen Gehilfin, die genauso als chinesischer Bullterrier erzogen war wie sie, quälte sie die Gefangenen um die Wette. Eine war schlimmer als die andere. Leider war ich fast in allen Lagern mit Aigül konfrontiert. Solche Frauen wie sie waren schlimmer als die Chinesen selbst. Es waren unsere eigenen Landsleute, die sich da gegenseitig zerfleischten und auffraßen.

Drei provisorische Lager in drei Monaten: Wohin mit all den Menschen?

Die Frauen brachte man zunächst in der zweiten Etage unter, die Männer verteilte man auf die anderen vier Stockwerke. Jeweils 12 Frauen teilten sich eine Zelle mit etwa sechs Stockbetten. Es gab sogar ein kleines Fenster, aber das durften wir nicht öffnen. Wir standen unter ständiger Beobachtung, lautes Sprechen war verboten.

Mittags fanden wir etwas Reis in unseren Schüsseln. Morgens und abends schlürften wir Suppen, in denen wahlweise vereinzelt Kräuter oder Mehlbröckchen schwammen. Der Hunger führte dazu, dass wir bald nur noch ans nächste Essen dachten. Nachts freute man sich schon auf das Frühstück, aber es war immer so portioniert, dass man nie satt wurde. Manchmal belohnten sie uns mit einem Viertel Stück Birne oder Apfel, wenn wir den Flur blitzsauber gewischt hatten.

2017 waren in meinem Landkreis viele Lager noch nicht fertig eingerichtet und nur provisorisch auf den Ansturm der Gefangenen vorbereitet. In Kaschgar und Urumqi hatten die Kader bereits vorher mit den massenhaften Internierungen begonnen. Das Foltern und Aussieben funktionierte hier anfangs noch nicht perfekt, da die Ausstattung teils dazu noch fehlte.

Fast täglich kamen neue Gruppen dazu, und bald hatten wir uns verdoppelt. Zwei Monate später war das ganze Gelände so voll, dass für die Menschen nicht mehr ausreichend Räume zur Verfügung standen. Sie wussten nicht, wohin mit uns. So voll war es. Insgesamt waren rund 90 Prozent der Gefangenen Uiguren, etwa sieben Prozent Kasachen und drei Prozent Mongolen und Dunganen. Die Kasachen machten pro Lager einen Anteil von 300 bis 500 Personen aus. Im ersten Lager sah ich sogar eine Koreanerin.

In den nächsten drei Monaten bin ich noch zweimal umgezogen, manchmal nachts. Alle Gebäude lagen nah beieinander. Um uns herum überall Baustellen. In manchen Lagern gab es noch keine Mensa, kein Essen, nur selten Wasser. Da waren labyrinthartig überdachte Gänge mit Holzwänden oder ein Saal in einem Gerichtsgebäude, vollgestopft mit Hunderten von Betten. Wir mussten selbst sauber machen und Betten aufstellen. Die Räume waren oft nasskalt.

Jedes Lager vergab andere Kleidung. Als mittelschwer Beschuldigte trug ich zwischendrin eine grüne Militäruniform, darunter einen schwarzen Jogginganzug.

Ich hatte vorher nicht gewusst, dass es solche Lager gab. Und so viele. Wenn man am Tage dort ankam, konnte man gelegentlich die Umgebung identifizieren. Irgendwann aber guckte ich nicht mehr so genau hin, denn alles sah irgendwie gleich aus. Mauern, Wachtürme, Stacheldraht, Schwerbewaffnete …

An einem Ort, an dem so viele Menschen sind, gerät der Einzelne in Vergessenheit. Fragte man den Wächter: »Wann darf ich gehen?«, hörte einem keiner mehr zu und keiner stellte einem noch Fragen. Man saß und wartete, ohne Urteil und ohne Anklage, wurde wieder umverteilt, ohne zu wissen, was als Nächstes passierte.

Unter uns befand sich eine bildhübsche, etwa 28 Jahre alte Uigurin. Zwei Nächte hintereinander holten die Wachen sie zum Verhör ab. Nach ihrer Rückkehr saß sie wie gelähmt in einer Ecke, selbst das Essen rührte sie nicht mehr an, die Tränen liefen ihr wie Wasser übers Gesicht.

»Was ist los?«, fragten wir. Aber ihre Antworten klangen wirr, sie wiederholte immer nur zwei gleiche Sätze: »Ich hatte mit jemandem aus Kashgar telefoniert« und »Ich habe mit jemandem das Bett geteilt«. Dann schnappte sie nach Luft, kippte um und verlor das Bewusstsein. Die Wachen haben sie daraufhin fortgeschleppt. Ich habe sie nie wiedergesehen.

Später hat mir ein kasachisches Mädchen erzählt, dass manche Frauen vergewaltigt werden. Danach habe ich es noch so oft erlebt, wie die Wachen die sehr jungen und hübschen Frauen, manchmal mitten in der Nacht, abgeholt haben. Keine der Gefolterten hat danach gesprochen. Vielleicht aus Scham, aber auch aus Angst, sonst umgebracht zu werden …

In einem Lager verliert man schnell die Kraft, über Grausamkeiten nachzugrübeln. Man verliert auch sehr schnell sein Zeitgefühl. Da in der Zelle nie das Licht ausging, wusste man nur durch die chinesischen Ansagen aus dem Lautsprecher, wie »Es ist Fahnenappell-Zeit!« oder »Es ist Zeit zum Schlafen!«, ungefähr wie spät es war.

Draußen vor den Toren wartete mein Freund. In jedem Lager bestach er einige Lehrer, damit sie mich vor den Zugriffen der chinesischen Wachleute beschützten. Seine Tante, eine anerkannte Juristin, hatte zudem einige hochrangige chinesische Kader zum Essen eingeladen, damit ich schnell auf freien Fuß käme. Tausende Yuan hatte sie dafür ausgegeben.

Mein Liebster wusste immer, wo ich war. Monat für Monat. Aber er wusste nie, was hinter den Mauern geschah …

Mit Sirenengeheul in den Tag starten

Wie ein typischer Tag ablief? Um 4:30 Uhr ging es los mit Sirenengeheul. Die Wachen sperrten die Türen auf. Mit Stoppuhr und Lineal maß Aigül gelegentlich, wie schnell wir unsere Kissen und Decken akkurat wie beim Militär zusammenfalteten. Ecke auf Ecke, zehn Zentimeter Dicke, keinen Millimeter mehr.

Gruppenweise begleiteten uns die Wachen daraufhin zum Toiletten- und Waschraum. Wer aber erst danach den Drang hatte, die Toilette aufzusuchen, hatte Pech gehabt. Mehr als eine Katzenwäsche war nicht möglich. Bis alle Gruppen in allen Zellen fertig waren, war es bereits 7:00 Uhr morgens.

Beim Hissen der chinesischen Flagge legten wir jeden Morgen denselben Eid ab: »Als chinesische Bürger geben wir unser Bestes, um das Land zum Blühen und Entwickeln zu bringen!« Daraufhin tösten durch die Zelle so laute kommunistische Lieder, dass wir alle davon fürchterliche Kopfschmerzen bekamen.

Abduschen mit kaltem Wasser war zuerst nur einmal im Monat erlaubt, dann alle 14 Tage. Dabei bemerkte ich, dass die Gesäße von allen mit dunkelblauen Flecken übersät waren. Vom reglosen Sitzen beim Propagandaunterricht auf den 20 Zentimeter hohen Plastikhockern. Bis heute habe ich da so einen blauen Fleck.

Da es für rund 3000 Menschen nur eine Mensa gab, mussten wir in Gruppen zu je zehn Personen in der Schlange anstehen, um mit jeweils etwa 1000 Leuten, dicht aneinander gedrängt, im Saal zu essen und der nächsten Schicht an den langen Tischreihen Platz frei zu machen. Zwei Stühle waren jeweils aneinandergekettet.

Während einige Gruppen hastig kauten, mussten andere sich vor der Mensa im Eingangsraum innerhalb der am Boden aufgemalten gelben und roten Linien in Reihen und einem Abstand von je 30 Zentimetern aufstellen und kommunistische Lieder zur Danksagung an die Partei schmettern. Meistens dauerte das Frühstück drei Lieder lang, was etwa fünf bis sieben Minuten entsprach.

Danach zwangen sie uns, mit bis zu 40 Frauen wie Statuen in einem der Unterrichtsräume auf unseren Kinderhockern zu sitzen und uns die Propaganda auf den TV-Bildschirmen an der Wand einzuprägen, denn im Abendunterricht fragten uns die Lehrer darüber aus.

Abends gegen 21:00 Uhr führten uns die Wachmänner erneut in Gruppen zur Toilette und zum Waschen. Morgens um 4:30 Uhr ging es wieder von vorne los.

Eine Spritze gegen ansteckende Krankheiten

Für medizinische Untersuchungen legten sie uns in Ketten. Ansonsten waren wir an Händen und Füßen frei. Alle drei Monate verabreichten sie uns im Ärztezimmer eine Spritze. »Ihr seid so viele Menschen auf so engem Raum, da muss man ansteckenden Krankheiten vorbeugen«, erklärten die Ärzte die Injektion im ersten Monat. Ich war misstrauisch, wollte diese Spritze nicht und versuchte, mich herauszureden: »Heute fühle ich mich unwohl, wahrscheinlich habe ich Fieber …«, aber das hat keinen interessiert. Zwar hat das Gehirn danach weitergearbeitet, aber äußerlich hatte ich den Eindruck, als wäre mir eine eiserne Maske übergestülpt worden. Sobald es um mich herum lärmte, pochte mein Schädel wie verrückt. Meine Periode verkürzte sich auf zwei Tage, und bis zur nächsten Periode litt ich unter höllischen Krämpfen. Oft waren wir 20-Jährigen schweißgebadet wie Frauen in den Wechseljahren.

Keine Ahnung, von welchen Medikamenten das herrührte, aber einige Wochen später wusste ich nicht mehr, wie meine geliebte Oma hieß. Die Beamten prüften regelmäßig unser Erinnerungsvermögen, indem sie uns solche Fragen stellten, wie: »Wie heißen deine Eltern? Wie heißen deine Geschwister?« Ich musste drei Tage lang nachdenken, bis mir der Name meiner Oma wieder eingefallen ist.

Zwischendrin kontrollierten die Beamten unsere Haare und Fingernägel, führten immer wieder Blutuntersuchungen durch. Diese Prozedur wiederholte sich später alle drei bis vier Monate. Bei vielen Frauen blieb die monatliche Blutung ganz aus. Manche hatten Probleme beim Wasserlassen. Nachdem wir diese Spritze bekommen hatten, durften wir uns etwa zehn Tage lang nicht duschen oder waschen.

Irgendwann war es einem egal, ob man eine Spritze bekam oder nicht. Jeder wollte das nur so schnell wie möglich hinter sich bringen. So eine Impfaktion nahm den ganzen Tag in Anspruch, weil Tausende Gefangene dafür in der Schlange anstehen mussten. Aber jeder hatte Hunger und wollte seine Mahlzeit nicht verpassen.

Propaganda-TV: Donald Trump treibt es mit nackten Frauen

Morgens, mittags und abends glotzten wir Nachrichten. Während beispielsweise zuerst der »verantwortungsvolle, anständige« chinesische Staatsmann Xi Jinping seine Reden vom chinesischen Traum schwang und danach der »verantwortungslose, unmoralische« US-Präsident Donald Trump mit nackten Frauen abstoßende Dinge trieb, tuschelte ich mit meiner Sitznachbarin.

Fast zehn Tage lang saß ich neben Ainur. Sie war etwa gleichaltrig, eine Kasachin so schön wie auf einem Gemälde. Dunkler Teint, große dunkle Augen, umrahmt von schön gebogenen Brauen. Ihre Haare reichten ihr bis weit über die Hüfte. Sie schwärmte mir dauernd von ihrem Freund vor: »Oh, wenn ich hier herauskomme, dann werde ich gleich heiraten.«

Im Fernsehen führten sie derweil Uiguren vor, die sie aus dem Ausland nach Xinjiang zurückverschleppt und umgedreht hatten. »Ich schäme mich, dass ich als Uigure zur Welt gekommen bin«, sagten solche Leute beispielsweise und verleugneten ihre eigene Kultur, Sprache und Tradition, »weil die muslimischen Völker dumm und hässlich und nicht so intelligent und gebildet sind wie die Chinesen.«

Ainur und ich seufzten fast zeitgleich nebeneinander, als sie uns im Anschluss daran mithilfe der Kriegszerstörungen in Syrien verdeutlichten, was in »einem hochgefährlichen Land voller Terroristen« geschah und »wie dankbar ihr sein müsst, in so einem schönen, hoch entwickelten Land wie China« leben zu dürfen. Als Nächstes haben sie uns hungernde Kinder in Afrika vorgeführt, »die von der Supermacht China gerettet wurden«.

Immer wieder passierte es, dass im Unterricht Gefangene, nach der Folter, das Bewusstsein verloren haben. Ich erinnere mich an den Körper einer Kasachin, blau und blass wie der einer wandelnden Leiche. Aigül hat sie aus dem Raum wegschleppen lassen und ihr in der Zelle Wasser ins Gesicht gespritzt, aber sie ist erst nach 20 Minuten wieder zu sich gekommen.

Nach den Filmen haben uns die Lehrer nochmals eingeschärft, wie glücklich wir uns schätzen müssten, dass wir diese Hilfsmaßnahmen im Erziehungslager gerade noch rechtzeitig erhalten hatten, bevor wir »von extremistischen Strömen fortgerissen« und »als Kämpfer in den Krieg geschleust« worden wären.

Schuldbekenntnis

Jede Woche mussten wir einen Bericht schreiben, inwiefern sich unsere ideologische Einstellung verbessert hat und wir uns weiterentwickelt haben. Bei diesen Selbst-Analysen sollten wir einfließen lassen, wie sehr uns die beeindruckenden TV-Reden Xi Jinpings dabei auf die Sprünge geholfen hatten. In erster Linie ging es darum, zu bereuen und sich schuldig zu bekennen. »Du hast deine gesamten Einnahmen und somit das Eigentum Chinas ins Ausland transferiert, um Kasachstan zu stärken und China zu schwächen«, klärte mich der Lehrer über eines meiner Vergehen auf, »warum hast du dein Geld nicht in die Entwicklung von beispielsweise Shanghai investiert? Stattdessen bist du nach Kasachstan gereist, hast dich da ideologisch vergiften lassen, sodass du zur radikalen Muslimin verkommen bist.«

In Wirklichkeit war das großer Unsinn. Ich selbst hatte beschlossen, in Xinjiang zu bleiben und meine Geschäfte dort auszubauen. Nur alle zwei bis drei Monate hatte ich meine Eltern in Kasachstan besucht, die bereits 2015 ausgewandert waren. Auf solchen Reisen hatte ich für Essen, Trinken und andere Kleinigkeiten geringe Summen zwischen 5000 und 10 000 Yuan ausgegeben.

In meinem Schuldbekenntnis schrieb ich: »Ich wollte wie die anderen Kasachen in Freiheit leben und habe darüber hinweg meine bürgerlichen Pflichten in China vergessen. Aus tiefstem Herzen bereue ich es, diesen Irrweg beschritten zu haben. Ab sofort will ich alle meine Fehler wiedergutmachen.« Dann gab ich zu, dass China das beste Land der Welt sei und Xi Jinping die tollsten Zukunftsprojekte der Welt entwickelt habe. »Ab sofort werde ich meinen Beitrag dazu leisten, dass China zum führenden Land der Welt wird.«

Aus unseren Kontakten ins Ausland leiteten die Kader alle möglichen neuen Vorwürfe ab, wie »Mitgliedschaft in einer ausländischen Organisation«. Verneinte man das aber, erfanden sie einfach etwas anderes. Weiterhin stritt ich jedoch beharrlich alle religiösen Gedanken ab, die mir unsere Vorgesetzte Aigül dauernd unterschieben wollte.

Was aber Aigül bei mir nicht geschafft hatte, machte sie dann mit Ainur. »Wenn du ein Schuldbekenntnis ablegst, dass du zu gläubig warst, werde ich dafür sorgen, dass du ganz schnell wieder entlassen wirst.« Aigül ging dabei sehr geschickt und manipulativ vor. Sie hat Ainur einen Text diktiert, in dem sie zugegeben hat, dass sie von einem Morgengebet negativ beeinflusst worden sei, was sie natürlich im Nachhinein zutiefst bereute, weil sie dank der Aufklärung der Partei erfahren habe, dass solche Gedanken zum Terrorismus führten.

Das letzte Mal habe ich Ainur gesehen, als die Beamten ihr die prächtigen Haare bis zum Kinn abgeschnitten hatten. Danach landete sie in Isolationshaft. Diese junge Frau, Mitte 20 Jahre alt, gerade frisch von der Uni abgegangen, hatte noch ihr ganzes Leben vor sich, als sie ein Gefängnisurteil von mindestens zehn Jahren bekommen hat.

Und Aigül? Sie hat nur mit den Achseln gezuckt: »Was willst du? Du hast das doch selbst geschrieben und dich schuldig bekannt …«

Chinas Welteroberungspläne

»China wird in allen Ländern der Welt das kommunistische System einführen«, machten die Lehrer uns im Unterricht klar. Pekings Eroberungspläne mussten wir auswendig lernen und jederzeit aufsagen können. Alle drei Projekte zielten daraufhin ab, die Macht über die ganze Welt zu ergreifen.

ERSTES PROJEKT, geplant bis 2020:
Die ungebildete muslimische Bevölkerung in Xinjiang muss Chinesisch lernen und deradikalisiert werden, sodass sie für China keine Gefahr mehr darstellt. In den Schulen pflanzt man daher uigurischen sowie kasachischen Jugendlichen Stolz, Vertrauen und Liebe ins chinesische Mutterland ein. Da China das stärkste Land der Welt ist, sollen die muslimischen Ethnien in Zukunft als chinesische Bürger das Land unterstützen und sich freuen, ein Teil dieser Entwicklung zu sein. Der Weg zum Erfolg führt alleine über die Kommunistische Partei.

Das erste Projekt hat China bereits sehr erfolgreich umgesetzt.

ZWEITES PROJEKT, geplant bis 2035:
China wird alle zentralasiatischen Länder wie Kasachstan, Kirgisistan oder Usbekistan auf demselben Wege erobern, indem es sie mithilfe der »Neuen Seidenstraße« wirtschaftlich von sich abhängig macht. Die acht Länder entlang der »Neuen Seidenstraße« sind unterentwickelt, ihre Einwohner müssen, wie die Muslime in Xinjiang, in Zukunft zivilisiert werden.

Aus Großzügigkeit hat China diese Territorien samt ihrer Bodenschätze einst verschenkt, aber es ist an der Zeit, sie ins Reich zurückzuholen.

DRITTES PROJEKT, geplant bis 2050:
Chinas festes Vorhaben ist es, Amerika als Weltmacht Nummer eins abzulösen. Es gilt die Devise: »Eine Nation, eine Sprache und eine Religion.« Für andere Religionen bleibt in Zukunft kein Platz. Jeder Einzelne wird am Ende als chinesischer Bürger nur noch chinesisch sprechen und sich zur Kommunistischen Partei bekennen.

Für mich als Kasachin war es äußerst schmerzhaft, diese Eroberungsprojekte laut zu bejahen. Immer wieder haben sie uns 26 Länder aufgezählt, die die KP als Staatsfeinde eingestuft hatte. Obwohl ich im Lager alle der Reihenfolge nach herunterleiern konnte, fallen mir heute nur noch Kirgistan, Usbekistan, Kasachstan und die Türkei ein.

Den ganzen Tag ging es im Propaganda-Unterricht darum, wie verrückt, verdorben und unvernünftig die Außenwelt sei. Die einzig rettende Supermacht sei die Kommunistische Partei, die diese Länder vor dem Verderben retten müsse.

China nennt man »Qiang Guo« auf Chinesisch. Das heißt sehr gutes Land. Und dieses Wort »Qiang Guo« hörte man 1000-mal am Tage. »Sobald du dich von China entfernst, wirst du vor Elend und Hunger sterben.« Das trichterten sie den Menschen ein. Immer wieder, immer wieder, »Qiang Guo« …

In unseren Berichten gingen wir danach auch auf Fragestellungen ein, wie: »Was erwartet China in Zukunft von mir?« oder »Wie werden wir vorgehen, damit chinesische Produkte noch weiter in der Welt vermarktet werden, um die Länder in unsere Abhängigkeit zu bringen?«.

Wer jede Woche, Wort für Wort, das Gleiche in seinem Bericht schrieb, dem drohte die Verlängerung der Haftzeit.

Streit zwischen Uiguren und Kasachen

Die meisten Uigurinnen in meiner Zelle waren Hausfrauen, aber als Schwerverbrecherinnen zu langen Haftstrafen verurteilt, weil sie mit den Protesten in Urumqi 2009 in Verbindung gebracht wurden. Es reichte schon, wenn sie jemanden kannten, der damals als Zeuge bei den Unruhen dabei gewesen war. Ich selbst hatte bis zu meiner Verhaftung gar nichts von diesen Aufständen gewusst.

Die Nerven aller Insassinnen waren sehr dünn. Eines Tages haben die Uigurinnen angefangen, untereinander leise über »stinkende und zurückgebliebene Kasachen« zu lästern, »die sich seit Jahrhunderten vor allem mit Viehzucht beschäftigen«. Die Uiguren hingegen scien hoch kultiviert, schon lange sesshaft, betrieben Handel sowie Märkte.

Als einzige Kasachin in der Zelle habe ich es ihnen mit derselben Arroganz zurückgezahlt und gezischt: »Bevor ihr Uiguren überall eure Aufstände angezettelt habt, war es hier ruhig im Land. Und uns friedliche Kasachen habt ihr mit in diese Spirale der Gewalt hineingezogen.« Ich merkte gar nicht, wie ich immer lauter wurde. »Nur weil wir dieselbe Kultur und Religion haben wie ihr, gelten wir jetzt auch bei den Chinesen als Terroristen.«

Verächtlich schnaubte ich. »Hättet ihr mal vorher nachgedacht, bevor ihr euren Terror verbreitet habt … Und solche Leute bezeichnen uns als Dümmere! Dabei habt ihr uns diese ganze Situation erst eingebrockt und …!« Den Satz hatte ich noch nicht zu Ende gesprochen, als eine der Uigurinnen aufsprang und mir eine Ohrfeige verpassen wollte. Im nächsten Moment lagen wir uns gegenseitig in den Haaren.

Im Nachhinein ist mir klar, dass wir selbst Opfer der chinesischen Propaganda geworden waren. Gezielt machten die Kader immer eine Nation vor den anderen schlecht, um untereinander tiefe Gräben aufzureißen.

Seit 2014 stempelten die chinesischen Medien in einer Endlosschleife alle Uiguren als Terroristen ab. Meine Argumente waren dieselben, die uns die chinesischen Lehrer dauernd einhämmerten. Andersherum hatten sich diese uigurischen Frauen so stark von den Kadern kleinmachen lassen, bis sie uns mit ihrem Neid verfolgten: »Warum werden nur wir Uiguren massenhaft verhaftet?«

Im nächsten Moment flog die Tür auf. Die Wachleute rissen uns auseinander und schleppten uns in den Flur, um jede auf ihre Weise zu bestrafen …

Im Eisenkäfig

Zur gleichen Zeit, als sie mich hinausführten, holten sie aus der Nebenzelle eine Uigurin namens Rauscha ab. Sie hatte die Fassung verloren und eine Sicherheitsbeamtin angeschrien. Ich sah, wie die Wachen mit ihren Stöcken auf sie einprügelten. Danach sollten wir beide unsere Köpfe herunternehmen, die Arme auf den Rücken biegen und uns Handschellen anlegen lassen.

Sie führten uns zu einem Raum, den ich nicht kannte. Nebenan befand sich das Verhörzimmer. Dort hatten sie mich einmal etwa zwei Stunden über meinen Onkel befragt, der nach Kasachstan ausgewandert war. Dabei hatten sie mich nicht geprügelt, nur übelst beschimpft. Manche Worte aber waren schlimmer als Schläge.

Kasachstan gilt diesen Kadern als ein extremistisches und zurückgebliebenes Land. Die Kasachen wiederum halten sie für »sehr hinterhältig, faul, nicht mal in der Lage, Socken zu produzieren. Sie beten zu Gott, anstatt hart zu arbeiten wie die Chinesen. Ohne China ist dieses Land nicht überlebensfähig.« So wie auch alle anderen Länder der Welt.

Dieses Mal öffneten sie mir die Tür nebenan zum Folterraum. Groß, kühl und feucht, nur spärlich beleuchtet. Eine winzige Glühbirne am Eingang, das Licht so schwach, dass ich nur das Gesicht des Wachmanns neben mir gut gesehen habe. Der Rest des Raums versank in völliger Dunkelheit.

Für einen kurzen Moment raste mein Herz: »Was haben sie mit mir vor?« Ich hatte schon so viele zerbrochene Frauen nach der Folter gesehen.

Wortlos zogen mir die Wachen eine eiserne Weste über, die sie auf beiden Seiten geschlossen haben. Meine Füße und Hände waren so eng in schwere Ketten gelegt, dass ich spürte, wie das Blut darunter pulsierte.

So führten sie mich in einen Käfig, wo sie mich an die Wand auf eine Eisenbank drückten. Ich konnte mich kaum rühren. Als ob das nicht genug wäre, haben sie den Käfig von außen noch zugesperrt. Ich hörte, wie sich die Tür schloss.

Vorne durch die Gitterstäbe erkannte ich schemenhaft eiserne Schlagstöcke sauber auf dem Tisch aufgereiht, andere Foltergeräte waren an die Wand angelehnt oder aufgehängt. In den Ecken flimmerte das rote Licht der Kameras.

Die Angst raubte mir die Luft. Bloß nicht zu tief einatmen. Nicht die Schwere dieser Weste, sondern die Enge war das Problem. Sobald ich mich auch nur einen Millimeter bewegte, schnallte sich dieser Panzer noch enger – und ich hatte das Gefühl, erdrückt zu werden. Mein Schmerz im Rücken und meine Anspannung waren so stark. Stumm saß ich da. Die Augen in die Finsternis gerichtet. Stunde um Stunde. Ich spürte meinen Atem, immer schneller, unruhig, mühsam. Nicht rühren. Nicht denken. Es war so kalt, so eisig kalt. Nicht einmal die Toilette durfte ich aufsuchen. Einmal hat ein kasachischer Lehrer nach mir geschaut und gesagt: »So etwas solltest du nicht wieder machen.« Aber so etwas kam nun einmal vor, wenn man Menschen wie Tiere zusammen in einen engen Käfig sperrte.

Ein stechender Schmerz durchfuhr mich, als bohrte sich ein Messer links in meine Brust. »Ist das der Brustknochen, der zerbricht, oder mein Herz, das sich zusammenzieht?« Ich konnte das nicht mehr unterscheiden. Da fing ich an, im Stillen zu Gott zu beten: »Bitte, lass mich nicht länger leiden. Bitte nimm mich gleich zu dir.« Sie sollten mich endlich töten. »Ich halte das nicht aus …«

Aber ich hielt es aus. 24 Stunden lang. Es fühlte sich an wie die längste und schwärzeste Nacht meines Lebens. Da drehte sich der Schlüssel im Schloss, der Käfig ging auf. Die Wachen nahmen mir die Weste ab und zogen mich nach oben, weil ich selbstständig nicht mehr aufstehen konnte. Alle Kraft war verschwunden. Meine Glieder fühlten sich an wie aus Gummi, völlig erschlafft. Ich war kaum in der Lage zu laufen, taumelte wie eine Betrunkene, weil jede Bewegung wehtat.

Die Körperteile, an denen Hand- und Fußketten lagen, blieben lange eiskalt und taub. Selbst nach meiner Entlassung litt ich noch lange unter diesen Beschwerden, als ob ich ein Blutgerinnsel oder abgefrorene Glieder hätte.

Noch drei Tage danach ging ich leicht gebückt. Beim Toilettengang traf ich Rauscha wieder, die aussah wie eine wandelnde Leiche. Die Uigurin hatten sie auf einem Elektrostuhl und gleichzeitig mit Elektroschockern gefoltert. »Ich weiß nicht, in welchem Raum ich war …«

Später habe ich von anderen Gefangenen erfahren, dass es in den Kellern oft solche Folterkammern gab. Einmal musste ich in einem Lager mit einem Mädchen aus dem Untergeschoss Decken hochholen. Es war düster, und an den Wänden flackerten Öllampen. Als ich kurz eine andere Tür öffnete, bemerkte ich, dass weitere Treppen zu riesigen Unterbauten hinunterführten.

Nach der Folter wurden die meisten Frauen, die vorher gesund und stark waren, immer schwächer und verstummten. Als wieder einmal eine Durchsage ertönte, ist eine 31-jährige Uigurin voller Panik unters Bett gekrochen. Mühsam haben wir sie wieder hervorgezerrt, aber sie war völlig weggetreten, Augen und Mund weit aufgerissen.

»Sie ist tot«, waren wir nach einer Weile überzeugt. Plötzlich aber schrie sie so laut auf, dass wir erschrocken zurückgefahren sind. Sie war Mutter von sechs Kindern und hatte immer die Hoffnung gehabt, schnell wieder heimzukehren. Da ihr Mann im Ausland gewesen war, hatte man sie verhaftet.

Bonuspunkte sammeln: die perfekte Harmonie malen

»Wer gut mitarbeitet, wird belohnt und früher entlassen!« Damit lockten sie uns. Jeden Tag sammelte ich bei den chinesischen Lehrern viele rote Bonuspunkte für mein gutes Benehmen, mein Zeichentalent oder bei Wettbewerben im Rezitieren der Reden Xi Jinpings, aber Aigül hat mir immer wieder schwarze Punkte gegeben.

Ein schwarzer Punkt annullierte zehn rote Punkte. »Hast du zu viele schwarze Punkte, wird deine Haftstrafe um Jahre verlängert«, drohte sie. Und wieder fing ich von vorne an. Irgendwann merkte man, dass es überhaupt keine Rolle spielte, wie viele Punkte man hatte und wie sehr man sich auch abstrampelte.

Mit zwei Jungen und drei Mädchen hatte mich Aigül dazu eingeteilt, die Wände im Lager zu bemalen. Danach brüstete sie sich selbst mit diesen Wandmalereien vor dem uigurischen Leiter oder anderen hohen Besuchern, als hätte sie höchstpersönlich das Lager verschönert. Unter den Malern befand sich auch meine Schulfreundin Ka Yan. Wir kannten uns gut, weil wir früher dieselbe Klasse besucht hatten. Sie war Dunganin und eine tolle, hochgebildete Frau, die über Jahre erfolgreich in Peking Trickfilme produziert hatte. Zwei Monate lang malten wir zusammen, danach kreuzten sich unsere Wege wieder in anderen Lagern. Was war Ka Yans Schuld? In Peking hatte sie sich mit einer alten Frau aus dem Ausland angefreundet und ab und zu über WhatsApp ausgetauscht. Als Ka Yan zu Besuch bei ihrer Familie in Xinjiang war, hatte die Polizei ihr Handy gecheckt und sie im Nachhinein extra aus der Hauptstadt wieder in die alte Heimat einbestellt, um sie hier ins Lager zu sperren. Ka Yan sah aus wie eine Chinesin, sehr zierlich, etwa 1,60 Meter groß, schneeweißes Gesicht mit dunklen Mandelaugen. Sie war sehr hübsch. Nur die dunklen Locken fielen ihr nach und nach vom Kopf ab.

Viele Wandmotive befassten sich mit dem Thema »Völkerfreundschaft«. Oft aber fragte Aigül, das Kinn angriffslustig vorgeschoben: »Wer malt das Porträt unseres geliebten Staatsoberhauptes Xi Jinping?« Sein Porträt zu malen galt jedoch als hochriskanter Job. Nur minimalste Abweichungen von der Vorlage zogen härteste Strafen nach sich.

Meine Spezialität waren andere Dinge wie schön gemalte Schriftzeichen, rote Fahnen, lachende Kinder und traumhafte Landschaftsbilder … kurz, die perfekt abgebildete Harmonie. Da steckte ich also unschuldig hinter Gittern und malte die schöne heile Welt auf die Lagerwände um mich herum. In China ist alles irreal und übertrieben.

Ka Yan und ich verschönerten einen Aufenthaltsraum mit einem Baum und bunten Vögeln, in dem sich allerdings keiner von uns aufhalten durfte. Darin standen drei weiche grüne Sessel und ein Couchtischchen. Dieser Raum diente lediglich dazu, Medienvertretern oder Politikern den schönen Schein des Lagers vorzuspielen. Es hieß, dass es in diesem Raum keine Kameras gäbe, aber wahrscheinlich waren sie nur versteckt hinter unseren Vorhängen aus glänzenden Perlen und grünen Blättern aus Papier.

Obwohl das Lager bald vor Sauberkeit blitzte und die Wände bunt waren, fühlte sich Aigül nur wohl, wenn sie andere schikanierte. Vor versammelter Mannschaft zwang sie mich dazu, mich selbst zu beleidigen, indem ich ihre Vorgaben laut nachsprach: »Ich bin einer der übelsten Menschen in diesem Lager. Ich bin neidisch und bösartig. Bis heute habe ich mich nicht gebessert ...«

Unter den Gefangenen aber war ich sehr anerkannt, denn ich habe jede günstige Gelegenheit genutzt, um mit ihnen zu reden, sie mit meinen Chinesischkenntnissen zu unterstützen oder zu ermutigen. Manchmal habe ich ihnen beim Deckenfalten kleine Zettel zugeschoben. »Haltet durch!« oder »Bald werden wir befreit!«.

Keine Toten, aber überall der Tod

In all den Monaten hatte ich keine Toten gesehen, aber trotzdem fühlten wir uns ständig vom Tod umgeben. Immer wieder habe ich im Lager von anderen gehört, dass Menschen hingerichtet werden. Gesehen aber habe ich es nicht. Diese Lager waren so groß, die Gebäude voneinander getrennt, die Menschen wurden andauernd rein- und rausgeführt. Nachts hörte man immer das Klirren der Ketten und das Gebrüll der Sicherheitsleute.

Sie haben uns nicht offen mit dem Tod gedroht, aber mit der Folterkammer Todesangst eingejagt. Gerne quälten die Beamten uns mit Drohungen: »Zur Strafe bekommst du noch fünf Jahre dazu …« Regelmäßig haben sie vor unseren Augen andere Insassen zusammengeschlagen. Ihnen beim Aufstehen zu helfen war verboten. Irgendwann gewöhnte man sich daran, dass sich ein Mensch stöhnend und blutend vor einem krümmte, während die Polizisten ihm mit ihren schweren Stiefeln in die Seiten traten.

In der Anfangszeit war ich vor allen damit befasst gewesen, wieder mit heiler Haut aus dem Lager herauskommen. Dann waren diese Gedanken in Wut und Rachegefühle umgeschlagen: »Na wartet! Ich werde später der ganzen Welt von diesem Irrenhaus erzählen.« Mit der Zeit aber hatte ich alle Energie verloren, weil ich nicht mehr wusste, wann und ob es jemals zu Ende ginge.

Irgendwann habe ich aufgehört zu lachen und zu weinen. Dieses stumpfe Gefühl hat mich noch lange nach der Entlassung begleitet. Erhielt ich den Befehl, das paradiesische China an die Wand zu malen, habe ich die Aufgabe erfüllt. Ich spürte dabei nichts. Mein Kopf war leer.

Ab einem bestimmten Zeitpunkt wartest du nur noch auf deinen Tod. Du hörst auf, ein Mensch zu sein. Ständig umkreist dich der Gedanke: »Wann bist du an der Reihe?« In meinem Kopf sah ich vor mir, wie Schwerbewaffnete mich abführten, meine Hände auf dem Rücken gebunden, einen Sack über dem Kopf. So oft beobachteten wir das bei anderen Gefangenen. »Sie gehen zu ihrer Hinrichtung«, war ich überzeugt.

Verlangte der Lehrer: »Auswendig lernen«, dann folgte ich. Befahl er: »Nacherzählen«, dann redete ich, manchmal ohne zu wissen, worum es ging. Hätte der Lehrer erklärt, dass Xi Jinping gerade gestorben sei, hätte ich das ohne jede Regung wiedergegeben. Obwohl dieser Typ wie unser Prophet und überhaupt das Wichtigste in unserem Leben sein sollte, war er mir so gleichgültig wie der Beton unter meinen Füßen.

Für meine gesammelten Bonuspunkte durfte ich Besuch von meinem Onkel und meinem Freund empfangen. Fast ein halbes Jahr war seit meiner Inhaftierung vergangen.

Bonuspunkte einlösen

Es war bereits Frühling. Mittlerweile hatte ich etwa 16 Kilogramm verloren, meine breite Uniform schlotterte um mich herum. Obwohl mein Freund sich bemühte, gelassen zu wirken, habe ich an seinen erschrockenen Blicken gemerkt, wie sehr ich mich verändert hatte.

Uns blieben nur zehn Minuten Zeit. Zwischen uns eine Wand aus Gittern. Über uns vier Kameras. Neben meinem Stuhl zwei Wachen und ein Lehrer. Wir sagten »Hallo« und »Wie geht's?«. Kein überflüssiges Wort erlaubt, Gefühlsäußerungen verboten. Dann war die Zeit auch schon vorbei. Wir waren seit einem Jahr zusammen und hatten vor der Haft unsere Heirat geplant. Aigül aber hat meinem Verlobten danach weitere Besuche verboten, weil wir keine Heiratsurkunde besaßen.

Zum Abschied drückte ich ihm eine Packung Taschentücher in die Hände. Auf die Taschentücher in der Mitte hatte ich meine Angst und meine Sehnsucht aufgeschrieben. Das war sehr waghalsig, denn bei Entdeckung hätte uns das beide viele Jahre Haft gekostet. Heute zieht mich mein Freund manchmal auf: »Damals hast du mir so viele Versprechen gegeben, aber jetzt hältst du sie nicht …« Ich antworte dann: »Ich kann mich nicht erinnern, was ich da alles geschrieben habe.« Und das stimmt tatsächlich.

Klar schafften es nicht alle Menschen, bei den Besuchsterminen ihre Gefühle zu unterdrücken. Vor allem nicht die Mütter.

Wenn ihre Kinder die kleinen Gesichter durch die Gitterstäbe pressten, sind sie oft in Tränen ausgebrochen. Die Wachmänner haben solche Frauen sofort abgeführt: »Du Schlampe! Deine Besuchszeit ist abgelaufen!«

Als ich danach für die Malerei noch mal einen Bonus erhalten habe, erwartete ich meine über alles geliebte Oma. Sie hatte mich als Baby wie eine Mutter angenommen und in den Bergen des Tian-Shan großgezogen. Von ihr hatte ich auch die Leidenschaft zum Nähen übernommen und deshalb mit 15 Jahren in Urumqi die Schule für Modedesign besucht. Erst ab dem Zeitpunkt hatte ich engeren Kontakt zu meinen Eltern und meinen beiden Brüdern.

Mittlerweile war meine Oma fast 80 Jahre alt. Als sie eintrat, haben die Wachen ihr spottend ihre Kopfbedeckung heruntergezogen. Tief gedemütigt, senkte sie ihr Haupt. Nie zuvor in meinem Leben hatte ich meine Großmutter ohne ihr Kopftuch gesehen. Ich blickte auf ihre grauen Haare, ihr Gesicht blass wie die Wand – und mir hat es fast das Herz zerrissen vor Schmerz. Ich brachte kein Wort heraus und bereute es im selben Moment zutiefst, sie zu diesem Treffen eingeladen zu haben.

Aber es war auch verboten, einen Bonus nicht einzulösen und einen Besuch zu verweigern. Sonst warfen die chinesischen Beamten einem vor, dass man »immer noch böse Hintergedanken gegen die Regeln der Regierung« habe.

Die Mundwinkel meiner Großmutter zuckten, aber sie war darüber informiert, dass ich bestraft wurde, wenn sie weinte. In solchen Fällen erhielt der Gefangene Besuchsverbot, wurde geschlagen oder gezwungen, die Toiletten zu putzen. Die alte Dame hatte aber nicht nur Angst, von ihren eigenen Gefühlen überwältigt zu werden, sondern auch davor, dass ich in Tränen ausbrechen würde, sobald ich meine Lippen öffnete.

Deshalb saßen wir beide wortlos da und haben uns nur durch das Gitter angeschaut. Wir schluckten und schluckten unsere Tränen weg aus Sorge, dass wir uns sonst nie wiedersehen dürften. Ich merkte, wie furchtbar sie bei meinem Anblick gelitten hat. Wahrscheinlich glich ich einem Gespenst. Meine Augen waren geschwollen, meine Haut war stark abgeschürft, schuppig und wund.

Bevor sich meine Oma erhob, sagte sie heiser, als müsste sie erst die Worte aus der Kehle herauslösen, um sie hervorzubringen: »Halte durch, mein Kind. Mache einen guten Abschluss an deiner Schule.«

Bald platzte aber auch diese »Berufsbildungsschule« aus allen Nähten. Nach etwa drei Monaten haben sie mich wieder umgesiedelt.

Als Spionin arbeiten

Die Angestellten hatten schnell herausgefunden, dass ich ein offener Mensch war und leicht mit anderen in Kontakt kam. Deshalb holten sie mich zu sich ins Büro und machten mir ein Angebot: »Ab sofort berichtest du uns alles, was du von deinen Mitgefangenen hörst.« Ich sollte als Spitzel eingesetzt werden.

Eine junge Frau in meiner Zelle war beispielsweise sehr gebildet und klug. »Finde heraus, welche religiösen Bücher sie gelesen hat«, beauftragte mich die Wachfrau. Schaffte eine Mitarbeiterin es nämlich, einer Gefangenen irgendeine Schuld zu beweisen, erhielt sie dafür Lohnerhöhung und Beförderung. Darum haben sich alle Angestellten mit allen Mitteln bemüht, uns noch weitere Sachen anzuhängen und uns gegeneinander auszuspielen.

»Ihr bekommt Haftverkürzung«, versprachen sie uns. Bei einigen Gefangenen war das Herz erkaltet; sie taten alles, um herauszukommen. Doch hatte man sich erst einmal auf dieses Spiel eingelassen, wurde man am Ende nur noch härter bestraft. Ich hatte das durchschaut und hielt mich aus solchen Intrigen heraus. »Wenn ihr etwas über eine Person erfahren wollt, schafft ihr das auch ohne meine Hilfe«, wehrte ich das Angebot ab. Meine Zukunft nach dem Lager war mir wichtig. Ich wollte als anständiger Mensch weiterleben.

Die Angestellten versuchten jedoch immer wieder, mich für Spionagezwecke einzuspannen. Um noch mehr über das Leben der anderen zu erfahren, verlegten sie mich einmal in den Schlafsaal mit älteren Frauen und das nächste Mal mit viel jüngeren Frauen zusammen. »Was hast du herausgefunden? Welche Leute kennen sie? Hast du Namen ihrer Freunde gehört?«, löcherten sie mich danach. Aber ich habe immer nur »ich weiß es nicht« geantwortet.

Da alle Zellen überfüllt waren, wusste das Personal mal wieder nicht, wohin mit mir. Da steckte Aigül mich kurzerhand zu zwölf Mörderinnen in die Zelle. Das waren allesamt uigurische Gefangene, die aus Urumqi hierher versetzt worden waren. Manche hatten bereits drei Jahre Haft in den brutalsten Gefängnissen hinter sich. Sie standen auf der schwarzen Liste, deshalb durften sie niemals das Gebäude verlassen. Nie den Himmel sehen.

Vor diesen Frauen hatten alle im Lager Angst. Sogar die Sicherheitsbeamten!

Mit zwölf Mörderinnen in einer Zelle

Solche Gefangene hatten nichts mehr zu verlieren, denn wer einmal in einem dieser Gefängnisse gewesen war, würde nie wieder in Freiheit kommen. Je tiefer man in den Abgrund dieses Systems geblickt hatte, desto geringer waren die Chancen, seinen Klauen wieder zu entkommen. Solche Frauen wussten zu viel und galten als zu gefährlich für die Gesellschaft.

Zwar bezeichneten die Kader alle Muslime als »teuflisch«, aber im Gegensatz zu den anderen Ethnien wurden die Uiguren einheitlich als Terroristen abgestempelt. Bevor sie die Zellentür hinter mir schlossen, sagte der Sicherheitsbeamte: »Das sind eiskalte Killerinnen, pass auf! Die bringen sich sogar untereinander um die Ecke.«

Natürlich habe ich große Angst gehabt und mir Sorgen gemacht. Vermutlich plante Aigül, auch mich für viele Jahre einzusperren, was bedeutet hätte, dass ich nach Urumqi versetzt würde. Ich wusste, dass es schrecklicher war als alles, was ich bisher gesehen hatte. Was aber genau erwartete mich dort?

Als ich mit meiner zerschlissenen Decke unterm Arm in dieser Zelle einzog, haben sich diese »hochgefährlichen Killerinnen« zuerst von mir ängstlich zurückgezogen. Sie munkelten, dass ich sicher ein großes Verbrechen begangen hätte. Sonst wäre ich schließlich nicht als Schwerverbrecherin eingestuft und zu ihnen verlegt worden.

Alle waren 2014 inhaftiert worden, nachdem im Land überall Kameras aufgebaut und die Aufnahmen ausgewertet worden waren. Viele hatten ein Kopftuch getragen. Als sie verstanden hatten, dass ich keine Mörderin war, hielten sie mich für eine Spionin. Keine wollte mit mir sprechen. »Wenn du irgendetwas verrätst, bekommst du große Probleme«, knurrten sie mich an. Auf diese Weise war ich zwischen zwei Fronten geraten.

Nicht nur in der Zelle, sondern auch außerhalb beim Malen der Wände oder bei anderen Aktivitäten mieden die Insassinnen die Nähe zu mir. Auf einmal hatten alle Angst vor mir und steckten die Köpfe zusammen: »Dina ist eine Schwerverbrecherin!« Es hat viel Kraft gekostet, diese Ablehnung auf beiden Seiten auszuhalten. Zum Glück aber gab es in der neuen Zelle wenigstens eine Kasachin. Sie war seit drei Jahren mit Uigurinnen eingesperrt, aber im Gegensatz zu den anderen zeigte sie sich rasch gesprächig mir gegenüber. Sie hat sich richtig gefreut, dass sie endlich einmal eine Kasachin zu Gesicht bekam, und mich schließlich wie eine kleine Schwester aufgenommen.

»Dina wird bald nach Urumqi verlegt«, schwatzten unterdessen draußen alle Frauen herum. Um mich auf meine Verlegung innerlich vorzubereiten, nutzte ich jede Gelegenheit, dieser Kasachin Fragen zu stellen. »Wie ist es dort in Urumqi? Wie läuft da alles ab?«

Nach einem Monat haben auch die anderen Frauen langsam Vertrauen zu mir gefasst und kapiert, dass ich eine gewöhnliche Gefangene war. So kamen wir uns immer näher.

Alle Frauen, die aus Urumqi kamen, waren äußerst diszipliniert wie eine Truppe Elitesoldaten. Eine hatten sie zur Chefin gewählt, deren Autorität alle strikt akzeptierten. Diese Person entschied, wer in der Zelle das Toilettenloch benutzen durfte oder nicht. Die Wachen mussten solche Häftlinge nicht so stark kontrollieren, weil sie kaum Fehler machten. Das war ein Vorteil, denn so war es möglich, sich untereinander gut auszutauschen.

Auf die Weise lernte ich auch die Geschichte unserer Jüngsten kennen. Normalerweise wurden Mädchen erst mit 16 Jahren eingesperrt. Dilenur aber war aufgrund eines Zahlenverdrehers in ihrem Familienbuch schon seit zwei Jahren als »Extremistin« hinter Gittern.

Dilenur, versehentlich mit 14 Jahren verhaftet

Im Lager war dieses Kind in kürzester Zeit erwachsen geworden. Dilenur hat nur an ihre Familie gedacht. Sie war die Älteste und hatte noch jüngere Geschwister. Ihre Mutter war sehr verbittert und hat ununterbrochen geweint. Ihr Vater war Gemüseverkäufer und sehr arm.

Warum dieses junge Mädchen unter zwölf Schwerverbrecherinnen einsaß? Dilenur hatte Musik hören wollen und ihren Bruder gefragt, ob er ihr einen USB-Stick leihe, was er getan hatte. Eines Tages hatte sie diesen USB-Stick im Auto ihres Vaters liegen lassen. Während einer Straßenkontrolle hatte die Polizei diesen USB-Stick gefunden und untersucht. Neben den Musikstücken waren auch alte Fotos darauf abgespeichert mit religiösem Inhalt, aber davon hatte keiner mehr etwas gewusst. Vielleicht war es das Foto einer Moschee? Oder einer Frau mit Kopftuch? Keiner wusste es.

Zunächst wurde ihr Vater deshalb verhaftet, aber er hat den Polizisten erklärt, dass der Stick seiner Tochter gehörte. Daraufhin haben sie das 14 Jahre alte Mädchen verhört, wobei Dilenur erklärte, dass sie den Stick von ihrem Bruder geschenkt bekommen habe. In der Folge wurden sie und ihr Bruder verhaftet.

Die ständigen Schuldgefühle standen diesem jungen Mädchen förmlich ins Gesicht geschrieben. Andauernd quälte sich Dilenur mit Vorwürfen: »Warum habe ich meine ganze Familie in Gefahr gebracht?« Es war für sie sehr schwer, das zu verarbeiten. »Ich hätte auch ohne diesen USB-Stick glücklich leben können.« Aber sie war dankbar dafür, dass ihr Bruder wenigstens eine kürzere Haftstrafe von zweieinhalb Jahren bekommen hatte. Sie selbst musste drei Jahre bleiben.

Der Teenager wünschte sich, wie viele Gefangene, in eine Zwangsarbeiterfabrik verlegt zu werden. Für diese Arbeit gab es zwar kaum oder gar kein Geld, aber dafür eine soziale Hilfe für die Familie der Verhafteten. Allerdings waren die Voraussetzungen dafür hoch. Man musste sehr gut Chinesisch sprechen, alle

Gesetze sowie die chinesische Geschichte nach Erzählart der Partei gut kennen und hoch diszipliniert sein.

Für dieses Mädchen war das der größte Traum. Es war Dilenurs einziges Ziel, auf das sie hinarbeitete. »Ich will in die Zwangsarbeiterfabrik!« Aber ich habe sie später nie dort gesehen.

Von den anderen Frauen lernte ich unterdessen, was in den sogenannten schwarzen Fabriken in Urumqi bei der Zwangsarbeit Ungeheuerliches vor sich ging.

Unterirdische Riesenfabriken

Im Lager hatten diese Frauen in unterirdischen Riesenfabriken mit 10 000 anderen Gefangenen Kleider genäht, die ins Ausland exportiert wurden. Bestimmte Gruppen fertigten Waren für bestimmte Marken, wie Adidas oder Nike, aber sie nähten auch gefakte Marken. Eine dritte Gruppe war mit der Produktion für Zentralasien beschäftigt. Später in Kasachstan habe ich auf dem Markt gesehen, dass 90 Prozent der Kleider aus China kamen und teils bis zu zehnmal teurer als im Einkauf waren.

»Für etwa neun Yuan im Monat haben wir 18 Stunden am Tag gearbeitet«, berichteten mir einige Frauen leise in der Zelle, »von acht Uhr morgens bis um Mitternacht. Zweimal unterbrochen von einer 20-minütigen Essenspause.«

Eine uigurische Uni-Absolventin namens Marzia Tursun erzählte, dass sie in Urumqi in einem Lager mit einigen der besten Näherinnen sehr aufwendige Uniformen für die russische Armee angefertigt habe. »In dieser Fabrik wird der Großteil Uniformen für russisches Militär und Staatsbeamte hergestellt«, meinte sie.

Marzia Tursun war ein schönes Mädchen, zwei Jahre jünger als ich und bereits seit sechs Jahren im Lager. Marzia wollte nicht mehr raus. Nachts hat sie mir mit stockender Stimme zugeraunt, wie sie sich am ersten Tag im Lager in Urumqi nackt ausziehen und mehrere Male vor den Wachen in die Hocke gehen musste. An dem Tag hatte sie ihre Periode, und jedes Mal, wenn sie in die Knie ging, tropfte das Blut unter ihr auf den Boden. »Alle Männer haben mich ausgelacht.«

Das, was sie danach noch in dem Lager erlebt hatte, war für eine Frau zutiefst erniedrigend, beschämend, würdelos. Die chinesischen Beamten haben mit ihr gemacht, wozu sie gerade Lust hatten. Seit diesen Misshandlungen litt Marzia unter Herzkrämpfen und verlor ab und zu das Bewusstsein. Sie hatte immer eine Tablette in der Tasche. Sobald sie bewusstlos wurde, sollten wir ihr die Tablette unter die Zunge legen.

Manchmal weinte Marzia und sagte, dass sie nur noch sterben wolle. Sie sei nicht mehr lebensfähig da draußen. »Ich schäme mich sogar, ins Licht der Sonne zu treten.«

Natürlich versuchte ich, ihr Hoffnungen zu machen, aber ich wusste selbst, wie die Wahrheit aussah. Je länger man von der Welt da draußen abgeschnitten war, desto größere Ängste entwickelte man davor. Vom Selbstwertgefühl bleibt nichts mehr übrig. Die Außenwelt erscheint einem wie eine einzige große Bedrohung.

Marzia war nicht die Einzige, die nicht mehr aus dem Lager wollte. Einige warteten bereits darauf, demnächst als Soldatinnen zum chinesischen Militär zu wechseln. Andere Frauen aber, die nach langer Haft entlassen werden, arbeiten oft als Prostituierte im Inland Chinas. Sie hatten drinnen im Lager ihre Würde und draußen in Freiheit den Anschluss sowie ihre Hoffnung und damit auch den Sinn in ihrem Leben verloren. Sie hatten kaum noch eine Chance, einen muslimischen Ehemann zu finden oder eine Familie zu gründen. Sie würden für immer als Ausgestoßene am Rande der Gesellschaft bleiben.

Auf WeChat sehe ich heute oft auf Fotos, wie sie durch Nachtklubs und Bars mit irgendwelchen Kerlen ziehen. In den Händen das Schnapsglas. In unserer Kultur ist Alkohol verpönt, aber viele muslimische Frauen sind nach der Entlassung alkoholsüchtig geworden. Ich ahne den Rausch, mit dem sie alles vergessen machen wollen.

Unter all diesen »Schwerverbrecherinnen« in meiner Zelle hatte ich mich mit der Zeit sehr wohlgefühlt. Sie waren erfahrener und lebensklüger als andere, aber leider musste ich sie wieder verlassen.

Aigül hatte mich als Teil einer Propaganda-Aktion eingeplant, um die Welt über die Wahrheit in den Lagern zu täuschen.

Zweieinhalb Monate Mittelschule: Tarnen, Täuschen und Tanzen für die Medien

Mein neuer Aufenthaltsort war die Mittelschule Nummer eins, um die herum andere Lager aufgebaut waren. Weiterhin gab es keine Erklärung, wofür ich einsaß. Die einzigen Fragen, die mir die Sicherheitsbeamten nach vier Monaten gestellt haben, lauteten: »Wer sind deine Verwandten? Wo leben sie?« »Ich bin alleinstehend«, machte ich meine Angaben, »meine Eltern und zwei Brüder sind nach Kasachstan ausgewandert.«

Es war sehr kalt in diesem Gebäude, aber nur direkten Verwandten war es hier erlaubt, Anziehsachen für die Insassen abzuliefern. Wer niemanden hatte so wie ich, dem wurden nur gelegentlich bestimmte Artikel wie Shampoo oder Kleidungsstücke vom Lager zugeteilt. Als ich überraschend die Erlaubnis erhielt, meinen Onkel anzurufen, hat er einen großen Schreck bekommen: »Was? Du bist verhaftet?!« Erst einmal wollte er nichts mehr mit mir zu tun haben. Er hatte Sorgen um seinen guten Ruf, weil er im öffentlichen Dienst in einer Schule arbeitete. Mein Onkel hatte mich als Kind sehr dabei unterstützt, Chinesisch zu lernen. Er war ein anständiger Mann, der nie anecken wollte. Zur Strafe für seine Verwandtschaft mit mir haben sie ihn die Straße kehren lassen.

Um in diesem System als Muslim zu überleben, musste man offenbar einen Charakter wie Aigül haben. Während das Personal an seinen freien Tagen nach Hause ging, schien die stellvertretende Leiterin im Lager fest eingezogen zu sein. Manchmal fragte ich mich, ob sie überhaupt schlief. So besessen war diese Frau von ihrer Macht. Und plötzlich donnerte wieder ihre Stimme durch die Flure: »Kontrolle!« Die chinesische Staatspresse, aus verschiedenen Regionen und Ebenen, hatte ihren Besuch angekündigt. Sofort fingen alle Angestellten wie die Verrückten an, die nötigen Vorbereitungen zu treffen. Zweieinhalb Monate lang sollten auserwählte Schüler trainieren und Tänze einstudieren. Unsere Aufführungen filmten die Beamten ab, um diese Videos später vor ausländischen Delegationen und Journalisten vorzuspielen.

Haben Sie als Zuschauer in solchen Propagandafilmen jemals Greisinnen mit blau geschlagenen Augen oder Mädchen gesehen, die vor Unterleibsschmerzen kaum mehr aufrecht laufen können? Natürlich nicht. Für die Dreharbeiten suchten sie nur die Schönsten und Talentiertesten aus, um eine ordentliche Show zu liefern. »Du bist dabei!«, sagte Aigül und zeigte auf mich.

Der Handlungsort im Film sollte ein »Erziehungslager« darstellen, aber in Wirklichkeit handelte es sich um ein Hotel. In meiner bergigen Heimat Nilka gibt es einen bei Touristen beliebten Ort namens Tangbaly. Das Hotel, in dem wir tanzten, trug denselben Namen.

In einem echten Lager waren die Böden voller roter und gelber Linien, die man niemals übertreten durfte. Überall trennten

Gitterwände Lehrer und Schüler voneinander. Im Hotel aber war das anders. Man konnte sich frei bewegen. Zumindest vor der Kamera. Im ersten Monat übten wir etwa vier Tage in der Woche, im zweiten Monat waren wir jeden Tag auf den Beinen. Zum Training brachte man uns aber auch in Sportsäle oder Gesundheitszentren in der Stadt oder in die Mittelschule Nummer drei in der Vorstadt.

Für jeden von uns hatten sie Tanzkostüme maßgeschneidert. Die Kasachen schlüpften in die kasachische Nationaltracht, die Uiguren und andere Ethnien in ihre eigenen landestypischen Kostüme. Danach haben wir sorgfältig mit Make-up unsere blauen Flecken und mit rotem Lippenstift unsere rissigen Lippen übermalt. Ständig wachten Sicherheitsleute und Lehrer wie Hunde neben uns und kläfften los, sobald wir uns zu nahe kamen: »Abstand halten!«

Selbstverständlich sorgten sie dafür, dass solche Szenen nicht aufgenommen wurden. Die Videoaufnahmen zeigten immer nur vergnügte Menschen. Jede Szene war bis ins kleinste Detail durchgeplant.

Beim Herrichten klebten die Läuse in unseren Kämmen, die Haare lösten sich büschelweise von unseren Köpfen. Seit der Inhaftierung litten wir unter so starkem Haarausfall, dass wir uns wie alle anderen die Haare bis zum Kinn abschneiden lassen wollten, aber unserer Tanzgruppe war das verboten. Als Vertreterinnen unserer Volksgruppen sollten wir vor der Kamera möglichst natürlich aussehen. Da ich an beiden Seiten fast kahl war, strich ich mir die einzelnen dünnen Strähnen sorgfältig hinter die Ohren.

Dann ging es los mit dem Tanzen, manchmal pausenlos bis zum Umfallen. Unsere Bewegungen mussten synchron und exakt ausgeführt sein, während unsere Fächer gleichzeitig ein

Geräusch erzeugten. Bis jeder Schritt saß, hetzte Aigül uns mit ihrer uigurischen Helferin immer wieder los zum Üben. Sogar mitten in der Nacht haben sie uns zum Tanzen herausgeholt.

Voraussetzung für eine Teilnahme in der Tanzgruppe waren auch sehr gute Sprachkenntnisse in Chinesisch, denn wir studierten nicht nur unsere Bewegungen, sondern auch verschiedene Antworten auf Fragen der Journalisten ein. Unsere Kernbotschaft lautete, dass wir alle freiwillig im Lager waren und dass es hier keine Folter oder Unterdrückung gab.

Jedes Wort, jede Gesprächspause war genau vorgeschrieben. Mit durchgebogenem Kreuz und einem Lächeln im Gesicht sprach ich ins hingehaltene Mikrofon: »Wir bedanken uns bei unserer Regierung dafür, dass sie sich aufopferungsvoll um unsere Zukunft kümmert. Ich bin freiwillig in dieses Lager gekommen, um hier viele sinnvolle Dinge für die Zukunft zu lernen.« Neben mir spulte eine junge Uigurin die gewünschte Antwort ab: »Ich möchte mich gerne weiterentwickeln und bereue es, dieses Angebot nicht schon viel früher angenommen zu haben. Ich finde es hier wirklich toll! Diese Weiterbildung ist eine großartige Chance, die uns der Staat anbietet.«

In allen Nachrichten der Welt sahen die Zuschauer später nur Insassen mit strahlenden Gesichtern, die fröhlich tanzten, sangen und in schönen, hellen Klassenzimmern Unterricht bekamen.

Diese Filme haben sie auch den Gefangenen im Lager vorgeführt. Nach meiner Entlassung hatten mich Bekannte angesprochen, weil sie im Fernsehen gesehen hatten, wie ich mit einer anderen Kasachin einen kasachischen Volkstanz aufführte, »das schwarze Pferd«. »Ich habe dich zuerst gar nicht erkannt, weil du so dürr bist!« Andere waren überrascht, dass ich geschminkt und nicht kahlköpfig rasiert war wie andere Gefangene. »So schlimm kann es dort nicht sein«, hatten sie vermutet.

Als ich für die Propaganda ausgedient hatte, steckte Aigül mich in die Zwangsarbeit.

Vier Monate Feldarbeit: sieben kasachische Parteidiener

Stacheldraht. Mauern. Wachposten. Links ein Kinderlager, rechts ein Altersheim, aber der Übertritt zueinander war verboten. Auf dem Gelände waren weit mehr Kinder und Jugendliche als alte Menschen zu sehen. Die Lebensbedingungen für uns Gefangene waren viel besser als vorher.

Das Essen war reichhaltiger, ab und zu schwamm sogar ein Stück dunkles verdorbenes Fleisch darin. Zu viert haben wir uns einen Schlafraum mit Stockbetten geteilt. Das Beste aber war, dass wir hier von Aigüls Tyrannei befreit waren. Deshalb durfte mein Freund mich regelmäßig besuchen, um mich mit Utensilien wie Zahnpasta, Zahnbürste oder Seife zu versorgen. Wer nur arme Verwandte oder Freunde hatte, dem fehlten solche notwendigen Dinge.

Zur Feldarbeit sind zu Beginn 107 Gefangene in grauen Uniformen zusammengekommen. Die Zahl hatte ich erfahren, da die Wachen uns abends im Unterricht abgezählt hatten. Lohn erhielten wir für unsere Arbeit nicht. »Allein eure Uniformen haben einen Wert von 350 Yuan. Und wenn ihr das rechnet, ist das mehr als ein Arbeitslohn«, begründeten sie das.

Da wir alle aus derselben Provinz kamen, entdeckte ich viele bekannte Gesichter.

Mit mir waren sieben Kasachen anwesend, deren nahe Verwandtschaft in Kasachstan lebte. Die meisten von ihnen waren ehemalige Staatsbeamte. Uns sieben bezeichneten die Kader als »privilegierte Parteischüler« und machten uns Hoffnungen: »Die

Behörden in Kasachstan haben auf Wunsch eurer Verwandten an China Anfragen wegen eurer Entlassung geschickt. Ihr dürft eventuell dahin ausreisen …« Von dort aus könnten wir weiter an der Verwirklichung des »chinesischen Traums« arbeiten.

Daher sollten wir uns gut benehmen und glücklich schätzen. Tatsächlich waren wir alle sehr dankbar, denn die frische Luft und die Bewegung wirkten nach all diesen Monaten wie eine Befreiung auf uns. Alles war besser, als in irgendwelchen stinkenden Klassenzimmern den ganzen Tag Blödsinn zu büffeln und sich auf harten Stühlen Löcher in den Hintern zu brennen.

Einer von uns sieben war vor der Inhaftierung ein 130 Kilogramm schwerer Großunternehmer gewesen, aber in kürzester Zeit schmolz er bis auf die Hälfte zusammen. Er war schwer gefoltert worden, wusste ich von den anderen. Seine Schuhe hatte er sich mit Gras zusammengebunden.

Über meinen Freund organisierte ich ein Paar neue Schuhe, aber ich musste ihn in seinem Stolz erst überzeugen, das Geschenk auch anzunehmen. Später machte dieser Mann in Kasachstan eine öffentliche Aussage, aber seither ist er untergetaucht. Er fürchtete den langen Arm Pekings. In Kasachstan treiben überall chinesische Spitzel ihr Unwesen.

Steinwüsten zu Ackerland machen

Morgens um sechs Uhr drehten wir zuerst mehrere Runden auf dem Sportplatz. Auf Kommando führten wir danach in Reih und Glied Bewegungen wie bei einer Militärparade aus. Um sieben Uhr teilten sie uns für die Feldarbeit in Gruppen zu je zehn Leuten ein. So ein unbestelltes Feld war größer als zwei bis drei Fußballplätze zusammen.

Mit Scheffeln in den Händen klaubten wir die zahlreichen Steine aus dem Boden, um sie anschließend wegzukarren.

Anschließend gruben wir den harten Boden um und bereiteten ihn für den Anbau verschiedener Obst- und Gemüsesorten vor. Einen Traktor oder Maschinen sah ich vor Ort nicht. Mit der Ernte versorgten die Kader alle Bewohner auf dem Gelände.

Männer und Frauen waren sonst strikt getrennt, aber auf dem Feld arbeiteten wir nebeneinander und konnten zwischendurch, ohne uns dabei anzusehen, ein paar Worte wechseln. Die Wachen waren hier nicht so streng mit uns wie vorher. Während man Steine sammelte, erkundigte man sich: »In welchem Lager warst du vorher?« Dabei stellten ein junger Uigure und ich fest, dass er im selben Lager wie ich gewesen war. Asis war dort in einem unterirdischen Gefängnis mit Elektroschocks gefoltert worden.

Der Hirte bestand nur noch aus Haut und Knochen und war als Schwerverbrecher eingestuft. Sein Pech war, dass er zur falschen Zeit geboren worden ist. Alle Jahrgänge zwischen den 1970er- und 1990er-Jahren mussten zur »Umschulung« ins Lager.

Ein weiterer knochiger, krank aussehender Uigure, etwa 50 Jahre alt, war im Keller mit eiskaltem Wasser abgespritzt worden. Seine Arme und Beine waren übersät mit blauen Flecken, seine Glieder stark angeschwollen. Er war Bürgermeister eines Dorfes gewesen. Angeblich hatte er Geld unterschlagen, aber für einen Muslim ist solch ein Verbrechen in diesem größten Überwachungsstaat der Welt kaum denkbar. Sein Chef war Chinese und für die Verwaltung der Gelder zuständig.

Die Beschuldigungen, die den einzelnen Leuten zur Last gelegt wurden, waren ohnehin alle konstruiert. Fragte man einen Sicherheitsbeamten: »Warum bin ich eingesperrt?«, antwortete er: »Weil du umerzogen werden musst.« Und genauso wenig, wie die Gründe der Inhaftierung für die Kader wichtig waren, genauso wenig war für sie von Interesse, ob ein Gefangener starb oder lebte.

Am selben Abend dröhnten Motoren mehrerer gepanzerter Militärautos durch den Hof, während wir im Unterricht saßen. »Wen wollen sie wohl holen?«, fragten wir uns und duckten uns angstvoll zusammen. Schwer bewaffnete Sicherheitsleute mit Hunden stürmten ins Gebäude. Wir hörten das Getrappel von Stiefeln und Kommandos. Die Maschinenpistolen vorgehalten, haben sie diesen Bürgermeister in Fuß- und Handketten weggeführt. Seitlich im Hof bildeten die Soldaten auf 200 Metern ein Spalier, auf jedem Meter ein Soldat.

Der Lehrer verlangte: »Bleibt ruhig! Schaut nicht aus dem Fenster!« Aber wie sollte man da ruhig bleiben? Alle hatten Angst, und alle schauten gebannt aus dem Fenster wie auf eine Giftschlange, die sich vor einem aufrichtete. Danach haben wir erfahren, dass dieser Mann zu 20 Jahren Hochsicherheitstrakt verurteilt worden ist.

Schwindel und Atemnot

Wer auf dem Feld in sengender Hitze vor Anstrengung umkippte oder zusammenbrach, sollte sich an den Rand setzen. Die schweißnassen Köpfe auf die Hände gestützt, kauerten dort meist betagtere Leute wie eine 75-Jährige oder auch die abgemagerten 16-Jährigen. Sie litten schneller unter niedrigem Blutdruck, Schwindel und Atemnot.

Nur in Notfällen war so eine kurze Verschnaufpause gestattet, damit sie etwas Wasser tranken, sich stärkten und bis zur einstündigen Mittagspause weiterarbeiteten. Solche schwächelnden Menschen haben die Wachen als »Dummköpfe!« oder »Faulpelze!« beschimpft, aber nicht geschlagen.

Geprügelt wurde nur, wer unerlaubt eine Pause machte oder irgendwelche Regeln missachtete. Eine beliebte Strafmaßnahme war »Hinknien!«. In dieser Position mussten wir die Hände hinter unseren Köpfen zusammenfalten und so ausharren. Bei über 40 Grad.

Eine der Arbeiterinnen war fiebrig, sie hatte geschwollene, eitrige Brüste. Die Polizisten hatten sie festgenommen, als sie ihr Kind gestillt hatte. Das Baby war bei den Eltern zurückgeblieben. Diese ehemalige Krankenschwester war seit Jahren immer wieder eingesperrt, frei und wieder eingesperrt worden.

In der Phase der Freiheit hatte sie geheiratet, aber bereits nach wenigen Wochen war ihr Mann verschwunden. Hochschwanger hatte sie in allen Lagern nach ihm gesucht, bis sie ihn endlich in Urumqi ausfindig gemacht hatte. Überglücklich wollte sie ihm Essen und Kleidung bringen, aber als sie dort ankam, war er bereits zur Zwangsarbeit ins innere China verschickt worden.

Während wir auf dem Feld hackten, ist ihr gehbehinderter Vater im Rollstuhl mit ihrer kleinen Tochter auf dem Schoß hinter dem Gitterzaun an der Straße mehrmals auf und ab gefahren. Er wollte ihr zeigen, wie das Kind gewachsen war, und ihr damit eine Freude machen. Jedes Mal hat sich die junge Mutter die Tränen aus dem Gesicht gewischt, bis es schwarz verschmiert vom Staub und Dreck war.

Abends um 18 Uhr waren wir alle vollkommen erschöpft, verdreckt, schweißgebadet und kurz davor, wie die Toten in den Schlaf zu sinken. Doch nach einer kurzen Mahlzeit zwangen sie uns von 19 bis 21 Uhr noch, geistige Arbeit zu leisten. Zwei Stunden lang mussten wir rote Lieder auswendig lernen, vorlesen, nachplappern, Maos politische Errungenschaften preisen und so weiter … Überall die Augen der Kameras, über dem

Bett, auf dem Klo oder wenn wir uns zu viert alle drei bis vier Tage einen Duschkopf teilten – aber das interessierte schon lange keine mehr.

Wer dauernd unverschämt und schamlos behandelt wird, verliert Selbstachtung genauso wie jedes Schamgefühl.

Prostitution

Bereits für ein Telefonat mit Verwandten sind einige Arbeiterinnen auf dem Feld mit den chinesischen Wachen hinter der nächsten Ecke verschwunden. Die Männer haben die Bedürftigkeit der Frauen ausgenutzt und sich bei jeder Gelegenheit eine ausgesucht, die ihnen gefallen hat. Nach außen hin wirkte das fast spielerisch und wie ein Flirt, als würden die Frauen das gerne machen.

Zwar war ich unter den Kasachinnen die Jüngste, aber mich schützten die Zahlungen meines Freundes vor den Begehrlichkeiten der chinesischen Männer. Einmal hatten zwei Wachen mich und eine hagere Uigurin aus der Zelle zum Aufräumen geholt. »Habt ihr Hunger?«, wollten die Chinesen danach von uns wissen. Klar hatten wir Hunger. Wir dachten die ganze Zeit an nichts anderes als an die nächste Mahlzeit.

In einem Wachraum haben diese Beamten uns ein wenig Reis aufgetischt und Schnaps eingegossen. Aus Angst habe ich mein Glas leer getrunken. Sonst hätten sie uns bestraft, weil wir unter dem Verdacht ständen, weiterhin an unserem Glauben festzuhalten, der uns den Alkohol verbot. Die hagere Uigurin hat gleich die Schnapsflasche an die Lippen gesetzt.

Die kasachischen Lehrer hatten unser Verschwinden sofort registriert und den Leiter verständigt. Darum führten uns die Wachen kurz darauf zurück in die Zelle. Dass ich mich über so viele Monate den Zugriffen der Männer entziehen konnte und unversehrt das Lager überstanden habe, verdankte ich nur dem Einsatz meines Freundes. Bei den Uigurinnen gab es jedoch viele blutjunge und sehr schöne Mädchen, auf die niemand aufpasste.

Ich war damals sehr naiv und habe erst verstanden, was da genau bei der Feldarbeit ablief, als ich eine Woche lang in einem Büro Gespräche zwischen Gefangenen und Besuchern protokollierte. An einer Wand hingen einige Monitore. Verächtlich schnaubte eine kasachische Lehrerin und zeigte nach oben: »Schau dir diese Sauerei mal an!«

Verwundert verfolgte ich auf dem Bildschirm, wie die hagere Uigurin, mit der ich Schnaps getrunken hatte, durch die Hintertür mit einem chinesischen Leiter für zwei bis drei Stunden verschwand. »Da siehst du, wie unmoralisch die Uigurinnen sind. Sie nutzen jede Gelegenheit, um mit einem Chinesen ins Bett zu steigen.«

Natürlich gab es vereinzelt auch Frauen, die das freiwillig getan haben, um Privilegien zu erhalten. Aber es gab genauso andere Uigurinnen, die große Angst davor hatten, »Nein« zu sagen, denen die Männer falsche Versprechungen machten oder die gezwungen waren, das zu tun, um etwas Lebensnotwendiges zu erhalten.

Allen gemeinsam war uns Frauen der Traum, endlich in Freiheit zu leben.

Medizinische Untersuchungen: Jungfrauen bleiben zurück!

In allen Lagern führten Mediziner regelmäßig gynäkologische Untersuchungen und Schwangerschaftstests durch, aber in jenem Lager fuhr sogar alle 15 Tage ein Untersuchungsbus vor. Vielleicht lag es daran, dass die Prostitution hier so weit verbreitet war?

Teils hatte mich die Leitung dazu verpflichtet, an Ehefrauen Antibabypillen zu verteilen. Offiziell begründeten sie das mit dem dortigen Besuchsraum, in dem die Gefangenen manchmal mit ihrem Ehemann zusammenkommen durften.

Mit Ausnahme von drei oder vier jungen Frauen wie mir waren alle anderen bereits verheiratet. »Die Jungfrauen bleiben im Raum«, hieß es vor jeder Untersuchung. Im Nachhinein kommt mir das merkwürdig vor. Warum machten sie das so oft? Und warum gerade bei den Ehefrauen?

Wenn sie bereits Kinder hatten, zwangen die Ärzte sie auch dazu, sich eine Spirale einsetzen zu lassen. Bei uns Unverheirateten haben sie hingegen nur einmal alle drei Monate einen Ultraschall gemacht und uns wieder eine Spritze verabreicht.

Ständig beleidigten Beamte im Lager die Ehefrauen als ungebildet und schamlos. Einmal hatte ein Leiter vom Bezirksamt eine uigurische Frau hinter den Gittern ihrer Zelle zur Rede gestellt: »Warum bist du da?«

»Weil ich zu viele Kinder habe.«

»Wie viele Kinder?«

»Fünf.«

Auf Chinesisch schob er noch weitere Fragen hinterher, aber sie war nur in der Lage, ihm stockende Antworten in Mandarin zu geben. Da ist er vor Wut im Gesicht rot angelaufen und putzte sie herunter: »Statt so viele Kinder auf die Welt zu bringen, solltest du erst einmal Chinesisch lernen. Wenn du mit deiner großen Familie ins Restaurant gehst, nehmt ihr zusammen mehr Platz als eine chinesische Familie ein. Ich als Chinese darf nur ein Kind haben und beachte diese Regel. Das ist ungerecht! China ist unser Land, und ihr seid Fremde hier, aber ihr respektiert unsere Gesetze nicht und bekommt so viele Kinder!«

Es war klar, dass die Ärzte all diese medizinischen Untersuchungen nicht durchführten, um unsere Gesundheit zu erhalten. Ich weiß auch nicht, welche Medikamente sie uns verabreichten und wozu sie das machten. Einmal im Monat setzten sie uns ein zusammengemanschtes Nudelgericht vor, darin war sehr viel Knoblauch einer besonders starken Sorte. Irgendetwas mischten sie uns dort hinein. Da waren wir alle sicher.

Nach diesem Gericht litten wir nämlich alle jedes Mal unter schlimmen Magenschmerzen, uns war speiübel, und dauernd stieß uns das Essen sauer auf. Manche haben sich übergeben. Ich hatte die Vermutung, dass dieser Knoblauch den Geschmack eines Medikaments neutralisieren sollte.

»Alles, was auf dem Teller liegt, wird aufgegessen!«, lautete die Regel. Wer sich weigerte, diese Pampe zu sich zu nehmen, erhielt auch die nächsten zwei Mahlzeiten nicht, musste sich in die Ecke stellen und mit knurrendem Magen zusehen, wie die anderen aßen. Gleichzeitig stellten sie einen damit bloß. »Schaut euch diese Person an! Sie hegt immer noch böse Gedanken gegen die Regierung!«

Das Personal hat uns auch Medikamente gegeben, die zuvor wie ein Tee abgekocht wurden. Bald darauf eiterten meine Fingernägel, bis sie sich nach einer Weile ablösten. Meine Zehen waren in der Folge so geschwollen und vereitert, dass ich nur noch in Pantoffeln aufs Feld hinken konnte. Bis heute habe ich an manchen Fingern und Zehen keine Nägel mehr.

Bei der nächsten besonders intensiven Untersuchung nahmen sie uns ungewöhnlich viel Blut ab und verabreichten uns erneut irgendwelche Tabletten. An Bauchschmerzen und Übelkeit gewöhnte man sich mit der Zeit. Ab und zu erhielten wir auch Abführmittel, »um euch innerlich zu reinigen«. Wir hatten alle Probleme mit unserer Verdauung und damit, Wasser zu lassen. Auch das blieb mir nach dem Lager erhalten.

Nach etwa zwei oder drei Monaten auf dem Feld schickten sie mich über die verbotene Zone zur Arbeit ins Kinderlager.

Das Kinderlager

Etwa 500 Kinder und Jugendliche lebten dort, deren Eltern ins Lager eingesperrt waren. Jeder normale Kindergarten besaß schöne Spielplätze, Rutschen, Schaukeln und einen Sandkasten. Doch außer zwei Turnstangen gab es nichts auf dieser schmalen Freifläche, die zwischen zwei Gebäuden eingequetscht war. Die Kleinen hockten mit leeren Blicken am Rand oder lungerten herum.

Eine Uigurin in meinem Schlafraum erzählte mir, dass ihre sechs Kinder da drüben lebten. Sie durfte ihnen nicht zu nahe kommen. Wenn wir im Kinderlager aufräumten, putzten oder Wäsche wuschen, nutzte sie dennoch die Möglichkeit, ein paar Worte mit ihnen auszutauschen. Einer anderen Mutter war es verboten, mit ihrem Kleinkind in ihrer Sprache zu sprechen, nicht mal ein uigurisches Kosewort war erlaubt. Ihr anderthalbjähriger Sohn reagierte aber auch nicht mehr auf uigurische Worte, weil er nur noch Chinesisch verstand.

Alle zwei bis drei Monate gestatteten die Beamten ein reguläres Treffen zwischen Eltern und Kindern. Zu dem Zweck haben sie die Kinder extra mit einem Wagen abgeholt und danach wieder zurück ins Lager gefahren. Diese seltenen Begegnungen dauerten vielleicht zehn, höchstens 20 Minuten. Die Kleinen berichteten mir danach, dass sie ihre Eltern umarmen wollten, aber sie durften nicht. Sie zählten jedes Mal die Tage, bis sie ihre Mütter wiedersehen durften.

Alle Kinder verhielten sich gestört. Die Kleineren wirkten wie gedrillte Soldaten oder Roboter, die den Wärtern aufs Wort gehorchten. So gut wie nie hörte man sie lachen. Wo man hinblickte, sah man hängende Köpfe. Manche waren abgestumpft und desinteressiert, andere tief melancholisch und in sich gekehrt.

Bei den Kleinsten hatten sie Mädchen und Jungen in den Schlafsälen noch nicht voneinander getrennt.

Ohne Unterbrechung haben die Erzieher die Eltern dieser Kinder heruntergemacht. »Nur weil deine Mutter und dein Vater Terroristen sind, müssen wir uns jetzt um dich kümmern.« Nässten die Kleinen versehentlich ein, haben sie ihnen schimpfend die Hosen heruntergezogen: »Deine Eltern sind nicht mal in der Lage, ihr eigenes Kind zu erziehen!«

Die dauernde Abwertung, besonders ihrer uigurischen Mütter als »blöde Koran-Leserinnen«, »Extremistinnen« und »dumme Gebärmaschinen«, trug sehr schnell Früchte. Einige Kinder haben einen regelrechten Hass auf die eigenen Eltern entwickelt, wütend ihre uigurischen Namen verleugnet und darauf bestanden, nur noch mit ihrem neuen chinesischen Namen angesprochen zu werden.

Laut einem neuen Gesetz durften Kinder nicht mehr zu ihrer Verwandtschaft ziehen, wenn ihre Eltern starben oder im Lager waren. Automatisch landeten sie dann in solchen Kinderlagern. Und es kamen immer mehr Kinder, denn sobald ein einziger Angehöriger inhaftiert wurde, galten alle anderen Familienmitglieder oft auch als verdächtig und wurden ebenfalls weggesperrt.

Äußerlich wirkten die Kinder nicht verwahrlost und verdreckt, denn im Lager trafen immer wieder Altkleidersammlungen für sie ein. Widerspruchslos haben sie das angenommen, was ihnen gespendet wurde. Nur ihre Schuhe waren meistens löchrig und abgetragen, ihre Gesichter und Körper schmal.

Während wir die Säle wischten, haben uns die Kleineren manchmal ausgefragt. »Bekommt ihr gutes Essen in eurem Lager?«, »Dürft ihr auch rausgehen?«, »Könnt ihr auf die Toilette, wann ihr wollt?« oder »Ist das in allen Lagern so wie in den Filmen?«.

Regelmäßig führte das Personal unserem Nachwuchs Filme vor, in denen erwachsene Gefangene in erbärmlichen Verhältnissen in ihren Zellen ausharrten. Einige Mädchen und Jungen haben sich deshalb große Sorgen gemacht. »Hat Mama auch Ketten an den Füßen?« Keiner wagte sich zu fragen, ob Mama und Papa noch lebten, aber man sah diesen Schmerz in ihren Augen.

Um ihnen die Traurigkeit zu nehmen, haben wir jedes Mal gelogen: »In Wirklichkeit ist es in unseren Lagern gar nicht so schlimm.« Die Erwachsenen dürften sich dort überall frei und an der frischen Luft bewegen und »das Essen ist wirklich gut bei uns«. Bestätigend rieb ich mir den Bauch dabei.

Wie unsereins litten auch die Kinder ständig unter Hunger. »Habt ihr ein Stück Brot?«, bettelten sie uns an. Gelegentlich haben sie auch nach Süßigkeiten gefragt. Manchmal hat mich so ein Knirps mit seinen großen dunklen Augen angesehen und gefragt: »Kannst du mich bitte adoptieren und zu dir nach Hause holen, wenn du frei bist?«

Besonders aber brannten alle Kinder darauf zu erfahren, wie das Leben hinter den Stacheldrahtzäunen war. »Wie sind die Leute in der Stadt angezogen? Wie leben sie?« In der Außenwelt kannten die Kleineren nur den Weg morgens zur Schule und nachmittags wieder zurück. In Zweierreihen.

Im Unterricht haben sie nichts außer Partei-Ideologie auf Chinesisch gelernt. Wahrscheinlich haben sie sich dabei zu Tode gelangweilt und vom Essen geträumt. Einmal mussten wir anlässlich eines Staatsfestes mit ihnen Tänze einüben und aus Papier etwas basteln, aber sie haben sich dafür nicht interessiert. Wozu sollte so eine Dekoration auch gut sein? Sie haben den Sinn nicht verstanden.

Im Kinderlager gab es seitens der Erzieher keine Liebe oder Aufmerksamkeit, sondern nur Kommandos und Befehle: »Stell dich dahin!«, »Halt still!«, »Halt den Mund!«, »Komm her!«. Elternliebe hatten viele nie erfahren. Wahrscheinlich waren den chinesischen Bediensteten freundliche Gesten unseren Kindern gegenüber verboten. Zumindest verhielten sie sich alle sehr streng, abweisend und kühl.

Sich für ein Stück Schokolade verkaufen

Noch stärker auffällig als unsere Jüngeren benahmen sich unsere Heranwachsenden. Manche hatten schon mit zwölf Jahren Alkoholprobleme, sie haben geraucht und sich an keine Regeln mehr gehalten. Sie waren verdorben, hatten jeden Respekt gegenüber Erziehern, Lehrern sowie dem Lagerpersonal verloren und sich ein dickes Fell gegenüber Strafen und Drohungen zugelegt.

»Kannst du mir nicht ein bisschen Geld geben?«, lag mir eine 13-Jährige in den Ohren. »Ich will mir eine Haarspange kaufen.« »Tut mir leid, ich habe kein Geld«, antwortete ich. Da guckte sie mich skeptisch an. »Hast du keine Verwandtschaft, die dir was besorgen kann für mich?«

Die pubertierenden Mädchen hatten jeden Halt und jedes Ehrgefühl verloren. Nach der Schule verkauften sie sich zwischen den Gebäuden oder auf den Baustellen an irgendwelche Kerle. Sie wollten sich mit schnellem Sex ein paar Yuan verdienen, um sich einfache Wünsche wie eine Haarspange oder ein Stück Schokolade zu erfüllen.

Einige Bauarbeiter haben bereits auf sie gewartet, um sie mit

Geld, Zigaretten oder Alkohol zu verführen. Diese Mädchen und Jungen waren schon dankbar, wenn sie sich mal in einem der Cafés satt essen durften. Ihnen waren alle anderen Menschen gleichgültig, weil sie keine Vorbilder hatten.

In so einem Umfeld finden sich genügend Leute, die die missliche Lage der Kinder ausnutzen. Ein Bekannter arbeitete im Lager als Arzt und erzählte mir, dass ihn manchmal schon 13- oder 14-jährige Mädchen aufsuchten, damit er Abtreibungen durchführte und ihnen Spiralen einsetzte.

Sehr oft verzweifelten die chinesischen Erzieher und Lehrer an diesen Jugendlichen. »Was soll man mit ihnen machen? Sie tun, was sie wollen. Sie hören nicht …« Manchmal tauchte deren Leiter bei uns auf und bat unsere älteren Frauen, diesen Mädchen in ihrer Muttersprache ins Gewissen zu reden. »Sie sind völlig außer Kontrolle!«

Aber selbst unsere Großmütter, die in unserer Gesellschaft traditionell großen Respekt genießen, hatten keinen Einfluss auf sie. Ermahnte man sie, perlte das wie Wasser an ihnen ab; sie blickten einem dabei nicht mal ins Gesicht, sondern irgendwo in die Ferne. Sie zeigten keinerlei Reaktion, selbst wenn sie beschimpft, angeschrien oder geschlagen wurden. All diese Erziehungsmaßnahmen zeigten keinerlei Wirkung.

Um sie zu beschäftigen, haben die Erzieher sie am Wochenende für Partei-Kurse eingeteilt, damit sie dort Leitsätze lernten wie: »Die Kommunistische Partei schützt dich wie deine eigenen Eltern!«

Zu Mördern des eigenen Volkes heranziehen

Erfolgreich hat die chinesische Politik bei muslimischen Kindern und Jugendlichen das Ziel erreicht, ethnische Gruppen gegeneinander aufzuhetzen. Dieser Nachwuchs schämte sich für seine uigurischen oder kasachischen Eltern und zeigte offen die Bereitschaft, gegen die eigenen Landsleute zu kämpfen. Auf We-Chat fand ich später Videobotschaften voller Hass: »Was für eine Schande, dass ich als Uigure geboren wurde! Diese Volksfeinde müssen ausgelöscht werden!«

Wenn solche Jugendlichen in der Zukunft zu Dieben oder Mördern werden, erstaunt mich das nicht. An solchen Orten hat ein Kind gar keine andere Chance, als sich zu einem schlechten Menschen zu entwickeln. In solchen Lagern zieht die chinesische Regierung die Menschen heran, vor denen sie sich am meisten fürchtet.

Die Politik der KPCh hat unser gesamtes Volk tief traumatisiert. Nicht nur unsere Kinder sind psychisch zerrüttet, sondern auch unsere Erwachsenen, Eltern und Großeltern. In den Lagern habe ich so viele Menschen erlebt, die jeglichen Glauben an das Gute verloren hatten. Die jungen Leute lebten nur in den Tag hinein. Einmal Freude zu haben, egal, womit und auf welche Weise. Mehr hatten sie nicht im Kopf.

Während die Eltern im Lager gequält werden, leiden ihre Kinder in einem anderen Lager unter den drastischen Lebensbedingungen. Die Ethnien in unserer Heimat sind entwurzelt, sie dürfen schon lange nicht mehr so leben, wie sie es wollen und gewohnt sind.

Im Kinderlager habe ich mit eigenen Augen verfolgt, wie schnell sich die Kleinen nach ihrer Ankunft verändern. Am Anfang sind sie noch sehr ängstlich und wissen nicht genau, was sie den Erziehern glauben sollen oder nicht. »Stimmt es wirklich, dass mein Vater und meine Mutter Terroristen sind?« Als Jugendliche wollen sie schon lange nichts mehr mit ihren Eltern zu tun haben. Sie fühlen sich von ihnen im Stich gelassen und beschimpfen sie irgendwann selbst als Terroristen.

Die Kader pflanzen unseren Kindern den Hass in die Köpfe, um sie später als Mörder gegen ihr eigenes Volk einzusetzen. Pekings Politik betrachtet unseren Nachwuchs schon seit Jahrzehnten nicht wie Menschen, sondern benutzt die Kinder wie Werkzeuge oder Waren.

Kindheit in Ostturkestan: Lauft weg!

Als ich selbst noch ein kleines Kind war, bin ich mit den Geschichten über spurlos verschwundene Kinder aufgewachsen. »In der Nachbarschaft ist der kleine Junge nicht mehr aufgetaucht«, hörte ich und sah, wie die Erwachsenen besorgt ihre Köpfe hin und her wiegten.

Insbesondere in den uigurischen Vierteln in der Stadt waren Entführungen an der Tagesordnung. »Diese Kinder sind Opfer des Organhandels oder des chinesischen Aberglaubens«, warnten uns die Erwachsenen. Bis heute findet man ihre aufgeschlitzten Körper auf Müllplätzen oder in Straßengräben, aus denen Organe entnommen wurden. In China herrscht der Irrglaube, dass Menschen sich verjüngen, wenn sie Herz, Niere oder Leber von kleinen Kindern verspeisen.

Auch ich bin als kleines Mädchen beinahe entführt worden. Ich war sieben Jahre alt, als ich mit etwa 20 anderen Schulkameraden unterwegs nach Hause war. Plötzlich stoppte neben uns ein Auto mit quietschenden Bremsen. »Lauft weg!«, schrie jemand. In der Panik sind alle Kinder sofort losgelaufen, aber ich bin dabei gestolpert und hingefallen. Zwei Chinesen sind aus dem Auto gestiegen und zerrten mich ins Auto.

Als mein Cousin das bemerkt hat, rannte er sofort zurück – und die ganze Horde Kinder ihm hinterher. Schreiend haben sie das Auto umzingelt und gefordert: »Lasst Dina raus!« So haben sie mich gerettet. Und in so einem Umfeld bin ich groß geworden.

Eine Woche Sklavenfabrik

Nach zwei Monaten Arbeit im Kinderlager setzten sie wieder eine Gruppe Frauen in einen Bus. Polizeiautos begleiteten uns etwa 40 Minuten lang bis an den Rand von Nilka. Keine wusste, was als Nächstes auf uns zukam. Auf einem riesigen Hochsicherheitsgelände wimmelte es überall nur so von Wachmännern mit Hunden.

Allein in unserem Landkreis waren in den letzten 20 Jahren allerorten solche Militärgelände der Bingtuan entstanden. Für diese Produktions- und Aufbaukorps arbeiteten zumeist Chinesen, die vom Staat großzügig bezahlt wurden. An solchen Plätzen hatte die örtliche Verwaltung nichts zu melden, denn die militärischen Einheiten werden direkt aus Peking verwaltet.

Vorher hatten die Einheimischen hier Pferde für die chinesischen Militärs gezüchtet und gehalten. Heute nannten die Kader die Anlage »Technische Berufsschule«. Übersetzt für uns bedeutete das, den ganzen Tag zu schuften und Waren für das Ausland zu produzieren. Solche Militärgelände der Bingtuan hatte die Führung zunehmend in Fabriken und Lager umgebaut, in denen Gefangene Zwangsarbeit leisteten. So brauchten sie selbst keine Leute mehr zu rekrutieren und verfügten über ein Heer billigster muslimischer Arbeitskräfte. Auf Satellitenfotos erkennt man die mehrstöckigen Gebäude mit blauen Schieferplatten auf dem Dach. Das Fabrikgelände war so riesig, dass dort Autos herumgefahren sind, um Waren zu holen oder Kleiderstoffe abzuladen.

Verzweifelt blickte ich mich um. Hörte dieser Wahnsinn denn niemals auf? »Du wirst bald entlassen und kannst dann nach Kasachstan ausreisen«, versprach mir erneut einer der chinesischen Führungskräfte. Daher hatten sie mir vermutlich keine neue Kleidung zugeteilt. Die anderen Arbeiter trugen Halsbänder wie Hunde und Uniformen.

Nach dem Fahnenappell liefen wir mit den Wachen etwa 30 Minuten zu Fuß zur hinteren Seite des Geländes. Unterwegs sah ich andere Läden, darunter eine Bäckerei und Werkstätten wie in einer kleinen Stadt.

Um acht Uhr morgens traten wir der Reihe nach durch zwei große Tore, an denen jeweils zwei schwer bewaffnete Sicherheitsbeamte mit Schnellfeuerwaffen standen. Zwar wusste ich von meinem Freund, der oft im Inland Chinas auf Geschäftsreisen gewesen war, dass Händler dort Großaufträge genommen und zum Nähen nach Ostturkestan verschickt haben.

Doch was ich im Inneren dieser riesigen Fabrikhalle sah, hatte ich nicht erwartet …

Eine Nähhalle voller Käfige

Die etwa 400 Quadratmeter große Halle war in Dreier- und Viererreihen unterteilt mit je zwölf Gitterkäfigen wie in einem Zoo. Es gab nur zwei oder drei Frauengruppen, alle anderen waren Männer.

Kaum hatten alle ihren Platz eingenommen, versperrte der Aufseher das große Schloss hinter uns. Keiner konnte rein oder raus. Vor jedem Käfig nahmen ein Lehrer und ein schwer bewaffneter Wächter Platz. In der Halle selbst schoben mehrere Sicherheitsbeamte ihren Dienst. Welche Gefangenen im Käfig nebenan arbeiteten, erkannte ich nicht, weil die Gitter so dick wie drei Finger waren.

Unser Auftrag für diese Woche lautete, chinesische Schuluniformen zu nähen. Eng gedrängt, hockten 20 bis 30 Personen zusammen. Nacken unten, Augen konzentriert auf den Stoff gerichtet. Die Nähmaschinen waren aneinandergekettet und die

Kabel unterirdisch verlegt. Jede Person verfügte über einen kleinen Mülleimer, um Stoffreste zu entsorgen. Alles war penibel sauber gehalten. Fenster gab es keine. Die Luft war stickig. Mich fröstelte, denn es war sehr kalt da drinnen.

Die Wände waren mit etwa vier Metern sehr hoch. Das Echo der Nähmaschinen hallte von den Wänden wider. Dazwischen tönten die Befehle der Lehrer. »Kopf runter!« Überall Kameras. Insgesamt beugten sich hier etwa 700 Menschen über ihre Näharbeiten. Mein Schädel dröhnte vom Lärm.

Wozu all diese Käfige nötig waren? 1. Männer- und Frauengruppen mussten getrennt sein. 2. Die Sicherheit der Wachleute hatte höchste Priorität. Auf die Toilette durften beispielsweise höchstens fünf bis sieben Gefangene gleichzeitig gehen. Den Weg dorthin liefen die Wachen stets hinter ihnen. Andernfalls könnten Gefangene sie leichter überfallen. In jedem Käfig gab es nur bis zu zehn Zentimeter lange Schnüre, damit man diese nicht als Werkzeug zum Erwürgen der Wachen nutzen konnte. Sogar die Bleistifte, die wir zur Markierung der Stoffe benutzten, waren kurz und stumpf wie ein kleiner Finger.

Zwar war es praktisch unmöglich, so einen Anschlag auszuführen, selbst wenn ein Inhaftierter ausgerastet wäre oder die Nerven verloren hätte. Das hatte ich bisher auch nur ein einziges Mal erlebt. Beim Fahnenappell hatte eine Uigurin den Text vom Lied vergessen und war deshalb in Panik davongelaufen, aber sie ist nicht weit gekommen. Es gab keine Möglichkeit, sich selbst oder andere umzubringen.

Die eigenen Nähmaschinen entdecken

In unserer Gruppe haben die Frauen mich als Chefin ausgewählt. Meine Aufgabe bestand darin, darauf zu achten, dass stets genügend Fäden, Stoffe und andere Materialien vorhanden waren. Sobald etwas fehlte, meldete ich das dem zuständigen Lehrer vor dem Käfig, damit er Nachschub aus der Nachbarhalle beschaffte. Das Betreten dort war nur befugten Personen erlaubt.

Am dritten Tag schickte mich der Lehrer dorthin, weil jemand drüben ein Kleidungsstück an den Ärmeln falsch zugeschnitten hatte. »Du erklärst ihnen, wie es richtig geht«, wies er mich an. In der ebenso großen Halle stand in der Mitte ein sehr langer Tisch, auf dem eine mächtige Schneidemaschine aufgebaut war. Fünf Uiguren schnitten daran gleichzeitig zwischen 20 und 30 Kleidungsstücke zu. Drum herum lagerten verschiedene Waren. In den anderen Hallen wurden andere Dienstleistungen erbracht. Da waren beispielsweise Gefangene damit beschäftigt, Gläser für Hotels in der Stadt zu reinigen.

Auf dem Rückweg stand mir kurz das Herz still. An allen Abteilungen hing ein Schild mit Firma und Anschrift. Aber an diesem Käfig prangte der Name meiner eigenen Firma. Ich schaffte es kaum, den Blick abzuwenden. »Wieso stehen da meine Nähmaschinen? Wie kann das sein?« Ich hatte keine Ahnung, dass die Kader längst alle meine Mitarbeiter entlassen, meine Nähmaschinen beschlagnahmt und in der Sklavenfabrik wieder aufgebaut hatten.

Wieder zurück in meinem Käfig, nahm ich meinen Stoff wie ein Automat wieder hoch, während die Frau neben mir eine Naht machte und eine dritte den Namen der im Lager eigenen Marke auf die Uniform aufklebte.

Stundenlang durften wir nicht aufstehen, uns nicht mal zwischendrin ausstrecken oder den verspannten Nacken reiben. Die einzige Möglichkeit, sich zu bewegen, bot der seltene Toilettengang oder die Mittagspause. Manchmal fiel aber selbst der Weg zur Mensa aus. Zwischen den Reihen fand ein kleiner Lkw

Platz, um unsere fertige Ware abzuholen, aber bei hoher Auftragslage haben die Fahrer gleich das Essen mitgeliefert und verteilt.

Die untalentiertesten Gruppen hatten die Wachen in die hintere Ecke verbannt, damit sie dort einfache Sachen wie gerade Nähte, Einlagen für Schuhe oder Handschuhe anfertigten. Hatten die Männer etwas fehlerhaft gemacht, haben die Lehrer diese Stücke an uns zur Korrektur geschickt.

Von hinten hörten wir immer die lautesten Flüche und Beschimpfungen. Alle zwei Tage stieß auch Aigül wie ein Drache auf uns alle herunter. Mittlerweile war sie zur Leiterin der Lager in Nilka aufgestiegen. »Wir haben euch diese tolle Chance gegeben! Ihr bekommt hier alles kostenfrei, auch Essen und Trinken. Aber was macht ihr daraus? Nichts! Mal sehen, ob ihr ohne Essen besser arbeiten werdet …«

Verließen wir abends im Dunkeln die Halle, ging hinter uns das Licht aus. Normalerweise war das um 23 Uhr oder später. Da es nur wenig Arbeit gab in dieser Woche, durften wir bereits früher raus, um nach dem Essen noch von 19 bis 21 Uhr den Propaganda-Unterricht zu besuchen.

Zwangsarbeit? Das war schon immer normal!

Unsere Schlafräume waren mit 20 bis zu 40 Frauen belegt. Die meisten der Uigurinnen hier hatten sich zuvor in Urumqi in einer der »unterirdischen Riesenfabriken« geplagt. Im Vergleich dazu empfanden sie diese »Sklavenfabrik« als viel angenehmer, obwohl es für manche nur einen Hungerlohn von viereinhalb Yuan pro Monat erhielten, was etwa einem Wert von 50 Cent entspricht. Davon durften sie meist ein paar Bonbons oder andere Süßigkeiten in einem kleinen Laden vor Ort kaufen. So ist ihr Lohn gleich wieder zurück ins Lager geflossen.

Zwangsarbeitslager wie diese gab es erst ab 2017. Zwangsarbeit selbst erlebten wir Muslime jedoch schon viele Jahre wie eine Selbstverständlichkeit. 2008 hatten die Behörden von jeder Familie mit drei Kindern verlangt, eines davon für ein bis zwei Jahre zur Fabrikarbeit ins innere China zu verschicken, »um die Entwicklung im Land zu unterstützen«.

In solchen Fabriken oder auf den Baumwollfeldern im Inland hat jeder Muslim nur einen sehr niedrigen Lohn bekommen. Die Rückkehrer berichteten über die erbärmlichen Bedingungen, unter denen sie arbeiteten. Oft lebten sie in Sammelunterkünften wie im Gefängnis, durften sich nicht frei bewegen und mussten sich Partei-Schulungen unterziehen. Als ich 17 Jahre alt war, tauchte auch mein Name auf der schwarzen Liste auf. Nur mit Mühe, Geld und Kontakten haben wir es geschafft, meinen Namen wieder zu löschen.

Meine Tante hatte erzählt, dass ihre gesamte neunte Klasse für zwei Monate ins innere China zur Baumwollverarbeitung geschickt worden war. Auch in meiner Schule mussten wir im Alter zwischen 12 und 13 Jahren zwei bis drei Monate auf den Feldern im Landkreis Nilka arbeiten, um zum Beispiel bis November Rote Bete zu ernten. Danach sind alle Kinder in der Kälte krank geworden und haben unter Allergien gelitten. Man sah nur uigurische und kasachische Kinder auf den Feldern. In unserer Schule gab es noch keine Chinesen. Die Einnahmen für diese Kinderarbeit flossen angeblich in die Einrichtung der Schule oder in Unterrichtsmaterialien.

Ab 2017 haben die Kader uns die neuen Zwangsarbeitslager als soziale Wohltat des Staates verkauft. »Man gibt euch die Möglichkeit, etwas dazuzuverdienen.« Im Grunde sagten sie uns damit: »Ihr seid sowieso arme Hungerleider. Da könnt ihr dankbar sein, dass ihr überhaupt eine Arbeit von uns bekommt.«

In der Zwangsarbeit berechnete sich der Lohn oft nach folgender Logik: Ging eine Bestellung im Wert von 1000 Yuan ein und beispielsweise 500 Menschen waren damit befasst, teilten die Kader die 1000 Yuan durch 500 Menschen. Das heißt, dass jede Person im Monat zwei Yuan erhielt. Für einen Yuan erhielt man etwa ein Brot.

Sinisierung vorantreiben

In den Jahren 2010 bis 2013 hatte ich in Urumqi studiert und pendelte oft von Nilka hin und zurück. Im Frühling aber war es jedes Mal extrem schwer, ein Ticket zu bekommen, egal, ob für Flüge, Bus oder Bahn. Man musste mindestens einen Monat vorher reservieren. Besonders in der wärmeren Jahreszeit strömten massenweise Chinesen in unser Land, da unsere Winter mit Minustemperaturen bis zu 40 Grad zu hart für sie waren.

Meine Fahrzeit in die Hauptstadt betrug etwa zwölf Stunden. Zusammen mit meiner kasachischen Freundin und zwei Uiguren waren wir vier Einheimische im Abteil, der Rest war nur von Han-Chinesen belegt. Der Wagen war so voll, dass wir nicht einmal zur Toilette gehen konnten, weil die Chinesen unter dem Tisch und im Gang geschlafen haben.

Zu der Zeit richtete die Regierung im großen Stil Fabriken in unserer Heimat ein. Auf der einen Seite bestellten die Kader für die zahlreichen Baumaßnahmen ihre chinesischen Landsleute her. Auf der anderen Seite musste gleichzeitig jede Dorfverwaltung die jährliche Verordnung einhalten und 100 bis 200 Muslime als Arbeitskräfte für das Inland Chinas zur Verfügung stellen. Früher traf diese Maßnahme vor allen junge Leute von 20 bis 30 Jahren, heute umfasst es auch ältere bis 50 Jahre.

Pekings Ziel war es, Ostturkestan zu sinisieren und unser Volk im selben Zug durch die Verschickungen ins Inland auseinanderzureißen. Eine andere Tante von mir arbeitete in dieser Phase drei Monate lang als Strickerin an einer Maschine im Inland. Es gab nur schlechtes Essen und nicht mal einen Platz zum Schlafen, sie musste mit 20 bis 30 anderen Menschen in einem Raum auf dem Boden liegen. Meine Tante hat diese Strapazen nur drei Monate durchgehalten und ist dann wieder nach Hause zurückgekehrt. Ohne auch nur einen Yuan verdient zu haben.

Damals ging es insofern noch etwas lockerer zu, da man tatsächlich abbrechen durfte, wenn man die Arbeit nicht schaffte. 2018 aber hat die Regierung diese Regelung verschärft. Wer vorzeitig das Handtuch warf, dem drohte Inhaftierung im Lager.

2019 musste der Onkel meines Mannes nach Shanghai reisen und dort als Reinigungskraft in einer Spielhalle arbeiten. Dafür haben die Kader ihm ein Monatsgehalt von 5000 Yuan versprochen. Statt der vereinbarten acht Stunden waren die Arbeiter dort jedoch gezwungen, täglich zwölf Stunden auf den Beinen sein. Auch der Onkel war bereits nach drei Monaten körperlich am Ende.

Immerhin erhielt er wenigstens 5000 statt der versprochenen 15 000 Yuan und wurde nicht sofort danach ins Lager gesperrt.

Hochzeitskonvoi

Einige Tage vor meiner Entlassung im Oktober 2018 habe ich mir von meinem Freund Hose, T-Shirt und Jacke zum Anziehen mitbringen lassen. Die Hose rutschte mir von den Hüften, so dünn war ich geworden. Nichts ahnend trat ich vor das Tor, wo mein Freund eine tolle Überraschung für mich vorbereitet hatte.

Mit seinen Kumpels war er mit Dutzenden Autos vorgefahren. Den ganzen Tag hatten sie bereits auf mich gewartet, da ich erst um 17 Uhr entlassen wurde. Und da stand er am Eingangstor im Anzug, mit einem Blumenstrauß in der Hand und hat mir, vor den Augen aller Leute, einen Heiratsantrag gemacht. Seinen Freunden liefen vor Rührung die Tränen herunter. Einige hielten ihre Handys hoch, um diesen besonderen Moment festzuhalten.

»Aufhören!« Sofort eilten die Wachen herbei und verlangten, alle Aufnahmen wieder zu löschen. Ich war so erstaunt und so glücklich über diese Begrüßung. Gleichzeitig war ich so tief erschöpft und so beschämt: »Oh, ich sehe bestimmt furchtbar aus.« Ich war so verängstigt und voller Zweifel. »Bin ich jetzt wirklich in Freiheit? Erfüllt sich gerade mein größter Traum?«

Die Wachen schickten meinen Freund und die anderen weg. Mich schoben sie auf die Rückbank eines Polizeiautos.

Freilassung

Beim Blick aus dem Autofenster kam ich aus dem Staunen kaum heraus. In elf Monaten hatte sich die Welt da draußen völlig verändert. Es gab kein einziges Geschäft mehr ohne Wachmann mit Helm und Schild vor dem Eingang. Sogar vor der Bäckerei standen Schwerbewaffnete. Die Tankstellen waren mit Stacheldraht umgeben. Nichts war mehr wie früher. In den großen Einkaufsstraßen wimmelte es von Polizisten. Überall hingen rote Laternen und chinesische Fahnen. Ich habe meinen eigenen Ort nicht wiedererkannt.

Da ich ab sofort unter ständiger Kontrolle stand und nicht länger alleine leben durfte, setzten sie mich bei meinem einzigen nahen Verwandten ab, nämlich bei meinem Onkel. Er musste unterschreiben, dass er mich als ehemalige Gefangene aus Sicherheitsgründen 24 Stunden unter Aufsicht im Hause behielt.

Von meiner Wohnung war der Mietvertrag abgelaufen, erfuhr ich dort. Meine Möbel hatten sie als Gebrauchtwaren verkauft. Zwar wollte mein Freund mich sofort bei sich zu Hause aufnehmen, aber die Behörden hatten das verboten, weil wir noch nicht verheiratet waren.

Ein Schreck folgte auf den nächsten. Die Frist für die Rückzahlung meines Förderkredits war bereits abgelaufen. Umgehend versuchte ich bei den Behörden eine Verlängerung zu beantragen und setzte den zuständigen Beamten mühsam auseinander, dass ich nicht arbeiten konnte, während ich unschuldig im Lager eingesperrt war. Dafür aber haben sie kein Verständnis gezeigt. Stattdessen hatten sie die Konten meiner zwei Brüder eingefroren, die für mich damals gebürgt hatten.

Um meine Schuld von 70 000 Yuan abzuzahlen, musste ich alles verkaufen. Mein Auto, mein Haus, meinen gesamten wertvollen Warenbestand. Außer meinen Sachen, die ich am Leib trug, besaß ich danach nichts mehr.

Seit der Entlassung litt ich unter geschwollenen Lymphknoten und Halsschmerzen. Die Ärzte vermuteten als Ursache, dass ich im Lager eine schwere Lebensmittelvergiftung durchgemacht hätte. Alle zwei oder drei Tage kamen Sicherheitsbeamte ins Haus meines Onkels, denen ich Frage und Antwort stehen musste: »Wie fühlst du dich? Wie ist deine Laune?« Sie haben sehr schmeichlerisch getan und künstlich gelächelt, aber jede ihrer Fragen war eine Falle. »Mir geht es gut. Meine Laune könnte nicht besser sein …«, krächzte ich mit heiserer Stimme.

Derweil posaunte eine Verwandte draußen überall herum, dass ich zusammen mit Schwerverbrechern im Lager eingesessen habe. Alle hielten mich deshalb für eine Attentäterin.

Für die Familie meines Onkels, seine drei Kinder, Ehefrau und Schwiegermutter, war meine Anwesenheit eine einzige Belastung. Nach einem Monat eskalierte die angespannte Situation. »Sie kann hier nicht länger bleiben«, verlangte die Frau meines Onkels, »das hat eine schlechte Auswirkung auf die Zukunft unserer Kinder.«

Das alles war furchtbar beschämend und bedrückend für mich. Sehr überstürzt haben mein Freund und ich noch im November geheiratet, damit wir endlich zusammenziehen durften. Die Hochzeit lief nach chinesischer Art ab. Wir haben es nicht mal gewagt, uns einen Segen vom Iman in der Moschee zu holen, denn im Lager hatte ich meiner Religion für immer abschwören müssen. Ich trug ein weißes Hochzeitskleid, es floss Alkohol, und viele Bekannte sowie Freunde hoben die Gläser und stießen auf uns an.

Danach mieteten wir im Zentrum von Nilka eine kleine Wohnung. Von hier aus lief ich jeden Abend zum zweistündigen Partei-Unterricht und jeden Montag zur Flaggenparade. Mein Telefon immer griffbereit, damit die Polizisten mich tagsüber oder auch mitten in der Nacht anrufen und mich irgendwo hinbestellen konnten. »In zehn Minuten bist du auf der Polizeistation!«, hieß es, und sofort musste ich alles stehen und liegen lassen und loslaufen.

Beim kleinsten Widerstand drohten sie, mich sofort wieder ins Lager zu stecken.

Kontrollbesuche

Regelmäßig zogen im Rahmen der sogenannten Familien-Kampagne für einige Tage im Monat ein 55 Jahre alter Chinese, eine 35-jährige Chinesin und ein gleichaltriger Kasache in unsere Wohnung ein. Für diese Besucher hatte ich extra ein Zimmer eingerichtet, wo sie übernachten konnten. Sie aßen mit uns, überprüften unsere politische Gesinnung im Gespräch und machten dauernd Beweisfotos auf ihren Handys.

Ihr Hauptziel bestand darin herauszufinden, mit wem ich telefonierte oder in Kontakt stand und was ich machte. Da meine engsten Verwandten im Ausland in Kasachstan lebten, galt ich weiterhin als höchst verdächtige Person.

Um unsere Wohnung zu verlassen, musste ich vorher eine schriftliche Genehmigung einholen. Auf der Straße aber hielten mich an jeder Ecke zehn bis 15 Wachbeamte auf, obwohl ich Genehmigung sowie Papiere vorzeigte. »Was hast du hier zu suchen? Du solltest besser zu Hause bleiben«, machten sie mich klein.

Zurück in den eigenen vier Wänden, erwarteten mich die Kontrolleure, damit ich sie bediente, bekochte und ihnen Alkohol nachschenkte, weil sie sich gerne betranken. Mein Mann hat mich nie mit diesen Leuten alleine gelassen. Am liebsten hätte er mich weggesperrt, um mich vor ihnen zu schützen. Wenn wir uns aber zu lange in unserem Zimmer verkrochen hatten und uns nicht blicken ließen, forderten sie uns auf herauszukommen und verlangten von ihm: »Du setzt dich auch zu uns und bleibst hier!«

Natürlich hatte sich herumgesprochen, dass sich solche chinesischen Besucher auch gerne das Recht herausnahmen, mit den Frauen im Haus zu schlafen. Im Lager hatte ich solche unglücklichen Frauen erlebt. Unter ihnen befand sich auch eine Ehefrau, die noch sichtlich unter Schock gestanden war, weil ihr Mann sich von ihr getrennt hatte, um eine der chinesischen Besucherinnen zu heiraten. Wegen dieser Kampagne sind viele Ehen zerbrochen.

Seit meiner Entlassung litt ich unter Panikattacken. Nachts schrie ich in meinen Albträumen laut auf. Hörte ich draußen die Polizeisirene, raste mein Herz, und ich lag schweißnass mit offenen Augen bis zum Morgengrauen im Bett.

Um meinen Kredit zu bedienen, hatte mein Mann sein Auto und sein Eigentum verscherbelt. Pekings Politik hatte ihn genauso als Händler mit den ständig neuen Auflagen, den geschlossenen Grenzen und Reiseverboten in die Pleite getrieben. Und kein Muslim wagte es noch, nach seiner Hochzeit mit einer ehemaligen Gefangenen sein kasachisches Café zu betreten, das er nebenher erfolgreich aufgebaut hatte.

Da er meist nur noch Gelegenheitsjobs auf Baustellen fand, reichte sein Verdienst gerade für das Allernötigste. »Alles meine Schuld«, dachte ich und fühlte mich schäbig dabei, obwohl mein Mann mir niemals Vorhaltungen gemacht und mich immer mit aller Kraft unterstützt hat.

Diesen ständig kreisenden Gedanken um Schuld und Versagen waren andere Frauen ganz alleine ausgeliefert.

Chinesische Bräutigame warten vor dem Lager

Zur gleichen Zeit wie ich war auch Ka Yan entlassen worden, mit der ich die Wände im Lager bemalt hatte. Die Kader hatten diese einst so erfolgreiche Filmproduzentin dazu verpflichtet, in den Dörfern als freiwillige Helferin Müll einzusammeln. Meine dunganische Freundin wollte unbedingt zurück nach Peking, wo sie studiert und jahrzehntelang gelebt hatte, aber sie erhielt keine Erlaubnis dazu. Wie andere jüngere ehemalige Inhaftierte war sie stattdessen verpflichtet, verschiedene Dienste abzuleisten. Die Regierung machte solchen Frauen vor, dass sie dafür später einen gut bezahlten Job mit entsprechendem Lohn bekommen würden. Doch nur sehr selten erhielten sie tatsächlich eine einmalige jährliche Zahlung von 800 bis 1200 Yuan.

Gleichzeitig jagten die Kader den ehemaligen Gefangenen Angst ein, falls sie sich nicht fügten: »Willst du etwa, dass deinen Eltern und Geschwistern etwas Schlimmes passiert?« Da sie kein

Geld für ihre Leistungen erhielten, waren Frauen wie Ka Yan notgedrungen bei ihren Familien untergeschlüpft, ohne deren Unterstützung sie nicht überleben konnten.

Und während sie als Sachbearbeiterin Lohnabrechnungen erstellte oder als Gärtnerin Bäume schnitt, holte die Regierung im Jahr 2017 verstärkt junge chinesische Männer aus dem inneren China in die Dörfer nach Ostturkestan.

Die Regierung köderte diese Männer nicht nur mit Arbeit und Geld, sondern auch mit unseren schönen uigurischen und kasachischen Frauen. Fünf Jahre sollten sie bleiben, um hier eine Muslimin wie Ka Yan zu heiraten und mit ihr eine chinesische Familie zu gründen. Mit der Arbeit auf dem Land hatten die Kader die gemeinsame Ebene geschaffen, auf der sich Frauen und Männer kennenlernten und aneinander gewöhnten. Hintergrund dieser Heiratspolitik war der Frauenmangel in China infolge der langjährigen Ein-Kind-Politik, weil schwangere chinesische Mütter die weiblichen Föten meist abgetrieben hatten.

Vor ihrer Reise nach Ostturkestan erhielten die heiratswilligen chinesischen Männer eine Schulung. Noch nie zuvor hatten sie in ihrem Leben so eine Vielzahl an schönen Frauen auf Bildern präsentiert bekommen. Die Kader priesen die Eigenschaften der kasachischen und uigurischen Frauen auch im Internet in Videos an: »Sie sind gut erzogen, passen sich an, kochen sehr gut, sind geschickt in der Handarbeit, können mehrere Kinder zur Welt bringen und erfüllen ihrem Mann alle Wünsche.« Was wollte ein Mann noch mehr?

Genau dasselbe veraltete Frauenbild hatten die Kader den jungen Frauen vorher im Lager eingeimpft. Viele Mädchen haben das als ihr Schicksal akzeptiert und am Ende bei der Wahl ihres chinesischen Bräutigams sogar geglaubt, eine selbstbestimmte Entscheidung getroffen zu haben.

Vor meiner Inhaftierung hatten Muslime oft noch nach ihrer eigenen Tradition Hochzeit gefeiert, die sich über mehrere Tage hinzog. Wenn aber eine Kasachin oder Uigurin heute einen Chinesen heiratet, trägt die Braut zwar meist traditionelle Kleider, aber das Zeremoniell ist chinesisch. Man betrinkt sich und tanzt viel. Dann ist die Hochzeit zu Ende.

In unserem Pass darf nicht mehr unsere Nationalität wie Kasache, Uigure oder Dungane eingetragen werden. Heute werden wir alle als Chinesen bezeichnet. Die Kinder aus solchen gemischten Ehen wissen nicht mehr, woher die Eltern stammen und welche Wurzeln sie selbst haben.

Und somit geht der große Traum von Chinas Regierung in Erfüllung: »Eine Nation, ein Volk und eine Religion.«

Heiratsantrag eines Chinesen ablehnen? Unmöglich!

Eine Frau wie Ka Yan war unter solchen zugereisten Chinesen begehrt. Sie war nicht nur sehr attraktiv, sondern auch gebildet und sprach fließend Chinesisch. Den Heiratsantrag eines Chinesen ablehnen? Unmöglich!

Wer wie Ka Yan im Lager gewesen war, stand nach der Freilassung noch zehn Jahre lang unter strenger Beobachtung. Lebenslang bleiben wir auf einer schwarzen Liste als »Terrorist« vermerkt. Fanden ehemalige Insassinnen dennoch einen muslimischen Mann und setzten Kinder in die Welt, wurde auch der Nachwuchs als »Terrorist« im System abgespeichert. Wenn solche Kinder einmal erwachsen sind, dürfen sie weder Beamte werden noch in den höheren Dienst aufsteigen.

Bis zu ihrem Tod bleiben ehemalige Gefangene und ihre Kinder gebrandmarkt. Es gibt nur einen Ausweg, diesen Makel zu löschen, indem die Frau nach der Haft einen Chinesen heiratet. Sieht man heute im Internet Uigurinnen, die darüber plaudern, wie glücklich sie mit einem Chinesen verheiratet sind, handelt es sich höchstwahrscheinlich um ehemalige Inhaftierte.

Diese Heiratspolitik Pekings ist von langer Hand vorbereitet. Vom ersten Tag an machten die Lehrer im Lager den weiblichen Gefangenen im Unterricht eine Hochzeit mit einem Chinesen schmackhaft:

»1. Das Urteil ›Terroristin‹ wird in euren Papieren gelöscht.
2. Ihr werdet in Zukunft glücklich sein und dürft mit eurem Ehemann überall auf der Welt hinreisen, wohin ihr wollt.
3. Ihr erhaltet finanzielle Unterstützung von der chinesischen Regierung.«

Den Gefangenen blieben am Ende nur zwei Möglichkeiten: »Entweder du bleibst unglücklich als politische Verbrecherin oder du heiratest einen Chinesen und wirst glücklich.« Ich kann diese jungen Frauen verstehen, die sich für so eine Heirat entscheiden, da sie so viel Leid ertragen mussten und eine Hochzeit als einzigen Ausweg aus dem Elend sehen.

Am Tag ihrer Entlassung stehen bereits die glücksbringenden chinesischen Bräutigame vor den Toren bereit. Als ich ins Lager gesperrt wurde, sah man sie dort nur vereinzelt warten. Als aber Ka Yan und ich entlassen worden waren, passten bereits Dutzende von ihnen die Frauen ab.

Hätte ich meinen Freund nicht an meiner Seite gehabt, hätten mir die Kader bestimmt auch bald einen chinesischen Bräutigam vorgestellt.

Unmögliche Angebote aller Art

Wie Ka Yan, meine Cousine und die anderen Frauen drängten mich die Behörden, dieselben einfachen Arbeiten »als Dienst für die Gesellschaft« zu übernehmen. Aber nach einer Woche habe ich mich geweigert weiterzumachen. Diesen Mut besaß ich nur, weil ich bereits mit einem Fuß in Kasachstan stand und meine Ausreise beantragt hatte.

Der Beamte, der mir zugeordnet war, rief mich trotzdem ständig an und versuchte, mir alle möglichen Arbeiten aufzuhalsen: »Du wirst in Shanghai in einer Fabrik arbeiten …!« Ich habe ihm auseinandergesetzt, dass ich zwar vom Lager sehr erschöpft sei und daher nicht nach Shanghai reisen könne, aber meine eigenen Geschäfte sofort weiterführen würde. »Gebt mir bitte meinen Schlüssel für mein Lager zurück.« Daraufhin schlug er einen süßlichen Tonfall an: »Gut, du kannst weiter deine eigenen Geschäfte und Mitarbeiter führen, aber nicht mehr als selbstständige Geschäftsfrau.« Stattdessen dürfte ich in der »Sklavenfabrik« in Nilka als festangestellte Schneidermeisterin die Gefangenen anleiten.

In diesem Unglück hatte ich doppeltes Glück. Zum einen lebten meine Eltern in Kasachstan. Zum anderen war ich sehr schnell schwanger geworden. Schwangere aber setzten sie ungern als Arbeiterinnen für solche Zwecke ein. Das hat mir den Hals aus der Schlinge gezogen. Vielleicht haben sie deshalb zur Strafe meinen Schuldenberg vergrößert.

Ka Yan hatte da nicht so viel Glück gehabt wie ich. Leider habe ich den Kontakt zu meiner Freundin verloren. Für die Menschen in Ostturkestan ist es zu gefährlich, mit mir in Verbindung zu stehen …

Lieber zurück ins Lager

Wie eine Schlingpflanze überwucherte das Leben im Lager zunehmend das Leben in der Stadt und erstickte es darunter. Auf der Straße sah ich das Auto eines chinesischen Lehrers aus dem Lager. Neben ihm saß die hagere Uigurin, mit der ich Schnaps trinken musste und die ihren Körper verkaufte. Obwohl sie eine Gefangene war, durfte sie mit diesem Liebhaber in der Stadt herumfahren. Sie war schwanger von ihm, aber ihr Kind musste sie abtreiben lassen.

Zeitgleich erfuhr ich von Bekannten, dass ein Familienangehöriger im Lager gestorben war. Kaum hatten sie seine Leiche zur Beerdigung abgeholt, waren die Sicherheitsleute hinter ihnen hergesprungen, um ihnen den Toten wieder abzunehmen. Vermutlich wollten sie verdächtige Spuren am Leichnam wie Folter oder Organentnahmen vertuschen. Nicht mal um ihre Toten im Lager durften die Menschen in der Stadt noch trauern.

Auf der Straße sah man im Winter nur ein paar ältere Menschen oder vereinzelt Kinder. Normalerweise schaufelten die Leute den Schnee vor ihren Toren weg, aber überall türmten sich die Häufen meterhoch, weil die Häuser dahinter nicht mehr bewohnt waren.

In der Stadt fühlte ich mich viel einsamer als im Lager, denn dort waren wenigstens alle Gefangenen gleich viel wert gewesen, jeder trug dieselbe Kleidung und aß dasselbe schlechte Essen. Jeder Tag war genau geregelt. Wir hatten uns daran angepasst. Im Kasachischen gibt es ein Sprichwort: »Schon nach drei Tagen fühlst du dich selbst in einem Grab wohl.«

Meine Rettung aus dem Elend im Lager waren mein starker Wille, meine Bodenständigkeit und meine Vorstellung gewesen, dass ich nach der Entlassung ein glückliches Leben führen würde. Deswegen hatte ich monatelang die Zähne zusammengebissen und versucht, positiv zu denken.

In Freiheit aber spürte ich plötzlich, dass ich nicht länger eine unter Gleichen war. Als ehemalige Gefangene galt ich als schlechter Mensch. Verwandte und Bekannte mieden jeden Kontakt mit mir. Sie hatten sogar Angst, mich auf der Straße zu begrüßen. Und auf einmal fühlte ich mich so, als ob ich wirklich ein schlechter Mensch wäre. Deshalb war für mich das Leben nach dem Lager noch schlimmer als das im Lager.

Viele ehemalige Gefangene, die diesen Zustand danach nicht ertragen konnten, begingen Selbstmord. Oft waren jene Menschen nach ihrer Haft ebenso hoch verschuldet wie ich.

Selbstmordversuche

Es war fünf Monate nach meiner Entlassung, als ich auf dem Weg zum Einkaufen aus der Bank herauskam, mich etwa zehn Soldaten umringten, Fotos von mir aufnahmen und mich anschnauzten: »Was machst du hier in der Öffentlichkeit?« Alle Passanten drehten sich nach mir um und starrten mich an.

Der Gedanke, dass ich frei war, aber trotzdem keine Freiheit besaß, und dass es mir nicht einmal möglich war, ungehindert auf der Straße zu laufen, nahm mir plötzlich alle Kraft. Zu Hause klingelte sofort das Handy. Die Kontrolleure löcherten mich: »Was hast du draußen gemacht? Warum?«, und ich erhielt Anweisungen, wie: »Schreibe jede Veränderung in deinem Kopf auf.«

Ich wusste nicht, ob irgendwo im Bad eine Kamera installiert war, die mich die ganze Zeit beobachtete. Ich wusste aber sicher, dass Abhörgeräte jedes Gespräch mit meinem Freund aufzeichneten. Wie eine Getriebene hetzte ich hin und her. Und meine innere Unruhe wuchs und wuchs und füllte mich bald ganz aus. Da kam mir der erlösende Gedanke: »Wie wäre es, wenn ich aus dem Leben scheide? Dann habe ich endlich Ruhe …«

Kaum war mein Mann morgens zur Arbeit aufgebrochen, ging ich in die Küche und drehte den Gashahn auf. Normalerweise war mein Liebster den ganzen Tag weg, aber als ob er etwas gespürt hätte, kehrte er auf halbem Weg um und fand mich ohnmächtig am Boden liegend vor. Die ganze Wohnung stank nach Gas. Sofort riss er alle Fenster und Türen auf, legte mich ins Bett und redete mir gut zu: »Ich passe auf dich auf. Du bist nicht alleine.«

Die Tage danach habe ich mich sehr elend gefühlt, auch weil ich im dritten Monat schwanger war. Ich spürte große Schmerzen im Unterbauch und hatte große Angst, mein Kind zu verlieren. Nach diesem Vorfall bemühte sich mein Mann, mich möglichst nicht mehr alleine zu lassen. Musste er die Wohnung verlassen, nahm er mich mit oder setzte mich bei seiner Tante ab.

Ich war dankbar, dass er mich gerettet hatte, aber ich fühlte mich weiter wie in einem Teufelskreis gefangen. Ich durfte nicht raus und nicht nach Kasachstan und nicht mit Verwandten oder Freunden telefonieren. Von allem fühlte ich mich abgeschnitten. An den Schmerz, ein Außenseiter zu sein, hatte ich mich bereits gewöhnt. Viel schwerer aber fiel mir die Tatsache, ständig der Willkür der KPCh-Leute ausgeliefert zu sein, die mir vorheuchelten: »Wir wollen dir nur helfen!«

Meine Schulden stiegen unaufhörlich. Und die Angst davor zerfraß mich. Immer wieder suchte ich die Behörden auf, um herauszufinden: »Was kann ich tun, um meine restlichen Zinsen abzuzahlen? Und wann bekomme ich endlich meinen versprochenen Pass, um nach Kasachstan zu reisen?« Gelangweilt zogen sie die Augenbrauen hoch und fragten: »Warum kommst du schon wieder?« Keiner fühlte sich zuständig. Niemals erhielt ich eine vernünftige Antwort. Stattdessen schoben sie mich von einem zum anderen hin und her wie einen Ball.

Zwei Monate lang ging das so. Ich war im fünften Monat schwanger, als ich erneut den Gashahn aufdrehte. Nur zwanzig Minuten später stürzte mein Mann herbei. »Dina! Dina!« Dieses

Mal ermahnte er mich sehr lange und sehr sanft: »Denk bitte nicht nur an dich! Schütze unser Kind und glaube an unsere gemeinsame Zukunft. Wir sind für dich da und leben für dich.«

Zweimal war ich während meiner Schwangerschaft in der Notaufnahme gewesen. Dieses Mal aber habe ich gespürt, wie das Kind in meinem Bauch tobte und leben wollte. Und auf einmal wusste ich, dass ich alles geben muss, um sein Leben zu retten.

Nur noch aus Wut bestehen

Wieder wollten sie mich bei der Behörde abwimmeln, wieder wollte keiner mit mir sprechen und mich als Mensch wahrnehmen. Trotzdem hatte sich für mich etwas Entscheidendes verändert. Ich hatte meine Angst verloren und war entschlossener denn je. Dieses Mal sammelte ich alle Luft in meinen Lungen und brüllte die Beamten quer durch den ganzen Raum an: »Wenn ihr mir nicht endlich meinen Pass gebt, könnt ihr mich gleich hier an Ort und Stelle erschießen!«

Zwar gaben sie keine Antwort, aber offenbar war ihnen dieser Lärm unangenehm, und sie hatten Scheu davor, in der Öffentlichkeit einer Schwangeren etwas Schlimmes anzutun. Ab da rannte ich jeden Morgen zur Behörde, machte ihnen immer wieder eine Szene und schleuderte ihnen den gleichen Satz entgegen: »Es ist mir völlig egal, ob ihr mich umbringt oder wieder ins Lager einsperrt. Gebt mir jetzt bitte endlich eine Antwort, damit ich einen Schritt weiterkomme.«

Mein Mann bestärkte mich in meiner Haltung: »Du hast bereits die Hölle erlebt. Du hast deine gesamte Schuld abbezahlt, hast alles abgegeben … Du hast nichts mehr zu verlieren. Bleib stark, dann wirst du deinen Pass bekommen.« Gleichzeitig hat er selbst auch seinen Pass beantragt.

Zusätzlich habe ich einen ehemaligen Vorgesetzten aus der »Sklavenfabrik« aufgesucht und ihn an seine eigenen Worte erinnert: »Sie hatten mir doch im Lager so oft versprochen, dass ich nach Kasachstan ausreisen darf.« Als er schwieg, schob ich hinterher: »Was wollt ihr noch von mir? Ihr habt mich doch schon ruiniert.«

Tatsächlich bekamen mein Mann und ich 2019, im Abstand von einem Monat, unsere Pässe. Meine Androhungen allein hätten sicher nicht ausgereicht, um die Kader in Bewegung zu setzen. Letztlich hatte ich es einer Kampagne der kasachischen Menschenrechtsorganisation »Atajurt« zu verdanken, dass unsere Namen ans Innenministerium in Kasachstan weitergeleitet worden waren. Ohne diesen politischen Druck hätte ich keine Ausreisegenehmigung erhalten.

Leben in Kasachstan: vor verschlossenen Türen stehen

Als ich mit meinem Baby, das nicht mal 40 Tage alt war, vor der Haustür meiner Eltern in Kasachstan stand, ließen sie mich zuerst nicht herein. »Du bist eine Terroristin«, wehrten sie mich angstvoll ab. Sie konnten sich nicht vorstellen, dass ich unschuldig eingesperrt war. »Es kann doch nicht sein, dass ein so mächtiges und erfolgreiches Land wie China seine eigenen Bürger quält.«

Im Internet streuen die Kader erfolgreich viele Lügen über Zeuginnen wie mich und stärken die Zweifel der Menschen an dem, was wir aus den Lagern berichten. Sie behaupten, dass es keine Zwangsinternierungen gäbe und die Menschen freiwillig dort seien, um sich beruflich weiterzubilden.

Noch einige Monate nach meiner Entlassung saß ich wie versteinert herum, habe nach meinem Baby gefragt, obwohl es neben mir lag, verstummte schließlich, hatte keine Freude mehr, selbst wenn Freunde mich gefeiert haben. Innerlich fühlte ich mich wie eine verdorrte Pflanze. Erst nach und nach kehrten meine Emotionen wieder zurück.

Zwischenzeitlich leben mein Mann und ich in einer kleinen Mietwohnung in Almaty. Unser zweites Kind ist im Juli 2021 geboren worden. Eine kasachische Bank hat uns ein Darlehen gewährt, um unsere Kreditschuld an China zu tilgen. Die chinesischen Behörden haben jedoch den Vorgang verschleppt, sodass die Schuld weiter wächst. Fast drei Jahre sind seit meiner Entlassung vergangen, aber trotzdem zahlen wir immer noch 30 000 Yuan plus 12 Prozent Zinsen an China ab. Das belastet uns extrem. Ohne diese Schulden wäre unser Leben so viel einfacher. Die Frist zur Rückzahlung ist im April 2021 abgelaufen. Ich habe um eine Verlängerung gebeten, aber bis jetzt keine Rückmeldung bekommen.

Immer aufs Neue konstruieren die Kader Vorwände, warum ich schnellstens zurück nach Xinjiang kommen müsse, wie: »Du musst wichtige Dokumente unterschreiben.« Ich verweigere das, weil ich dort nicht wieder versklavt, eingesperrt und mundtot gemacht werden will.

Ich habe viele Fragen …

Heute betrachte ich es als meine Aufgabe, die Wahrheit über die Lager bekannt zu machen. Das Erzählen ist für mich jedoch sehr anstrengend. Bei den Erinnerungen an diese Zeit schmerzt mein Herz, mir wird schwindelig, meine Schläfen pulsieren … und ich möchte nur noch, dass es aufhört wehzutun. Ich wünschte mir so sehr, ein ganz normales Leben zu führen. Als Mutter und Ehefrau.

Mittlerweile hat sich die Situation in meinem Elternhaus etwas verbessert, aber mein Vater und meine Mutter haben immer noch Angst vor mir, weil ich im Lager war. Sie leiden unter den

Umständen meiner Rückkehr und sind davon krank geworden. Bis heute verstehen sie nicht, warum ich inhaftiert war und so viele Probleme bereite.

Mein Mann arbeitet auf Baustellen, nur seine Nieren machen ihm große Probleme. Auch ich habe bereits versucht, wieder mit dem Schneidern traditioneller kasachischer Kleider ein bisschen Geld zu verdienen, aber ich bin sehr oft im Krankenhaus oder beim Arzt, weil meine Blutwerte so schlecht sind. Seit der Haft leide ich unter einer Vielzahl gesundheitlicher Beschwerden und starken Stimmungsschwankungen. Nachts kann ich nicht schlafen, dementsprechend fühle ich mich den ganzen Tag benebelt. Diese Angst, dass mich jemand die ganze Zeit beobachtet und im nächsten Moment festnimmt, begleitet mich bis heute.

Zum Glück geben mir meine Kinder Kraft, und durch das Elend im Lager habe ich gelernt, meine heutige Freiheit als kostbarstes Gut zu schätzen, aber manchmal bin ich dennoch so verzweifelt, dass ich denke: »Es wäre schmerzloser, sich mit dem Messer umzubringen. Es wäre einfacher, als dieses Leid zu ertragen.« Dann aber packt mich wieder mein alter Kampfgeist: »Du schaffst das, Dina …!«

Trotz aller Probleme bin ich voller Hoffnung. Für meine Familie möchte ich leben und neue Projekte verwirklichen. Vielleicht gelingt es mir sogar, in Zukunft tatsächlich wieder in meiner alten Branche Fuß zu fassen? Ich möchte meine Volkskunst gerne auch an andere weitergeben und sie vor dem Auslöschen durch die KPCh bewahren.

Ohne Grund hatte die chinesische Regierung mich eingesperrt und mein erfolgreiches Unternehmen zerstört. Ich habe viele Fragen und erwarte Antworten. Der Versuch, mich unter Zwang zu assimilieren und gewaltsam zu einer Chinesin zu machen, hat meinen Stolz als Kasachin erst recht gestärkt.

ANALYSE

Wer nicht kostenlos arbeitet, zahlt Strafe

Für die chinesische Regierung ist unser muslimisches Volk wie eine Bank, die ihnen jederzeit zur freien Verfügung steht. Wann immer die Regierung Geld benötigt, ist sie bereit, in Ostturkestan Muslime zu verleumden und ins Gefängnis zu werfen, um anschließend den Besitz dieser »Straftäter« einzukassieren.

Pekings Politik der Zwangsarbeit begann schon früh. In Bussen hatten sie beispielsweise schon in meiner Schulzeit Uiguren, Kasachen und Kirgisen zum Baumwollpflücken in abgelegene Provinzen der Mongolischen Autonomen Region Bortala transportiert.

Im Frühjahr hausten die Arbeiter dort unter ärmlichen Bedingungen, um bei Sonnenaufgang zwölf Stunden lang unter strenger Aufsicht Baumwolle zu rupfen. Da es keine Essensversorgung gab, hatten sie von zu Hause ihre eigenen Lebensmittel mitgebracht. Jeden Tag mussten Männer und Frauen eine von der Regierung festgelegte Menge sammeln. Der Druck war groß, denn es war sehr schwierig, diese Forderungen zu erfüllen, und »versäumte Pflichten« ahndeten die Kader mit Strafzahlungen. Selbst wenn die Leute nach dieser Ernte mit wunden Fingern und unter großen Schmerzen zurückkehrten, kannte die Partei kein Erbarmen und forderte die Zahlung der Schulden ein.

Diese Form der Zwangsarbeit wiederholte sich jedes Jahr. Darüber hinaus waren Kasachen zu zusätzlichen Diensten verpflichtet, die unter dem Begriff »mejburiyetgung«

bekannt sind (uigurisch: mejburiyet = Verpflichtung / Zwang, chinesisch: Gōng / 工 = Arbeit). Die Kader zwangen unsere Einheimischen dazu, lange Kanäle und Straßen anzulegen. Einmal schufteten unsere Bauern und Hirten beim Bau eines breiten, felsigen Damms, der viele Meilen weit reichte. Es handelte sich dabei um das »West-to-East Water Transfer Project«, das Wasser vom Westen nach Osten brachte. Jahr für Jahr mussten Kasachen umsonst auf dieser Baustelle arbeiten, bis das Großprojekt abgeschlossen war. Wer seinen staatlich vorgegebenen Arbeitsplan nicht rechtzeitig verrichtet hatte, den schüchterten die Beamten ein: »Wenn ihr nicht fleißiger seid, nehmen wir euch euer Land. Habt ihr anderes Eigentum oder Tiere, kassieren wir das ein.«

Schulkinder und Lehrer als Zwangsarbeiter

In China werden sogar minderjährige Schulkinder zur Zwangsarbeit versklavt. Als ich in der Grundschule war, marschierten Schüler mit Schulleiter und Lehrer auf Befehl höherer Regierungsstellen den Berg hinauf, um dort Pinienkerne oder seltene Steine zu sammeln und auf den Weiden in der Prärie Müll wie Glasflaschen oder Tierknochen zu suchen.

Um diese Aufgabe pünktlich zu erledigen, brachen wir in den frühen Morgenstunden übermüdet auf und kehrten, Tage später, von diesem »Wandertag« zurück. Im Schulhof stapelten wir unsere Fundstücke, sortiert nach Gegenständen, sodass das zuständige Personal diese Waren mit den Autos aufladen konnte. Zuvor notierten die Mitarbeiter pedantisch jede Information: »Welches Kind hat welche

Stücke mitgebracht? Welche Klasse besucht es? Wie heißt der Lehrer? Wie hat dieses Kind seine Pflichtarbeit erledigt?« Sie archivierten diese Daten und meldeten sie an die übergeordneten Behörden.

Die Schüler, die viel in den Bergen gesammelt hatten, wurden anschließend von den Lehrern gelobt. Diejenigen aber, die nur wenige Teile gefunden hatten, wurden zusammengestaucht. Ihre Eltern mussten zudem eine Strafe bezahlen, weil die Kinder sich nicht genügend »für das Wohl der Gemeinschaft« engagiert hatten.

Ein muslimischer Lehrer hat immer mehrere Berufe

Ein muslimischer Lehrer ist in Ostturkestan gleichzeitig auch Hausmeister, Gärtner, Maler, Maurer und Handwerker. Er ist zuständig für die Renovierung und das Sauberhalten der Innenhöfe und Räume, das Instandhalten der Mauern, das Streichen der Wände sowie für die Begrünung im Außenbereich. All diese Arbeiten führen die Lehrer auf Wunsch der Behörden an den Wochenenden auch selbst durch. Zu dem Zweck bringen sie ihre eigenen Werkzeuge und Fahrzeuge von zu Hause mit. Sogar kaputte Tische und Stühle nehmen sie mit in ihr Haus und lassen sie dort von Schülern reparieren.

Im Jahr 2005 hat die Regierung zwei Monatsgehälter aller muslimischer Staatsbediensteter für Mai und Juni vollständig einbehalten. Die Erklärung lautete, dass die KPCh diese Gelder für den Ausbau und die Renovierung der Stadt Aksu benötigte. Einige Lehrer, die zwei Monate lang Knochenarbeit geleistet hatten, nagten danach mit ihren Familien am Hungertuch. Manche Betroffene starben, weil sie nichts zu essen hatten. Damals haben sie auch meinem Mann und mir unsere Gehälter geraubt. Es fand sich keine einzige Person, die den Mut hatte, diese leitenden Beamten der KPCh zur Rechenschaft zu ziehen.

Die Monatsgehälter reichten ohnehin kaum aus, um den eigenen Lebensunterhalt zu bestreiten. Die Partei kann jeden zwingen, kostenlos für sie zu arbeiten, oder ihm sein Gehalt nehmen, wenn sie es haben möchte. Sie bereichert sich ungemein durch die Arbeit, die andere mit ihren Händen und ihrem Kopf leisten müssen.

Alle Reichtümer, Häuser und Grundstücke, deren Besitzer unsere Bürger auf dem Papier sind, gehören in Wirklichkeit der KPCh. Verträge haben für die Kader nur so lange Bestand, wie sie ihnen selbst nützlich sind. Die Zwangsarbeit in China gibt es nicht erst seit gestern, diese Form der Ausbeutung hat es schon immer gegeben.

Seit Neuestem jedoch zwingen sie Musliminnen aus der Stadt, zur Arbeit für ein bis zwei Jahre aufs Land zu ziehen, ihren Mann und ihre Kinder zurückzulassen. Auf dem Land dürfen chinesische Beamte sie als »vorübergehende Ehefrauen« benutzen, und die Welt schweigt.

Sklaverei im 21. Jahrhundert

In früheren Zeiten haben Alleinherrscher mit dem Blut und Schweiß der Sklaven ihr Imperium vergrößert. Im 21. Jahrhundert nutzt ein Diktator wie Xi Jinping dieselbe erfolgreiche Methode, um seine Macht zu vergrößern.

Die KPCh zwingt einheimische Uiguren und Kasachen

dazu, in chinesischen Fabriken zu arbeiten. Sie locken diese Arbeitskräfte mit falschen Versprechen ins Inland, wie: »Für deinen Einsatz bekommt eine Person aus deinem Haushalt einen gut bezahlten Arbeitsplatz.« Sie versprechen uns viel, halten aber nur wenig oder gar nichts davon.

Die Zwangsarbeit ist ein weiterer Baustein des Völkermords und der Assimilation. Durch Verschickungen unserer Angehörigen ins chinesische Inland hat die KPCh Millionen von Familien in Ostturkestan auseinandergerissen. Viele Menschen brechen unter der Last der schweren Arbeiten zusammen. Einige dieser Arbeitskräfte sperrten die Kader in Lager ein, wo sie in Fabriken oder auf Feldern beschäftigt sind. Unsere Leute nähen Kleider oder fertigen aus den abgeschnittenen langen Haaren unserer inhaftierten Frauen Haarteile sowie Perücken für das Ausland. Nach Angaben von 180 NGOs basiert die gesamte Modeindustrie auf den durch Zwangsarbeit hergestellten Baumwollprodukten.

Aus Ostturkestan kommen aber auch Tomaten oder Polysilikon für Solarpanels, die große Teile des Weltmarkts ausmachen. Jahrelang arbeiten unsere Leute umsonst oder für einen kargen Lohn, der zum Leben nicht ausreicht. Die USA haben darauf reagiert und die Einfuhr von Tomaten sowie Baumwolle aus Ostturkestan verboten. Für die Konsumenten ist es leider nicht immer einfach zu erkennen, welche Produkte aus Zwangsarbeit stammen.

Jedes fünfte Baumwollprodukt weltweit stammt aus unserer Region, einem der größten Baumwoll-Anbaugebiete der Welt. Daher haben beispielsweise Firmen wie Nike, Adidas und die schwedische Modefirma »H&M« öffentlich zu den Menschenrechtsverletzungen dort Stellung bezogen und den Einkauf gestoppt. Daraufhin posteten wütende chinesische Bürger Videos mit brennenden Nike-Schuhen, die Kader löschten Adidas Apps aus dem App Store, und der Jugendbund der KPCh forderte einen landesweiten Boykott von »H&M«-Läden.

Mittlerweile hat die Menschenrechtsorganisation »European Center for Constitutional and Human Rights« (ECCHR) auf Basis des neuen Lieferkettengesetzes Anzeigen gegen mehrere Textilmarken und große Discounter in Deutschland wie Lidl, Aldi, C&A oder Hugo Boss erstattet. Ein im Juni in Kraft getretenes »Anti-Sanktions-Gesetz« Chinas verbietet den Firmen dort jedoch, Sanktionen des Auslands zu befolgen. Der Vorwurf der Zwangsarbeit sei »falsch« und »bösartig«, da die Leute das freiwillig machten, behauptet die KPCh und spricht bei Konflikten solcher Art gerne von »verletzten Gefühlen des chinesischen Volkes«, meint aber sich selbst.

Erneut enthüllt ein staatliches Dokument, der sogenannte Nankai-Report, die Falschbehauptungen der chinesischen Regierung. Der Text war versehentlich für einige Zeit im Internet veröffentlicht. Er beweist die Zwangsarbeitsprogramme, bei denen Hunderttausende Muslime in Betrieben oder bei der Feldarbeit in Xinjiang eingesetzt und Zehntausende zeitgleich ins chinesische Inland zur Fabrikarbeit geschickt werden.

Während sich die USA klar gegen die Menschenrechtsverletzungen positionieren und nach neuen Lösungen im Welthandel suchen, schließen viele Politiker und Unternehmer in anderen Ländern weiter die Augen und geraten beim Spagat zwischen Werten und Wirtschaftsinteressen ins Wanken. Als hätten sie nichts von den Lagern in der Nähe ihrer Unternehmen gehört oder gesehen, arbeiten ausländische Firmen wie Siemens, BASF, VW oder auch Apple mit den staatlichen Behörden in Ostturkestan zusammen. Diese Behörden wiederum sind für die massenhaften Inhaftierungen unserer Landsleute verantwortlich. In Ostturkestan kann man keine Geschäfte betreiben, ohne sich gleichzeitig zum Komplizen dieser Verbrechen gegen die Menschlichkeit zu machen.

SAYRAGUL SAUYTBAY – ZEUGIN FÜR DIE SITUATION DER KINDER

Als Lehrerin und Direktorin mehrerer Vorschulen weiß Sayragul Sauytbay, was es für den Nachwuchs der unterschiedlichen Ethnien bedeutet, in einem Land aufzuwachsen, das von China besetzt ist.

Wie die ersten Lebensjahre eines uigurischen oder kasachischen Kindes in ihrer Heimat aussehen? Um das zu beantworten, muss man heute zuerst folgende Frage stellen: »Sind seine Eltern bereits im Lager oder noch auf freiem Fuß?« Einheimische Kinder, deren Väter und Mütter interniert sind, erwartet meist ein Albtraum im Erziehungslager. Pekings Politik hat Ostturkestan in das größte Waisenhaus der Welt verwandelt.

Doch auch ein normaler Kindergarten in Ostturkestan ist kein Ort, zu dem Kinder freiwillig kommen und an dem sie Kinder sein dürfen. Wo sie herumtollen, sich erproben oder malen oder tanzen dürfen, was oder wie sie es wollen. Nein, in China ähneln Kindergärten militärischen Einrichtungen, in denen der Nachwuchs keinerlei Freiheiten hat und bis in den späten Abend hinein einen Berg von Aufgaben bewältigen muss.

Die chinesische Regierung zieht in den Schulen gehirngewaschene Soldaten heran, die sich bedingungslos der KPCh opfern.

Sayragul Sauytbay

Verlorene Kindheit

In Ostturkestan haben unsere Kinder keine Kindheit mehr. Häufig schuften Väter und Mütter täglich länger als acht Stunden und zusätzlich auch noch an den Wochenenden. Unsere Kleinsten werden in ein sehr straff organisiertes und angespanntes Umfeld hineingeboren.

Sie erleben ihr Aufwachsen völlig anders als ihre zugezogenen chinesischen Nachbarskinder, ja völlig anders als andere Kinder auf diesem Erdball. Sie haben nicht mal die Möglichkeit, von einer Zukunft in Freiheit zu träumen, denn wie sollen sie sich etwas vorstellen, was sie noch nie kennengelernt haben?

Sobald ein Kind vier Jahre alt wird, müssen es die Eltern im Kindergarten anmelden. Wer dem nicht Folge leistet, dem drohen – wie für jedes andere noch so kleine Vergehen – schwerste Strafen wie Gehaltskürzungen, Enteignung oder Inhaftierung.

Da es keinen Schulbus gibt und einige Kinder einen drei oder vier Kilometer langen Weg zum Kindergarten oder zur Schule zurücklegen müssen, laufen sie in Begleitung der Eltern morgens bereits um sechs Uhr los, um keine Minute zu spät zu kommen. Meistens treffen sie schweißnass, erschöpft und mit Rückenproblemen ein. Unsere Erst- bis Drittklässler schleppen im Schulranzen zehn bis zwölf Kilogramm und bis zur sechsten Klasse sogar bis zu 16 Kilogramm Lernmaterialien. Kinder unter zwölf Jahren dürfen nicht mit dem Fahrrad zur Schule kommen. Zwischen 7:30 Uhr und 7:50 Uhr nehmen unsere Erzieher die Kinder in Empfang und verteilen sie dem Alter entsprechend im Kindergarten auf drei Klassen.

Jeden Montagmorgen steht Flaggenhissen auf dem Programm. Zuerst wedeln alle mit ihren roten Fähnchen und singen zusammen die chinesische Nationalhymne oder Volkslieder wie: »Unser Leben und jeden Schweißtropfen schenken wir der Partei. Wir müssen alle zusammenstehen …« Dann wird die rote Fahne hochgezogen, die Augen voller Ehrfurcht, die Hände am Kopf. Im Anschluss daran propagieren die Kader in langatmigen Ausführungen die »großartige Politik« der Partei und unterstreichen die Bedeutung »der nationalen Souveränität, Einheit und territorialen Integrität«.

Wenn das überstanden ist, stellen sich unsere Kinder in Gruppen auf, um gemeinsam aufzuräumen, die Straße vor der Schule zu kehren, den Müll vor der Schule aufzusammeln und alle weiteren anfallenden Arbeiten in Schule und Kindergarten zu erledigen.

Unsere Kindergarten- und Schulkinder gelten als die kleinsten Sklaven der KPCh.

»Wenn du dich verplapperst, kommt dein Papa ins Gefängnis!«

Die Hauptforderung der chinesischen Bildungspolitik lautet, die kommunistischen Regeln zu lernen. Zur Indoktrination gehört beispielsweise das Herunterbeten aller Namen und Leistungen der wichtigsten Parteimitglieder.

In unseren Klassen in Aksu saßen vor allem Uiguren, Kasachen oder Kirgisen, sehr selten fanden sich ein oder zwei chinesische Kinder darunter. Pekings Politik schreibt vor, dass jedes muslimische Kind Chinesisch lernen muss. Und das in höchstem Tempo, unter höchstem Leistungsdruck. Alle Schulbücher erscheinen nur noch in chinesischer Sprache.

Die Vierjährigen, die bislang zu Hause meist nur ihre Muttersprache gesprochen haben, starren uns anfangs hilflos mit großen Augen an. Sie weinen viel, weil sie kein Wort verstehen. Je verzweifelter sie sich zeigen, desto bellender wird der Tonfall der Lehrer. Dieses Bildungssystem funktioniert nur über strikte Kommandos, nicht über Erklärungen.

Unsere Vorgesetzten halten die einheimischen Lehrer dazu an, den Schülern permanent Angst einzuflößen. »Niemals darfst du in deiner Muttersprache etwas sagen! Sonst kommen deine Eltern ins Gefängnis, nur weil du so dumm bist und nicht aufpasst!« Wenn der chinesische Lehrer hört, wie den Kleinen beim Plappern versehentlich uigurische oder kasachische Wörter herausrutschen, wird er sie züchtigen oder auf andere Weise abstrafen. Mein eigener Sohn musste deswegen in seinem Kindergarten zur Strafe den ganzen Tag ein Klebeband vor dem Mund tragen.

Im Unterricht sitzen die Kleinen möglichst aufrecht wie Soldaten und sprechen nur dann, wenn die Lehrer es gestatten. Es gibt kaum Bewegungsmöglichkeiten. Vormittags und nachmittags, jeweils 20 Minuten, chinesischer Gesang und chinesischer Tanz in chinesischer Tracht. In jedem chinesischen Lehrbuch wird das chinesische Vaterland gelobt und glorifiziert.

Indirekt wird unseren Kindern vermittelt, dass sie die Partei mehr als ihre eigenen Eltern lieben sollen. Während sie Vater und Mutter nicht immer gehorchen müssen, dürfen sie niemals den Lehrern widersprechen. Was die Lehrer sagen, entspricht der Idee der kommunistischen Partei.

Und alles, was die Partei sagt, ist die Wahrheit.

Ein Berg von Aufgaben: bis in den tiefen Abend hinein

Um unsere Kinder zu Chinesen zu formen, zwingt Peking sie nicht nur dazu, etwa acht Stunden im Kindergarten mit chinesischen Parteiparolen zu verbringen. Danach müssen sie zu Hause einen Berg an Hausaufgaben abarbeiten. Manchmal bis ein Uhr nachts. Da bleibt kaum Zeit, etwas zu tun, auf das sie Lust haben.

Abends müssen sie beispielsweise mit ihren Eltern Dokumentationen über die Partei im Fernsehen ansehen und danach diskutieren. Um zu prüfen, ob sie die Botschaft verstanden haben, lassen die Lehrer sie am nächsten Tag im Unterricht den Inhalt zusammenfassen. »Gelobt sei die Kommunistische Partei, weil sie es so gut mit uns meint. Wenn ich erwachsen bin, werde ich die Arbeit der kommunistischen Partei mit allen Kräften unterstützen.« Ja, so sprechen unsere kleinen Kinder.

Diese Hausaufgaben sind so anstrengend und schwer, dass unser Nachwuchs am nächsten Tag mit allen möglichen Strafen der Lehrer rechnen muss, selbst wenn sie alles rechtzeitig erledigt haben. Da sie unter so einem Stress stehen, schlafen die Kleinen meist schlecht und viel zu wenig. Morgens sind sie völlig zerschlagen.

Unsere Kinder lernen sehr früh, ihre eigenen Gefühle zu unterdrücken. Sie erkennen rasch, dass das Leben durch eine

Reihe von Tabus und Einschränkungen bestimmt ist. Deshalb hören die Kleinsten meist nach zwei Wochen auf zu weinen. Und bald erfüllen sie klaglos wie Erwachsene eine Vielzahl von Aufgaben.

Für ein Kleinkind ist diese Kost jedoch sehr schwer verdaulich. Kinder sind eben Kinder. Sie brauchen ihre Freiheit, dürfen normalerweise mit Freunden spielen oder ihre Meinung frei herausplaudern, wenn sie Lust dazu haben. In Ostturkestan ist von all dem nichts erlaubt, was ein Kind für eine gesunde Entwicklung benötigt. Unseren Kindern bleibt kaum Luft zu atmen.

Nicht nur die Schüler, auch die Lehrer leiden

Nicht nur die einheimischen Schüler leiden in Ostturkestan, auch ihre muslimischen Lehrer stehen oft vor schier unlösbaren Aufgaben. Welche Regierung der Welt zwingt sonst ihre besten Beamten, sich in öffentlichen Versammlungen als Idioten zu beschimpfen?

In Ostturkestan gehört es zum Alltag, dass sich alle muslimischen Lehrer regelmäßig in öffentlichen Versammlungen selbst anklagen. »Ich bin unfähig und dumm und habe aus Versehen nicht alle Anweisungen der KPCh genauestens befolgt …« Das ist sehr beschämend, sich vor hundert oder mehr Menschen so herunterzumachen, obwohl man unermüdlich gearbeitet und keinen Fehler gemacht hat.

Für jedes Scheitern eines Schülers wird ein Lehrer mit Gehaltskürzungen bestraft. Daher leben unsere Angestellten in ständiger Existenzangst. »Wird das Gehalt reichen, um die Miete zu bezahlen? Kann ich meine Familie ernähren?«

Damit das Gehalt in voller Höhe ausgezahlt wird, quält ein Lehrer sich selbst und seine Schüler. In unseren Verträgen beträgt die gesetzliche Arbeitszeit acht Stunden pro Tag. In Wirklichkeit arbeitet ein einheimischer Lehrer bis zu 14 Stunden, manchmal auch rund um die Uhr.

Wer mit dem Unterricht fertig ist, muss an Partei-Schulungen teilnehmen und die neuen Regeln der Regierung studieren. Da bleibt kaum Zeit für Essen oder den Gang zur Toilette. Jeder steht andauernd unter Strom. Wer Zeit hat zu schlafen, geht mit der Arbeit ins Bett.

Der Stress ist so groß, dass die Lehrer sich oft nicht mehr anders als mit brutaler Härte zu helfen wissen. Sie befinden sich in einer paradoxen Situation. Laut Verordnung sollen sie nicht strafen, aber sie müssen strafen, damit die Kinder das aufgelastete Pensum schultern, selbst wenn sie drohen, unter dieser Last zusammenzubrechen.

Körperliche Züchtigung

Nachdem ich die Leitung meiner fünf Kindergärten übernommen hatte, war ich anfangs sehr erschrocken, mit welchen Mitteln die Lehrer versuchten, den Lernerfolg unserer Sprösslinge zu beschleunigen. Da standen kleine Jungs in der Ecke und hielten mit zitternden Ärmchen schwere Stühle oder Backsteine über ihren Kopf. Manche Kinder mussten mit knurrendem Magen und gequältem Gesicht dabei zugucken, wie ihre Mitschüler genüsslich ihr Mittagessen verspeisten. Die Nächsten hatten von den Stöcken der Lehrer blau geschlagene Finger und Hände.

Die meisten Lehrer betrachteten solche Züchtigungen als etwas völlig Normales. Daher habe ich sie zur Seite genommen und ihnen klargemacht, dass so ein Verhalten unprofessionell sei. Meist haben sich die Lehrer überfordert verteidigt: »Das Kind hat seine Hausaufgaben nicht vollständig gemacht«, es sei »zappelig« oder »faul«.

Kein Wunder, dass unsere Kinder sehr ängstlich, zurückhaltend und eingeschüchtert sind. Sie haben kein Selbstbewusstsein und keine Ahnung, was freie Meinungsäußerung bedeutet. Die meisten kommen gar nicht auf die Idee, etwas von sich aus infrage zu stellen.

Ständig habe ich alle fünf Gebäude aufgesucht, obwohl sie weit voneinander entfernt lagen, und alle Lehrkräfte kontrolliert. Es hat lange gedauert und einen hohen Arbeitseinsatz verlangt, bis ich solche körperlichen Züchtigungen an meinen fünf Kindergärten abgeschafft hatte. Wenigstens dadurch habe ich den Kleinen ihr schweres Leben ein bisschen erleichtert.

Ab 2016 spitzte sich die Lage in den Bildungsstätten zu. Fortan platzten chinesische Kontrolleure regelmäßig und ohne Vorankündigung mitten in den Unterricht an unseren Schulen und Kindergärten hinein. Egal, ob um Mitternacht, drei Uhr morgens oder zwölf Uhr mittags. Sollte ein Lehrer genau in so einem Moment nicht an seinem Arbeitsplatz, auf der Toilette oder nachts beim Wachdienst vor Erschöpfung eingenickt sein, brachten sie ihn ins Lager.

Das Lager war für uns alle längst ein Synonym für Folter oder Tod. Keiner wusste, wann und wo sie auftauchen und uns abholen würden. Es war eine unerträgliche Situation.

2017: Elternlose Kinder – im Chaos der KPCh verloren

Ab 2017 wurden immer mehr Eltern inhaftiert. Die über Nacht verwaisten Kleinkinder schickten sie meist zu Tanten oder Großeltern. Im nächsten Schritt galten aber auch diese als verdächtige Staatsfeinde aufgrund der verwandtschaftlichen Nähe. Wohin also mit all den verlassenen Kindern?

Kurz darauf erhielt ich als Leiterin den Befehl der oberen Bildungsbehörde, dass meine Lehrer jeweils zwei verlassene

Kinder bei sich zu Hause aufnehmen und versorgen müssten. Fortan war ich damit beschäftigt, den allein gelassenen Nachwuchs ordentlich auf die Familien meiner Lehrer zu verteilen.

Die psychische Veränderung dieser Kinder war gravierend. Sie haben mit niemandem mehr gesprochen, sich völlig in sich zurückgezogen, nicht gespielt, nicht gegessen, sich alleine in eine Ecke verkrochen. Manche haben im Unterricht auf einmal angefangen, sehr laut zu heulen, und sind von Weinkrämpfen geschüttelt worden. Fragte der Lehrer nach: »Was hast du denn?«, antworteten sie nicht.

Leider war das von der KPCh angezettelte Chaos so groß, dass manchen Kindern nicht mehr zu helfen war. In einer WeChat-Gruppe schickte ein Kollege eine Warnung herum: »Bitte achtet besser auf unsere Kinder!« Dazu stellte er eine Video-Aufnahme ein, auf der aufgeregte Leute den leblosen Körper eines Dreieinhalbjährigen aus einem Tümpel fischten. Ein weiteres Foto zeigte ein Kind aus unserer Gegend, das sich verirrt hatte und am Straßenrand verhungert war. Diese Nachricht war als Mahnung an uns alle gedacht: »So etwas darf nicht wieder passieren!« Wie sich bald herausstellte, gab es in diesem Gruppen-Chat Spione, die unsere Kommunikation nach oben gemeldet hatten. Am nächsten Tag haben sie unseren Kollegen verhaftet, die Aufnahmen gelöscht und unsere Chat-Gruppe aufgelöst.

Eines Morgens fehlte ein Junge in einem meiner Kindergärten. Seine Eltern waren in der Nacht ins Lager abgeholt worden. Daraufhin hatte sich dieser Vierjährige am frühen Morgen alleine auf den weiten Weg zum Kindergarten gemacht.

Verzweifelt habe ich überall nach dem Jungen gesucht, in seiner Nachbarschaft herumgefragt und ihn schließlich bei einer älteren alleinstehenden Dame in unserem Ort ausfindig gemacht. Als ich dort in der Straße auftauchte, erwartete mich diese Frau bereits draußen und warnte mich leise hinter vorgehaltener Hand: »Vorsicht! Meine beiden Söhne sind vor Kurzem ins Lager abgeholt worden.« Dadurch galt sie selbst als mögliche Gegnerin des Systems. Und der Kontakt zu so einer Verdächtigen machte auch mich verdächtig und brachte mich in Gefahr.

Es war bekannt, dass solche Personen besonders stark überwacht wurden. Manchmal kletterten Sicherheitsbeamte über deren Zäune und installierten in den Außenanlagen oder der Wohnung versteckte Kameras. Die alte Frau hatte das Gerät jedoch an ihrem Tor entdeckt und lenkte mich daran vorbei. Hastig guckte ich nach dem kleinen Jungen; er hatte Fieber und lag warm zugedeckt neben dem Ofen.

Erziehungslager: »Mutter!«

Die Zahl der verlassenen Kinder stieg immer dramatischer an. Mittlerweile mussten meine Lehrer fünf bis sechs Kinder zu Hause beherbergen und versorgen. Als die Situation völlig außer Kontrolle zu geraten drohte, hatten die Behörden im Bezirkszentrum ein Erziehungslager aufgebaut.

Solche Einrichtungen unterscheiden sich deutlich von sonst üblichen Waisenhäusern oder Internaten in China. Unsere Kinder erhalten da nur eine sehr karge Verpflegung und werden wie der letzte Dreck behandelt. Sie dürfen das mit hohen Mauern abgeriegelte und bewachte Gelände meistens nicht verlassen.

In manchen Ortschaften wurden die Kinder gruppenweise in die Lager abtransportiert, unter ihnen befanden sich Ein- oder Zweijährige. In der Stadtmitte hatten sie zu deren Verwahrung ein neues Gebäude errichtet. Von vier gleichzeitig auseinandergerissenen uigurischen Familien blieben auf einen Schlag neun Kleinkinder zurück. Mitsamt einem sechs Monate alten Säugling, den seine Mutter noch gestillt hatte, haben sie unsere Jüngsten hinter diese hohen Mauern mit Stacheldraht gesperrt.

Wir hatten den Befehl, uns weiter um alle anderen allein gelassenen Kinder zu kümmern und ihnen in dieser schwierigen Situation irgendwie zu helfen. Wie das gehen sollte? Das hatte uns keiner von der KPCh erklärt, also mussten wir selbst Mittel und Wege finden.

Einige Mädchen und Jungen wollten nur noch mit Kleidung ins Bett gehen, berichteten mir meine Kollegen, weil sie selbst damit rechneten, demnächst abgeholt zu werden. Diese Kleinen litten unter Albträumen und schreckten jede Nacht schluchzend auf: »Sie kommen!«

Meine Lehrer arbeiteten in Schichten. Das alles war zu viel auf einmal. Die Arbeit in der Schule, die zusätzlichen Aufgaben am Abend, der Haushalt, die eigene Familie, dazu noch die Versorgung dieser allein gelassenen Kinder. Wir mussten aber weiter funktionieren wie Maschinen. Wer Fehler machte und versagte, wurde als Verräter der kommunistischen Ideologie in Handschellen gelegt.

Angesichts solcher Ungeheuerlichkeiten bleibt man ratlos zurück. Wie sollten wir solche Kinder in unseren Kindergärten trösten? Wir durften ihnen nur das sagen, was die KPCh uns in den Anweisungen erlaubt hatte: »Deine Eltern sind zur Umschulung geschickt worden, damit sie da sehr fleißig lernen.« Oder: »Dein Vater und deine Mutter werden dort eine gute Zeit verbringen, und sobald die Schule vorbei ist, werden sie zurückkommen und danach viel mehr Geld verdienen!«, oder: »Papa und Mama werden euch bald viele schöne Sachen kaufen.«

Die Kinder aber ließen sich nicht beruhigen, blieben zutiefst verschreckt vom Verhalten der Sicherheitsbeamten, die nachts in ihrer Wohnung herumgebrüllt und vielleicht sogar ihre Eltern geschlagen hatten. Daher haben sie uns andauernd gefragt: »Was haben Papa und Mama Böses verbrochen? Sie haben doch nichts Schlechtes getan.«

Leider hatten uns die Behörden auf diese Fragen der Kinder keine Antwort vorgegeben. Da habe ich die Kleinen manchmal mit zu mir ins Büro genommen, ihnen Buntstifte gegeben und dazu Papier, um sie abzulenken. Ich habe sie in die Arme genommen, ihnen einen Kuss auf die Stirn gedrückt oder ihnen übers Haar gestreichelt. Das war das Wichtigste für so ein Kind, in so einem Moment tiefster Verlassenheit.

Habe ich sie später im Klassenraum oder im Flur getroffen, liefen sie aufgelöst auf mich zu und riefen »Mutter!« (»Ana«!, das heißt auf Uigurisch »Mutter«). Das hat mir fast das Herz zerrissen. Manchmal habe ich mich schnell in mein Büro eingesperrt und mir da die Seele aus dem Leib geweint.

TUMARIS YALQUN – ZEUGIN FÜR DIE SITUATION DER KINDER

Im Rahmen einer groß angelegten Kampagne der KPCh im Jahr 2016 ist der Autor Yalqun Rozi mit anderen Beamten aus dem Bildungssektor festgenommen worden. Der Vorwurf gegen die Akademiker lautete, dass sie mit ihren verfassten Texten in Schulbüchern das Land spalten wollten. Inhaltlich ging es um historisch bedeutsame Sagen und Figuren des uigurischen Volkes.

2018 hatten die Behörden Yalqun Rozi wegen »Anstiftung zur Untergrabung der Staatsmacht« zu 15 Jahren Haft verurteilt. Vermutlich wird er in einem Lager in Urumqi eingesperrt.

Im Frühjahr 2021 stempelte der staatliche Fernsehsender CGTN ihn und seine Kollegen öffentlich als »Separatisten« ab. Die Schulbücher seien neu überarbeitet worden und ständen nun im Einklang mit der Ideologie der KPCh.

In einer Videobotschaft antwortete Rozis Sohn Kamaltürk, dass jedes einzelne Schulbuch damals von der Zensurstelle genehmigt und jahrelang als Lehrmittel eingesetzt worden sei. Ohne jede Probleme. »Die Vorwürfe sind absurd«, betonte er. »China versucht, Geschichte auszulöschen und ein neues Narrativ zu schreiben.«

Yalgun Rozis in den USA lebenden Kinder, Kamaltürk und Tumaris, setzen sich mit aller Kraft für die Freilassung ihres Vaters ein.

Das ist der Bericht seiner 25 Jahre alten Tochter Tumaris Yalqun.

Tumaris Yalqun

Ein Vater im Herzen seiner Tochter

Es war Spätwinter, als ich vor sieben Jahren nach Amerika kam. Damals war ich ein glücklicher, neugieriger und optimistischer Teenager. Da mir mein Vater die Flügel zum Fliegen gab, konnte ich meinen Traum von einem Studium an einer Highschool im Ausland verwirklichen.

Bald habe ich den achten Sommer hier verbracht. Diese acht Jahre sind für mich nicht schnell vergangen, weil sich die Ereignisse zu Hause überschlagen haben. Seit dem 6. Oktober 2016 war für mich jeder Tag voller Angst, Unruhe, Qualen, aber auch voller Mut, Hoffnung und Entschlossenheit.

An diesem Tag verhafteten die chinesischen Behörden meinen Vater, Yalqun Rozi, einen renommierten Literaturkritiker und Schriftsteller, einen versierten öffentlichen Redner, Erzieher und Pädagogen. Seitdem ist meine unbeschwerte Jugendzeit vorbei; meine Neugier hat sich in Fragen umgewandelt.

Ist das Gewissen der Menschen gestorben, da sie zu den chinesischen Gräueltaten gegenüber Millionen von Uiguren schweigen? Abgesehen davon, dass einige westliche Regierungen diese Handlungen Chinas gegenüber den Uiguren als »Völkermord« verurteilt haben, setzt der Rest der Welt seine Beziehungen zu China in gewohnter Weise fort.

Was für Menschen sind diese Tyrannen, die befohlen haben, Millionen Unschuldige in Konzentrationslagern zu quälen? Jede normale Gesellschaft respektiert seine Gelehrten und achtet die Vielfalt im eigenen Land, aber China hat sich unter Xi Jinping innerhalb weniger Jahre in ein anormales Land verwandelt.

Ein Staat sollte Gelehrte wie meinen Vater wertschätzen und dazu ermutigen, ihr volles Potenzial zum Wohle der Gesellschaft auszuschöpfen. Mein Vater, Yalqun Rozi, glaubte, dass Bildung die Menschen nicht nur fähig, sondern auch mitfühlend und zivilisiert macht. Er hat sein ganzes Leben der Aufgabe gewidmet, das uigurische Volk zum Lernen und zur Weiterentwicklung anzuregen.

In seinen Schriften, Reden und Büchern, die er herausgab und zusammenstellte, findet man viele Beweise dafür. Für seine Arbeit wurde er von den Uiguren verehrt und geliebt. Als ich aufwuchs, teilte ich meine schönsten Momente mit ihm. Wenn er schrieb, ging ich zu ihm in sein Arbeitszimmer, um zu sehen, was er tat. Ich erinnere mich, wie er mich umarmte und mir einen Kuss auf die Stirn drückte. Ich sehe noch die Freude, die aus seinen grün-blauen Augen strahlte, als ich auf die Highschool nach Amerika gehen wollte.

Seit mein Vater inhaftiert ist, habe ich unzählige Male Tränen vergossen. Ich fühlte mich unvollständig, als ich die Highschool beendet und meinen Abschluss an der Universität gemacht habe, denn bei diesen beiden wichtigen Ereignissen in meinem Leben durfte er nicht dabei sein.

Mein Vater ist ein rechtschaffener Mensch, er ist unschuldig, und er bedeutet für mich die ganze Welt. Er verdient es, wie ein normaler Mensch in Freiheit zu leben.

Bevor ich nach Amerika ging, las mir mein Vater dieses Gedicht des berühmten uigurischen Gelehrten und Dichters Abdushukur Muhemmetimin vor:

»Die Geschichten,
die auf den Seiten meines Lebens stehen, sind Freude.
Ich fühle mich glücklich,
ob ich nun traurig oder glücklich bin.
Die Weisheit in mir verwandelt den Winter in den Frühling.
Ohne Weisheit ist mein Glück verhängnisvoll.«

Danach blickte er mir tief in die Augen und sagte:

»Meine liebe Tochter, ich möchte, dass du dieses Gedicht auswendig lernst und seine Bedeutung verstehst. Egal, ob das Leben dir Glück oder Traurigkeit bringt, ich hoffe, dass du mit dem Geist dieses Gedichtes lebst und zu einer gebildeten, klugen, entschlossenen und liebenswerten jungen Dame heranwächst!«

Die Worte meines Vaters, die voller väterlicher Liebe sind, haben sich tief in meine Seele eingegraben.

Wie sehr wünschte ich, er wäre bei mir!!!

ANALYSE

Schulen wie Gefängnisse

In Ostturkestan leiden Eltern und Kinder. Damit unser Nachwuchs chinesische Schulen besucht und freiwillig von zu Hause wegzieht, gaukeln die Kader ihnen vor: »Dort dürft ihr kostenlos studieren und werdet großzügig unterstützt.« So eine Schule haben sie beispielsweise in der Stadt Kuytun eröffnet, die sich im Kasachischen Autonomen Bezirk Ili befindet. Mehr als 90 Prozent der dort angesiedelten Familien sind Chinesen.

Der Sohn meiner Freundin besuchte da die 18. Sekundarschule, die wie üblich mit Nummer und nicht mit Namen benannt war. Einmal besuchten wir zusammen ihr Kind und waren tief schockiert über das, was wir dort erlebt haben. Die Wachen vor dem riesigen Eisentor ließen die Eltern nicht hinein und ihre Kinder nicht zu ihnen heraus. Überall kontrollierten bewaffnete Uniformierte und Kameras die Umgebung. Nachdem wir uns nicht so einfach hatten abschütteln hatten, griff der Wärter zum Telefon.

Wenig später tauchte eine Chinesin mit dem Kind meiner Freundin hinter dem Tor auf, das sie aber nicht öffneten. Während der Unterhaltung durch die Eisenstäbe wich diese Aufpasserin keine Sekunde von seiner Seite. Nach fünf Minuten war die Gesprächszeit abgelaufen. Zum Abschied wollte die Mutter ihren Sohn umarmen, aber das Tor blieb verschlossen. Die Arme durfte ihm nicht einmal die Sachen übergeben, die sie extra von zu Hause mitgebracht hatte.

Die Aufpasserin nahm nur das Geld durch die Eisenstäbe von ihr an und reichte es einem Mann neben ihr, der es in die eigenen Taschen steckte.

»Auf dem Markt kaufen wir ihm etwas davon«, machte er klar. Während Mutter und Sohn weinten, schien mir das Gebäude hinter den eisernen Gittern keine Schule, sondern ein Gefängnis zu sein. Auf dem Rückweg waren wir beide untröstlich und wischten uns ständig die Tränen aus dem Gesicht. Meine Freundin erzählte mir schluchzend, dass die Schüler 24 Stunden am Tag überwacht wurden. Sie erlaubten ihnen nicht, sich frei zu bewegen. Nur sonntags gingen sie mit ihrem Aufpasser zum Markt, kauften notwendige Dinge und kehrten danach umgehend zur Schule zurück.

Es machte mich tieftraurig zu sehen, wie unsere Kinder in diesen gefängnisähnlichen Schulen einer Gehirnwäsche unterzogen und nur auf Chinesisch unterrichtet werden. Die Kader hetzen sie gegen ihre eigenen Eltern und ihr eigenes Volk auf. Auch im chinesischen Inland wie Shanghai oder Peking hat die KPCh solche Erziehungsanstalten eröffnet, in denen sie nur einheimische Kinder aus Ostturkestan wie Uiguren, Kasachen oder Kirgisen unterrichten.

Solche Kinder verwandelt der Drill in gefühllose Parteisoldaten, die ihren Eltern Gehorsam und Respekt verweigern.

Die KPCh ist gut, der Westen ist böse

»Bereits bei den Babys« sollte man nach Wunsch der KPCh heutzutage mit der »patriotischen« Erziehung anfangen. Beim Spielen, Singen und bei täglichen Aktivitäten ihnen die »Liebe zum chinesischen Mutterland« beibringen und sie den »Stolz, Chinese zu sein« lehren. Schritt für Schritt sollen die Kinder die Denkweise der KPCh verinnerlichen.

Unsere »Wurzeln zu kappen, Verbindungen zu zerstören und Abstammung sowie Herkunft auszulöschen« lautet eine Anordnung der KPCh im August 2017 auf einer Website der Stadt Kashgar. Unsere Traditionen und unser Wissen, die unsere Vorfahren über Jahrhunderte hinweg erworben haben, sind aus dem Bildungssystem der Partei verbannt. In den Kindergärten bläuen Lehrer bis in den späten Abend hinein unseren Mädchen und Jungen ein, dass sie jedes Detail im Leben, angefangen mit ihrer Geburt, nur der Kommunistischen Partei zu verdanken haben. Was soll ein vierjähriges Kind angesichts solch gottgleicher Erhöhung noch anderes denken? Die Kommunistische Partei erscheint ihm so groß wie die ganze Welt, keine Kraft mächtiger und überlegener.

Alles, was ein Kind in unseren Bildungsstätten erlebt und macht, unterliegt der totalen Kontrolle der kommunistischen Partei. Für eigenes Denken gibt es keinen Raum. Keine noch so kleine Abweichung von der Norm wird geduldet. Seiner kindlichen Neugierde nachgeben und eine Frage stellen? Verboten! Heimliches Schwatzen? Kaum möglich, da überall im Flur und vor dem Kindergarten sowie im Hof Kameras installiert sind. Jedes Verhalten, jede Bewegung, jeder Gedanke – ja die gesamte Entwicklung eines Kindes wird von außen überwacht, gesteuert und beeinflusst.

Ab vier Jahren müssen unsere Jüngsten komplexe politische Propaganda lernen, die ihrem Alter nicht angemessen ist. Dort hören sie auch immer wieder, dass »Xinjiang, Tibet,

Taiwan oder das Südchinesische Meer untrennbare Teile des chinesischen Staatsgebietes sind«.

Gehirnwäsche und Drill bestimmen ab sofort ihr Leben. Die Erzieher benoten ständig die Leistungen der Kinder, stufen sie in »gute« oder »schlechte« Persönlichkeiten ein. Bereits in diese kleinen Köpfe wird ein Feindbild vom Westen gepflanzt. Der Teil der Welt, der noch nicht von der KPCh regiert wird, wird als »schlecht, rückständig und verdorben« geschildert. Es ist ein ständiges »Wir-gegen-Sie«-Denken, wobei die Partei immer recht und die Außenwelt immer unrecht hat.

Dazwischen gibt es nichts.

Viel Geld hilft viel

In Ostturkestan kann man die wenigen Schüler, die die Standards der KPCh erfüllen und mit Stipendien oder kostenlos höhere Schulen besuchen dürfen, oft an einer Hand abzählen. Wer wohlhabende Eltern hat, wird problemlos eine gute Universität finden. Der große Rest der Studenten muss Tag und Nacht lernen, um einen Platz an einer einigermaßen guten Universität zu ergattern. Unsere mittellosen Heranwachsenden, die nicht studieren dürfen, haben keine Chance, einen festen Arbeitsplatz zu finden.

Doch selbst für die Jugendlichen, die mit einem sehr guten Abschluss von der Universität in die Heimatstadt zurückkehren, sind die beruflichen Aussichten düster. Als große Hürde erweist sich die mündliche und schriftliche Einstellungsprüfung, die sie vor Arbeitsbeginn ablegen müssen. Die Personalvermittlungsagenturen geben offen bekannt, dass sie zehn chinesische, aber nur einen einheimischen Absolventen der Universität aufnehmen werden.

Um die Sinisierung voranzutreiben, umwerben die Kader im Inland chinesische Schüler, damit sie nach Ostturkestan ziehen. Gleichzeitig nötigen sie Muslime mittels »Transferprogrammen für Arbeitskräfte«, ins Inland abzuwandern. Zwischen 2017 und 2019 sind mindestens 80 000 Uiguren vermittelt worden, wobei 83 internationale Konzerne als Endkunden von dieser Zwangsarbeit profitieren sollen, wie das Australian Strategic Policy Institute (ASPI) feststellte. Zeitgleich habe sich die Geburtenrate in Ostturkestan fast halbiert, was der weltweit stärkste Rückgang in einer Region in den letzten 70 Jahren sei.

Mit der massenhaften Ansiedlung von Chinesen in Ostturkestan und der Verschickung unserer Landsleute nach China hat die KPCh unser Volk mit etwa 45 Prozent zur Minderheit in der eigenen Heimat gemacht.

Pekings Traum: Ab 2049 lernen weltweit alle Schüler nur noch den Stoff der KPCh

Vor wenigen Jahren unterrichteten noch alleine muslimische Lehrer an unseren Schulen und Kindergärten, die zumeist nur muslimische Schüler besucht haben. Ab 2016 hatte die KPCh bereits fast 70 Prozent durch chinesische Lehrer ersetzt. Viele erfahrene muslimische Kollegen mussten auf einmal als Pförtner, Wachmann, Hausmeister oder Putzkraft arbeiten. Häufig genannter Grund für ihre Entlassung: »Mangelnde Chinesisch-Kenntnisse.«

Indem die Kader bereits unseren Kleinsten ihre eigene

Muttersprache verbieten, zerstören sie auf schnellstem Wege ihre Identität. Unsere Kinder erfahren nicht mehr: »Woher komme ich? Wer bin ich?« Die verächtliche Parole der KPCh lautet: »Lerne Chinesisch und werde ein zivilisierter Mensch.« Da die Kader gerne für ihre hässlichen Vorhaben schöne Namen wählen, beschreiben sie diese als »Programm zur Armutsbekämpfung« oder »Erhöhung unserer Wettbewerbsfähigkeit«.

In einem der vielen »TikTok«-Videos aus Ostturkestan, die im Internet kursieren, fragt eine chinesische Lehrerin in einem Kinderlager ein uigurisches Mädchen namens Sebire: »Wieso weißt du nicht, wie dein Bruder heißt?« Das Mädchen antwortet: »Weil mir mein Bruder nicht gesagt hat, wie er auf Chinesisch heißt. (…) Ich kenne seinen chinesischen Namen nicht.« Das Verbot unserer Muttersprache bedeutet das Ende unserer Kultur. Dahinter steckt Xi Jinpings großer Plan, auf lange Sicht die ganze Weltbevölkerung in Chinesen umzuformen.

Auf dem 19. Parteikongress hat Bildungsminister Chen Baosheng angekündigt, dass alle Schüler weltweit bis 2049 Chinesisch sprechen und nur noch den Stoff der Partei lernen werden. In diesem Zukunftsbild wird es keine anderen Kulturen, Religionen oder Sprachen mehr geben, nur noch die Ideologie der KPCh.

OMAR BEKALI – HAUPTZEUGE FÜR FOLTER

»Jede Nacht denke ich an die Folter, bis die Sonne aufgeht …«, beginnt der 45-Jährige mit seinen schockierenden Schilderungen aus dem Lager. Auf Videos zeigt er seine Narben an Händen und Füßen und sagt: »Wenn ich heute darüber spreche, zittert mein Körper wie damals …«

Der Tourismus-Manager pendelte lange Zeit regelmäßig von Kasachstan über die Grenze nach Ostturkestan. Als er der Einladung der chinesischen Regierung nach Urumqi folgte, um gemeinsam eine Messe vorzubereiten, legte man ihm plötzlich Handschellen an.

Als Beweis für seine Inhaftierung zeigt Bekali ein chinesisches Polizeidokument, datiert und mit roten Siegeln versehen. Daraus geht hervor, dass er wegen des Verdachts der Gefährdung der nationalen Sicherheit festgenommen wurde. Im letzten Satz heißt es, dass er freigelassen werde. Ohne Anklage.

Nachdem der Kasache sich öffentlich über die Erlebnisse im Lager geäußert hatte, verhaftete die Polizei seine Familienangehörigen in Turpan. Dann jagten Pekings Geheimagenten in Kasachstan hinter Bekali her, trieben ihn zuerst in die Flucht in die Türkei, wo er sich erneut Morddrohungen ausgesetzt sah und vom Tod seines Vaters im Lager erfuhr, bis er zuletzt in den Niederlanden eine sicherere Heimat gefunden hat.

Heute kämpft der Überlebende von diesem demokratischen Land aus, um seinen unterdrückten Landsleuten zur Freiheit zu verhelfen.

»In der freien Welt sorgt bereits der Mord an einem einzelnen Menschen für großes Aufsehen. Bei uns aber wird ein ganzes Volk qualvoll getötet.«

Omar Bekali

Im Interesse beider Regierungen den gegenseitigen Handel beleben

Können Sie sich so einen Albtraum in ihrer eigenen Heimat vorstellen? Sie sind Vater von drei Kindern, haben immer fleißig gearbeitet, nie das Gesetz verletzt. Und über Nacht behandelt man sie wie einen Schwerstkriminellen und foltert Sie fast zu Tode? Und das über Monate hinweg. Und warum? Nur, weil Sie kein Chinese sind?

Ich wurde 1976 in Turpan als Kind kasachischer Eltern geboren, absolvierte eine Ausbildung als Koch und Hotelfachmann und war danach einige Jahre in der Hotelbranche in Karamay beschäftigt. Obwohl ich fachlich besser qualifiziert war als die Chinesen, die aus dem Inland kamen, bekamen immer sie die besser bezahlten Stellen. Mich setzten sie stattdessen für einfache Arbeiten wie Fahrdienste ein. Zur Begründung hörte ich abschätzige Bemerkungen wie: »Kasachen und Uiguren sind nicht in der Lage, verantwortungsvolle Posten zu übernehmen.«

2006 hatte ich die Nase voll von den ständigen Diskriminierungen und wanderte nach Kasachstan aus. Nachdem ich einen kasachischen Pass hatte, fühlte ich mich zum ersten Mal wie ein vollwertiges Mitglied einer Gesellschaft. Meine Verbindung in die alte Heimat ist aber nie abgerissen.

Da ich gut Kasachisch, Chinesisch und Uigurisch beherrschte und mich in der Tourismusbranche auskannte, war ich fortan damit beschäftigt, für Geschäftsleute in Xinjiang die nötigen Papiere für eine Einreise nach Kasachstan zu beschaffen. In dieser Zeit war es nämlich sehr schwierig für dort ansässige Muslime, einen Reisepass zu bekommen. Meine Arbeit geschah im Interesse beider Regierungen, um den gegenseitigen Handel zu beleben.

Als ich im April 2016 zu einer großen Tourismusmesse fuhr, staunte ich, wie sehr sich meine alte Heimat mit einem Mal verändert hatte: »Was ist denn hier passiert?« Alle 500 Meter waren Polizeiposten wie Pilze aus dem Boden geschossen. Jedes Mal kontrollierten mich 15 bis 20 Uniformierte in Splitterschutzwesten, bewaffnet mit Pistolen, Stöcken und Keulen. Ich fühlte mich wie in einem Kriegsgebiet.

Knapp ein Jahr später, am 22. März 2017, erhielt ich eine Einladung von der Tourismusabteilung der chinesischen Regierung nach Urumqi. Mein Auftrag lautete, dort mit den größten Tourismusfirmen in Xinjiang die Expo in Astana, der Hauptstadt Kasachstans, vorzubereiten. Sogar eine Unterkunft im 5-Sterne-Hotel hatten die chinesischen Organisatoren für mich bezahlt.

Nachdem alles am 25. März erfolgreich abgewickelt war, fuhr ich nachmittags noch vor meiner Rückkehr bei meinen Eltern in Turpan vorbei. Normalerweise dauerte diese Fahrt zwei bis drei Stunden. Wegen der ständigen Polizeikontrollen staute sich der Verkehr, sodass ich erst kurz vor Mitternacht ankam.

Wenige Stunden später veränderte sich mein Leben für immer.

Der Einladung der chinesischen Regierung folgt die Verhaftung

Am 26. März 2017, morgens um zehn Uhr, fuhren zwei Polizeiautos vor dem Haus meiner Eltern vor. Fünf Beamte drangen in die Wohnung ein und führten mich ab. Ohne jede Erklärung. »Was ist los?«, riefen mein Vater und meine Mutter durcheinander. In unserer Familie hatte niemals jemand irgendwelche Probleme mit der Polizei gehabt. Nicht mal in der Nachbarschaft hatten wir so etwas vorher erlebt. Meine Eltern sind aus allen Wolken gefallen.

»Das ist ein Missverständnis«, beruhigte ich sie. Ich war sehr gelassen, weil ich nichts Falsches getan hatte und deshalb sicher war, dass mir nichts geschehen könnte. Auf der Polizeistation haben sie mich in Kenntnis gesetzt, dass ein »Festnahmebescheid von der Polizei aus Karamay« vorliege.

Mit ruhiger Stimme erwiderte ich: »Ich bin kasachischer Staatsbürger und über die Grenze eingereist. Seither bin ich ungefähr tausendmal von der Polizei überprüft worden. Wenn es diesen Haftbefehl gibt, wieso habt ihr mich dann nicht gleich an der Grenze festgenommen? Wieso wartet ihr damit ab, bis ich ins Haus meiner Eltern komme?«

Das wussten sie jedoch selbst nicht.

Schwarze Kapuze überm Kopf

Statt mir eine Erklärung zu geben, zogen sie mir eine schwarze Kapuze über den Kopf, verfrachteten mich ins Auto und setzten mich an einem anderen Ort ab. Da ich nichts gesehen habe, spürte ich nur, wie mir jemand aus dem Arm Blut abgezapft hat.

Schweigend zogen sie mich nackt aus, legten mich auf eine Liege und röntgen meine Organe. Bis heute überzieht mich eine Gänsehaut, wenn ich an diesen Moment denke. Während ihre Hände und Geräte mich routiniert untersuchten, packte mich das kalte Entsetzen: »Werden sie mich jetzt aufschneiden und mir die Organe entnehmen, um sie dann zu verkaufen?«

Kurz danach sperrten sie mich andernorts in eine Gefängniszelle mit muslimischen Jungen und Männern ein. Viele waren bereits sieben Monate dort und wussten nicht, weswegen man sie inhaftiert hatte. Da erst wurde mir der Ernst meiner Lage bewusst. Nacheinander holten chinesische Beamte diese Leute heraus. Stunden später kehrten sie stöhnend vor Schmerzen und mit geschwollenen Gesichtern wieder zurück. Für mich hatten sie jedoch andere Torturen vorgesehen.

Nach sieben Tagen stülpten sie mir erneut die schwarze Kapuze über den Kopf. »Wir bringen dich nach Karamay, weil du dort gesucht wirst«, erfuhr ich von den Uniformierten unterwegs im Auto. Dort haben sie mich im Stadtteil Jerenbulaq in den Keller der Polizeistation geführt.

Diese Stadt, bekannt für ihre Ölquellen, lag ungefähr 500 Kilometer von meinem Elternhaus entfernt.

Die Psyche brechen

Nachdem sie mir die schwarze Kapuze vom Kopf gezogen hatten, kniff ich die Augen zusammen und blinzelte, so grell und unvorbereitet traf mich das künstliche Licht. Diesmal war ich alleine in einer Zelle mit Gittern.

Im nächsten Augenblick zerrte ein Polizist meinen Arm weit nach oben über meinen Kopf und machte mich mit einer Handschelle an einem Haken an der Wand fest. »Wieso tut ihr mir das an?«, fragte ich gereizt, »die Zelle ist abgeschlossen, davor stehen zwei schwer bewaffnete Polizisten. Außerdem habe ich überhaupt nichts verbrochen.« Doch sie haben mich nur angeknurrt: »Hier hast du gar nichts zu melden!«

Morgens um acht Uhr haben sie mich aus dieser Haltung befreit und mit falschen Beschuldigungen überhäuft. »Du hast von Kasachstan aus für Einwohner in Xinjiang Pässe und Visa organisiert. Einige von denen hast du nach Syrien als IS-Soldaten geschickt.« Empört habe ich diese Vorwürfe zurückgewiesen. »Das stimmt nicht. Zeigt mir eure Beweise! Ich weiß noch genau, welchen Personen wir geholfen haben.«

Diejenigen, die wirklich nach Syrien zum Kämpfen gegangen sind, hatten das meist nur mit chinesischer und türkischer Staatshilfe geschafft. Da die Regierung das natürlich nicht offen zugeben konnte, brauchten sie jemanden, dem sie die Schuld dafür in die Schuhe schieben konnten. Als Sündenbock kam ich da genau richtig.

In meiner Firma beschafften wir vor allem für Unternehmer, Lehrer sowie Angestellte der Ölfirmen solche Papiere. Sie alle verfügten über ein festes Einkommen und einen anständigen Beruf. Das waren keine Terroristen, die aus Xinjiang fliehen wollten, sondern solche, die in Kasachstan oder in der Türkei geschäftliche Interessen verfolgten. Erneut nahm ich einen Anlauf, mich zu verteidigen: »Die chinesische Regierung hat mich doch selbst nach Urumqi eingeladen, damit eure Geschäftsleute an der Expo in Astana teilnehmen können …« Sie wollten aber etwas anderes hören. Nach anderthalb Stunden änderten sie daher ihre Strategie.

Zwei chinesische Polizisten schoben mich auf einen Tigerstuhl, fixierten meine Füße unten und meine Handgelenke oben an den dort extra angebrachten Handschellen. Dann nahmen sie ihre Bambusstöcke, holten weit aus und schlugen damit auf meine Arme. Bereits nach etwa zehn Minuten waren sie blauschwarz angelaufen. Dazwischen fragten sie immer wieder: »Gestehst du deine Verbrechen?« Aber ich habe gebrüllt: »Was soll ich gestehen? Ich habe keine Verbrechen begangen!«

Schließlich wechselten sie zu einem elektrischen Stock, um mich mit Stromschlägen zu schocken. In den Pausen dazwischen haben sie mir Vorhaltungen gemacht: »Du hast nicht nur von terroristischen Aktivitäten gewusst, du hast auch selbst den Terror organisiert!«

Am Anfang hatte ich noch versucht, mich zu schützen, aber wie soll das funktionieren, wenn man festgekettet ist? Später habe ich durch Schreien meinem Schmerz Ausdruck verliehen. Am Ende habe ich gar nicht mehr richtig reagiert.

Nach etwa einer halben Stunde haben sie mich in der Zelle wieder an dieser Vorrichtung an der Wand aufgehängt, diesmal mit beiden Händen hoch über dem Kopf, sodass ich mit den Fußspitzen nur noch knapp den Boden erreichte. In dieser Haltung gefangen, haben sie auf mich mit einer Art Kricketschläger eingedroschen. »Wenn du gestehst, hören wir auf damit!«

Mein schriftliches Geständnis hatten sie schon vorbereitet, es lag parat auf einem Tisch.

Als ich später ins nächste Lager kam, erzählten mir zahlreiche Insassen, dass ihnen genau dieselben Verbrechen vorgeworfen und sie auf ähnliche Art gefoltert worden seien.

Folterknechte

Für jeden normalen Menschen ist es schwierig, einen anderen leiden zu sehen, aber diese Männer hatten sichtlich ihren Spaß daran und lachten dabei: »Probieren wir mal die Eisenstange aus!« Es waren zwei Chinesen und ein Uigure. Junge Kerle in Zivilkleidung, um die 20 Jahre alt.

Sie kamen mit ihren Gesichtern sehr nah an mich heran, zogen meinen Kopf nach hinten und fragten dabei: »Möchtest du gerne sterben?« Dabei spürte ich ihren Atem auf dem Gesicht. Alle drei stanken aus dem Mund nach Schnaps.

Nach dem Aufhängen setzten sie mich wieder zurück auf den Tigerstuhl. Diesmal nahmen sie Nadeln und bohrten diese unter meine Fingernägel. Das fühlt sich an, als würde man sie direkt ins Gehirn stechen.

»Wenn ich ein Geständnis ablege«, war mir klar, »werden sie mich töten.« Viele der bekanntesten uigurischen Geschäftsleute und religiösen Würdenträger hatte die chinesische Regierung auf diese Art und Weise aus dem Weg geschafft. Mein Glaube an Gott gab mir die Kraft, meine Gedanken nur auf eine Sache auszurichten: »Überleben.«

Mein Körper war nass geschwitzt, der Schweiß lief wie Wasser von meiner Stirn, und ich war unglaublich durstig. Die ganze Zeit wünschte ich mir etwas zu trinken, nur einen Schluck Wasser ... Folter ist sehr schwer zu ertragen. Folter bringt dich an den Rand des Wahnsinns, aber sie tötet dich nicht unbedingt.

Am ersten Tag hält man diese Torturen kaum aus, der ganze Körper brüllt vor Schmerzen, aber nach einer Weile gewöhnt er sich daran. Keine Ahnung, was da passiert. Vielleicht sterben die Nerven ab? Auf jeden Fall wird man ab einem gewissen Schmerzpensum unempfindlicher, fast taub. Und während sie einen schlagen, schafft man es sogar, ein bisschen dabei zu lächeln. Als ob der Körper abschaltet, weil es anders nicht mehr auszuhalten ist …

»Du bist ein russischer Spion!«

Vier Tage und vier Nächte lang quälten sie mich. Gegen Mitternacht waren auch die Folterknechte vom Schlagen schweißgebadet und gingen erschöpft schlafen. Nur einer blieb zurück, während ich auf dem Tigerstuhl angekettet blieb.

Wie bewusstlos fiel ich zwischendrin in Tiefschlaf, aber keine fünf bis zehn Minuten später stürmte dieser Kerl herein, um mich anzurempeln. »Wach auf!« Seine einzige Aufgabe bestand darin, mir keine Erholung zu gönnen.

Jeden Tag wechselten sie die Folterknechte aus. Es waren immer drei junge Männer, zwei Chinesen und ein Muslim. Einmal war der Dritte auch ein Kasache. Ich kannte sogar zwei bei ihren Namen. Zwischendrin wurde ich etliche Male ohnmächtig, aber ich weiß nicht mehr, wann und wie genau das passiert ist. Meine Erinnerungen an diese Zeit sind sehr fragmentarisch.

Die Folterknechte waren sich am Ende sicher, den Grund dafür zu kennen, warum ich nicht nachgegeben hatte: »Jetzt wissen wir, wer du bist! Du bist in der Sowjetunion als Spion ausgebildet worden. Da hast du gelernt, so hart zu bleiben …« Ich lachte nur spöttisch auf: »Ihr habt an jeder Ecke Kameras aufgehängt, jeder Winkel im Land wird überwacht. Um herauszufinden, dass ich ein russischer Spion bin, hättet ihr mich hier nicht vier Tage lang peinigen müssen …«

»Du bist ein russischer Spion.« Das wiederholten sie noch mal, bevor sie mich aus diesem Folterkeller entließen und in ein Lager in der Stadt schickten. Man findet dieses Gebäude auch auf Satellitenfotos.

Dieses ehemalige Gefängnis diente dazu, Körper und Seele zu schwächen. Wer das überlebte, wurde danach an einem anderen Ort indoktriniert.

Lager in Karamay

Als ich ins Gebäude hineingeführt wurde, setzte ich schleppend Schritt für Schritt, so schwer waren meine Fußketten. Die neue Zelle war etwa 19 Quadratmeter groß, darin befanden sich 40 Gefangene. Darunter 37 Uiguren, der Rest Kasachen, Usbeken oder andere muslimische Ethnien. Kameras in allen Ecken.

Alle Insassen trugen orangefarbene Jumpsuits. Vermutlich hatte sich die Führung das von den Amerikanern in Guantanamo abgeguckt, wo die Gefangenen genauso aussahen und alle als Terroristen galten.

Obwohl die Zelle sehr hohe Decken aufwies, war es furchtbar stickig. Die meisten Männer waren gezeichnet durch Misshandlungen und stark abgemagert. »Warum bist du hier?«, fragte ich leise einen blau geprügelten 16-Jährigen. Er hatte sich mit einem Freund, der nach Europa gezogen war, am Handy ausgetauscht. Daher galt er als Separatist, der nationale Geheimnisse ans Ausland verraten habe. So war das bei vielen. Auf ihrem Handy hatte sich irgendeine nebensächliche, meist völlig unpolitische Nachricht befunden, aus der die Beamten eine falsche Ideologie und Staatsfeindlichkeit ableiteten.

Sieben Mitgefangene waren wie ich an Füßen angekettet, während wir auf einer Bank aus Beton hockten. Drei Monate und zehn Tage war ich auf diese Weise zur Bewegungslosigkeit verurteilt. Diese Kette war an einem Ring an der Betonwand festgemacht und so kurz, dass die Füße beim Schlafen stets etwas in die Luft ragten. Das Licht blieb immer an.

In den ersten drei Monaten war ich wenigstens noch in der

Lage, meine Arme frei zu benutzen. Gelegentlich haben uns die Wachen einen Eimer mit Wasser und ein Handtuch gebracht, womit wir uns ein bisschen waschen konnten. Aber nach dem 16. Juli haben sie in allen Lagern den Gefangenen Hand- und Fußketten angelegt, wie ich später erfahren habe.

Danach waren wir zwar nicht mehr mit den Füßen an die Wand gefesselt, aber stattdessen waren Hand- und Fußschellen miteinander durch eine Kette verbunden und erschwerten jede Bewegung. Ab diesem Zeitpunkt war es nicht mehr möglich, sich zu waschen.

Sieben Monate und zehn Tage habe ich dort verbracht.

Hass

So festgekettet wie ein Hund, spürte ich, wie ein immer stärkerer Hass in mir entstand. Hass gegenüber den chinesischen und den muslimischen Polizisten, weil sie uns entweder selbst misshandelt oder grinsend dabei zugesehen hatten, wie andere uns gefoltert oder sogar getötet haben.

In unserem elenden Zustand sind wir auch gelegentlich untereinander kurz aggressiv und laut geworden, aber in erster Linie waren wir alle auf unseren Feind fokussiert, der klar und deutlich vor uns stand.

Nur leider gab es keine Möglichkeit, diesen Hass in Widerstand umzusetzen. Bevor Polizisten in die Zelle traten, mussten wir uns alle hinknien, die Hände über den Kopf halten und uns nicht rühren. Erst dann wagten sie, einzutreten und pro Tag ein bis drei Männer herauszuholen. Zur Folter führten die Wachen sie aus dem Lager hinaus, nicht weit weg in einen Keller, der sich neben der dritten Grundschule in Karamay befand.

Manchmal brachten sie diese Männer erst drei Tage später zurück. Einige sah man nie wieder, dafür kamen neue Gefangene hinzu. Unter den Zurückgekehrten waren welche, die nicht mehr alleine laufen konnten. Solche Männer warfen sie wie Abfall in die Zellen. Die schwer Verwundeten schleppten sich auf dem Bauch mit den Händen zu ihrem Platz. Einige von ihnen hatten geschwollene Füße oder Beine, an denen sich die Haut schichtweise gelöst hatte und das Fleisch offen lag.

Ein großer Teil dämmerte nach den Verhören halb tot daliegend vor sich hin und war tagelang nicht in der Lage, sich zu bewegen, weil der Körper völlig geschwollen war. Manche haben versucht, mit feuchten Handtüchern die Schwellungen ein bisschen zu mildern. Ein Teil der Leute gestand unter der Folter relativ schnell, was die Polizei von ihnen verlangt hatte. Danach packte man sie nicht mehr ganz so hart an.

»Viele werden dieses Lager nicht wieder lebendig verlassen«, war ich mir im Stillen sicher. Wer kein Geständnis ablegte, wurde von den Polizisten immer weiter verhört. Auf längere Sicht hält das kein Mensch aus.

Wunden, die nicht heilen

Nach der Folter entzündeten sich die offenen Wunden meiner Mitgefangenen oft schwer, denn in diesem Dreck vermehrten sich Bakterien ungehemmt. In der Folge litten einige Männer unter faustgroßen Geschwülsten.

Eine Uigurin in Australien hat kürzlich so ein Foto von ihrem Bruder mit einem riesigen Geschwür am Hals gepostet, nachdem er aus dem Lager entlassen worden war. Ich weiß nicht, ob er überlebt hat. Ähnliches habe ich im Lager oft bei anderen Häftlingen gesehen.

Einem Mann namens Dilshat Setiwaldi aus meiner Zelle hatten sie beim Verhör so stark in die Nieren geschlagen, dass er danach nur noch Blut uriniert hat. Sein Zustand verschlimmerte sich von Tag zu Tag. Wegen der Schmerzen schaffte er es nicht mehr, aufrecht zu stehen. Ein Arztbesuch wurde ihm verweigert; da er aber selbst traditioneller Arzt der uigurischen Medizin war, bat er die Wachen um Hilfe: »Wenn ihr erlaubt, dass mir meine Verwandten Medizin bringen, kann ich mich selbst heilen.« Doch selbst diesen Wunsch hatten sie ihm verwehrt.

Mich haben sie als kasachischen Staatsbürger besser behandelt. Als ich unter einer Lebensmittelvergiftung litt und ohnmächtig wurde, verabreichten sie mir eine Medizin.

Die Art der Folter im Lager war vielfältig. Üblich waren Essens- und Wasserentzug über 24 Stunden und der Einsatz von Strom. Als schwerste Form kam die Wasser-Folter zum Einsatz. Davon haben mir andere berichtet, die das durchlitten hatten. Die Opfer werden angekettet und sind dazu verdammt, 24 Stunden lang bis zum Hals in einem mit Fäkalien verdreckten, kalten Wasserbecken zu stehen. Wer seine Schuld gesteht, darf das Becken früher verlassen. Diejenigen, die von der Wasser-Folter zurückkehrten, zitterten danach fast noch eine Woche lang, so durchgefroren waren sie. Sie umfassten sich mit beiden Armen, um sich selbst irgendwie Wärme zu spenden, aber ihre Körper schüttelten sich wie bei Nackten im Eis.

Die Taubstummen

Tagsüber haben die Wachen uns gezwungen, aufrecht zu sitzen und gegen die Wand schauen. Später hefteten sie dort Zettel mit kommunistischen Liedtexten fest, die wir singen mussten. »Ohne die Kommunistische Partei gäbe es kein neues China.« Immer wieder. Das waren etwa zehn Lieder aus der Kulturrevolution der 1970er Jahre. Viele von diesen Texten können selbst die Chinesen nicht einmal singen. Die Faschisten der KPCh zwingen mit Gewalt ihr gesamtes Volk dazu, ihre Partei zu lieben. Diese Liebe aber kommt nicht aus dem Herzen, sondern nur aus dem Mund.

Dreimal täglich schoben sie uns das Essen in Plastikbehältern durch eine quadratische Luke in der Tür. An einem Tag Wasser mit Chinakohl, am nächsten Tag Wasser mit Aubergine und dazu kleine gedämpfte Brötchen. Freitags setzten sie uns Schweinefleisch vor, um uns als Muslime zu beleidigen.

Zuständig für die Essenslieferung waren vier bis fünf Chinesen. Zuerst versuchten wir noch, mit diesen Menschen zu sprechen, aber sie reagierten überhaupt nicht. Wahrscheinlich hatte die Leitung extra solche Taubstummen für diese Aufgabe ausgesucht, damit sie uns keine Informationen geben und draußen nichts aus dem Lager verraten konnten.

Einer der Insassen aber erkannte einen der Taubstummen wieder, weil er sein früherer Nachbar war. Deshalb beherrschte er auch ein wenig die Gebärdensprache und bat ihn auf diese Weise um einen Gefallen: »Bitte sage meinen Eltern, dass ich hier bin.« Kurz danach ist der Taubstumme verschwunden. Wahrscheinlich haben sie ihn gefeuert oder selbst inhaftiert, weil er diese Nachricht weitergegeben hatte.

Mit der Zeit wurden wir alle immer schwächer.

Hoher Besuch

Nach drei Monaten schlug mein Herz das erste Mal kurz vor freudiger Aufregung. Es war um den 10. Juli herum, als mich zwei kasachische Diplomaten im Polizeibüro des Lagers erwarteten. »Das ist meine Rettung«, war ich mir sicher. Bis dahin war ich noch der festen Überzeugung gewesen, dass für alle Regierungen auf der Welt – mit Ausnahme Pekings – das Wohl ihrer Staatsbürger ein wichtiges Anliegen ist.

Vor dem Treffen nahmen mir die Sicherheitsbeamten die Ketten ab. »Es tut uns leid, aber wir wussten nicht, dass du Ausländer bist«, spöttelten sie dabei und schärften mir ein, dass ich nichts über die Gründe meiner Inhaftierung und die Zustände im Lager erzählen dürfte. »Deine Landsleute gehen danach wieder, aber du bleibst hier! Denk daran!«, machten sie mir deutlich. Dennoch hatte ich mir fest vorgenommen, den Diplomaten alles zu erzählen, sobald sie mich danach fragten.

Zu Beginn des Gesprächs belehrten mich meine Besucher über vier Dinge: Erstens. »Als kasachischen Staatsbürger dürfen sie dich nicht zur Zwangsarbeit einteilen.« Zweitens: »Sie müssen dir dreimal am Tag Essen geben.« Drittens: »Und falls du krank wirst, müssen sie dich einen Arzt sehen lassen.« Viertens: »Wenn du zu fünf bis zehn Jahren verurteilt wirst, werden wir dich nach Kasachstan in ein Gefängnis verlegen.« Darüber gäbe es eine Vereinbarung zwischen der kasachischen und der chinesischen Regierung.

Und schon waren sie wieder weg. Ich hatte gar keine Gelegenheit gehabt, etwas vorzutragen. Und sie hatten nichts, aber auch gar nichts von mir wissen wollen. Wahrscheinlich hatten ihnen die chinesischen Sicherheitsbeamten genau wie mir vorher eingeimpft, dass sie mich nichts fragen dürften. Und kaum war die Tür hinter ihnen zugefallen, legten mir die Wachen die Hand- und Fußschellen wieder an und brachten mich zurück in die Zelle.

Selbst nachdem ich später aus dem Lager herausgekommen und wieder nach Kasachstan zurückgekehrt war und den Medien dort meine Geschichte erzählt hatte, kontaktierte mich niemals ein Beamter von der Regierung. Die kasachische Regierung interessiert sich nicht dafür, wie der mächtige Nachbar seine unschuldigen Staatsbürger misshandelte.

Trotzdem schöpfte ich neue Hoffnung. »Jetzt wissen sie, wo ich bin, und werden handeln. Innerhalb von einer Woche bin ich hier draußen.« Aber nach sechs Monaten saß ich noch immer ein, in einem anderen Teil des Lagers, wo sie mich auf einem Tigerstuhl festgekettet hatten. »Das chinesische Gesetz schreibt vor, dass jeder Fall eines Inhaftierten nach spätestens sechs Monaten und zehn Tagen behandelt werden muss«, informierten mich die Beamten. »Normalerweise müssten wir dich deshalb nach Kasachstan zurückkehren lassen, aber unsere Vorgesetzten unterschreiben die dafür nötigen Papiere nicht.«

Im Anschluss daran legten sie mir einen Katalog mit zahlreichen Bildern von uigurischen und kasachischen Personen vor. »Kennst du den?« Und dann forschten sie mich sehr ausdauernd über einen Ort namens **Chundzha** in Kasachstan aus. »Kennst du diesen Ort?« Ich hatte noch nie seinen Namen gehört. Erst später fand ich heraus, dass sich dort ein kasachischer Militärstützpunkt befindet.

Isolationshaft

Am 1. Oktober feiert China seinen großen Nationalfeiertag, der auf die Gründung der Volksrepublik im Jahr 1949 zurückgeht. An diesem Tag holten sie viele Leute aus der Zelle und schafften sie fort. In meiner Naivität hatte ich angenommen, dass sie alle freigelassen worden seien. Nur fünf Leute blieben mit mir in der Zelle zurück.

Lautstark beschwerte ich mich: »Ich bin kasachischer Staatsbürger und verlange meine Rechte …« Da haben die Wachen geantwortet: »Okay, du bist Ausländer und hast besondere Rechte. Deshalb bringen wir dich jetzt in deine eigene, ganz besondere Zelle.«

Und dann schoben sie mich am 4. Oktober allein in eine etwa drei Quadratmeter enge Kammer. Mit einem winzigen Fenster weit oben. Im Boden ein Loch, wo ich meine Geschäfte verrichten konnte. An der Seite ein kleiner Wasserhahn mit kaltem Wasser zum Händewaschen. Eine dünne Decke. Sonst war da nichts.

Abends ab 20 oder 21 Uhr ertönte über Lautsprecher ein seltsam schrilles elektrisches Geräusch. Das war sehr unangenehm und selbst noch zu hören, wenn ich beide Hände sehr fest auf die Ohren gepresst habe. Dieser durchdringende Pfeifton dauerte bis Mitternacht. Wenn ich davon erzähle, höre ich dieses Geräusch sofort wieder in meinem inneren Ohr. Wahrscheinlich verfolgten sie das Ziel, mich damit in den Wahnsinn zu treiben. Einen Monat lang war ich in dieser Kammer eingelocht.

Wenn sie mir Essen brachten, fragte ich nach: »Welches Datum haben wir heute?« Manchmal antworteten sie mir. So gelang es mir, wenigstens ungefähr die Orientierung zu behalten. Man kann sonst nicht mehr unterscheiden, ob Tage, Wochen oder Monate vergangen sind.

Da ich mich mit den schweren Ketten kaum bewegen konnte, legte ich mich auf den Boden, die Füße nach oben oder vor mich aufgestellt. In meinem Kopf stellte ich mir meine Familie vor oder rezitierte für mich selbst Stellen aus dem Koran.

Wenn man an so einem Ort gefangen ist für so lange Zeit, versteht man, wie wichtig es ist, die Freiheit in einer Gesellschaft zu bewahren. Am 4. November sperrten sie die Tür auf und verlegten mich in ein Umerziehungslager, um mich dort einer Gehirnwäsche zu unterziehen. Es lag etwas außerhalb, nördlich von Karamay, und diente wie das Lager zuvor früher schon als Gefängnis, aber nicht für diese große Anzahl von Menschen.

Gehirnwäsche: Lieber geschlagen werden als das!

Vier Meter hohe Mauern umgaben diesen Komplex, der zusätzlich durch elektrische Zäune und Wachen gesichert war. Drinnen wurden mir die Ketten abgenommen, und ich erhielt einen blauen Trainingsanzug. Die Zellen waren mit 40 bis 50 Gefangenen besetzt und ein wenig größer als vorher. In den 20 Tagen durfte ich mich sogar einmal waschen. Die äußeren Umstände waren besser. Schon bald aber sehnte ich mich nach dem ersten Lager zurück …

Dieses Gebäude war in die Bereiche »A«, »B« und »C« aufgeteilt. Mich sortierten sie im letzten Teil ein, wo sie die Menschen am schlechtesten behandelten. Im »A«-Bereich war den Gefangenen beispielsweise sogar der Besuch von Verwandten erlaubt.

Da nicht genug Platz in der Zelle war, wechselten wir uns beim Schlafen alle zwei bis drei Stunden ab. Hatten sie uns im ersten Lager nur einmal im Monat Blut abgenommen, so verabreichten sie uns hier regelmäßig eine Tablette, die uns sehr schwerfällig und apathisch machte. Seitdem bin ich vergesslich und unkonzentriert. Alle Insassen litten danach unter Hautausschlägen und seltsamen Zuständen. Wir haben uns gedacht: »Vielleicht machen sie mit uns Versuche wie sonst mit Ratten im Labor.«

In der »C«-Abteilung waren ungefähr 2600 Menschen untergebracht. Das hatte ich mitbekommen, weil wir in der ersten Woche morgens beim Fahnenappell im Hof laut abgezählt worden sind. Nachdem es im Süden offenbar zu Aufständen in Lagern gekommen war, ließen sie keine großen Gruppen mehr ungefesselt aus den Zellen heraus. Sie hatten Angst vor uns, obwohl wir in Ketten waren. Warum? Weil sie genau wussten, dass das, was sie tun, falsch und grausam ist.

Einige der Wachen hätten uns gerne geholfen, wenn sie nicht selbst so viel Angst um ihr Leben gehabt hätten. Einer rechtfertigte sich einem Gefangen gegenüber, der ein früherer Schulkamerad war: »Am Anfang haben sie uns gesagt, dass jeder Polizist maximal zwei Jahre hierbleiben muss, aber jetzt sind einige von uns schon fünf Jahre hier. Und alles wird immer schlimmer und schlimmer …« Er und andere Wachen steckten uns ab und zu Extrarationen beim Essen zu.

Die *New York Times* hatte auch über einen chinesischen Polizisten berichtet, der bis zu 300 Uiguren freigelassen hatte und dafür in China vor Gericht gestellt wurde. Sicher gab es mehrere solcher Fälle. Wir erfuhren auch, dass manche chinesische Polizisten ihre Arbeit im Lager gekündigt hatten, weil sie nicht damit einverstanden waren, was da geschah.

Die große Mehrheit aber führt schweigend aus, was von oben befohlen wird.

Propaganda-Unterricht

Für den Propaganda-Unterricht teilten uns Wachen Zettel aus, bedruckt mit Liedern, Propagandasprüchen oder irgendwelchen politischen Inhalten. Einen Gefangenen in der Zelle hatten sie dafür verantwortlich gemacht, den anderen diese Inhalte beizubringen.

»Wir müssen zusammenhalten und wie die Kerne in einem Granatapfel alle nebeneinanderstehen.« Sie schwafelten von Harmonie, Gerechtigkeit und Stabilität, während sie uns folterten. Sie formulieren Gutes, damit sie von außen nicht angreifbar sind, aber ihre wirkliche Botschaft ist eine andere: »Seht mal, wie überlegen wir sind! Wir haben eure Häuser zerstört, euch euer Land und eure Freiheit genommen. Wenn ihr weiterleben wollt, werdet ihr euch unterwerfen!«

Die »Belt and Road Initiative« war eines der großen Themen. »Am Ende werden wir damit mächtiger als Amerika. Unser Einfluss wird sich über die ganze Welt erstrecken.« Die zentralasiatischen Einheimischen waren in ihren Augen »rückständige Schafhirten«, die von der Partei aus der Sklaverei befreit worden seien.

Wir konnten das natürlich nicht nach außen zeigen, aber in unserem Inneren haben wir für ihre Worte nur Hohn empfunden. Dauernd sollten wir unser eigenes Denken anprangern und uns als schuldig benennen. Irgendwann schaffte ich es nicht mehr, mich zusammenzunehmen, und mir platzte der Kragen: »Bringt mich lieber zurück ins andere Folter-Lager oder erschießt mich gleich!«

Meine Stimme war heiser vor Zorn. »Ich werde für meine Freiheit bis zum Schluss weiterkämpfen. Ich möchte sofort einen Anwalt sprechen!« Mit ihren Keulen haben sie auf mich eingeschlagen und mich weggeschleppt. Damals hatte ich noch geglaubt, dass die chinesische Regierung nichts von diesen Verbrechen in den Lagern wüsste, aber das stellte sich als Irrtum heraus.

Zur Strafe erhielt ich 24 Stunden lang Dunkelhaft. Ohne Essen, ohne Wasser, ohne jegliche Form von Kommunikation. Diese Zelle war noch kleiner als die Isolationszelle im anderen Lager. Kaum war die Tür zu, habe ich meine eigene Hand vor Augen nicht mehr gesehen. Es herrschte totale Finsternis.

Ich war noch lange innerlich tief aufgewühlt. Hat nicht jedes Volk seine eigenen Bräuche, seine eigene Identität oder Religion? Und dann kommt eine andere Nation, setzt dir das Messer auf die Brust und zwingt dich: »Du darfst nicht mehr so sein, wie du bist. Du musst so sein wie wir!« So etwas kann kein Volk akzeptieren. Egal, ob es christlich oder muslimisch ist oder zu einer anderen Gruppierung gehört.

Als Uiguren oder Kasachen sind wir in der Heimat über Jahrhunderte in einer für uns natürlichen Umgebung aufgewachsen und zu dem geworden, was wir heute sind. Von unserem Charakter her teilen wir miteinander, egal, was wir bekommen. Wir helfen einander, und wir halten an dem fest, was uns als Menschen auszeichnet.

Die Chinesen, die wir kennengelernt haben, sind hingegen sehr auf ihren individuellen Vorteil bedacht. Geld und Glück sind für sie dasselbe. Sie teilen nicht gerne und wollen immer noch mehr haben. Anders als sie haben wir keine Angst vor dem Tod, was uns im Vergleich mit ihnen sehr stark macht. Das hat mit unserer Religion zu tun. Darum wollen sie uns unseren Glauben nehmen und uns nach ihrem eigenen Bild formen.

Als sie mich aus der Dunkelhaft entließen, fühlte ich mich noch stärker als vorher. Ich hatte das Gefühl, dass sie mir nichts mehr anhaben könnten. Und ich glaube, dass sie das auch spürten. Am nächsten Tag, es war der 24. November 2017, ließen sie mich überraschend frei.

Freiheit

Mein Körper war so schwach, dass ich kaum noch normal laufen konnte. Mehr als 20 Kilogramm Gewicht hatte ich verloren. Die Polizei setzte mich bei meiner Schwester in Karamay ab. Von dort aus habe ich zuerst meine Eltern angerufen. »Ich bin frei! Ich bin unschuldig!« Dann habe ich meine Frau und meine drei Kinder über Video-Call informiert. »Mir geht es gut!«

Letztlich hatte ich es dem Einsatz meiner Frau zu verdanken, dass ich heute frei bin. Sie hatte sehr viele Briefe an alle möglichen Politiker und wichtige Institutionen wie die Vereinten Nationen geschrieben.

Zurück in Kasachstan, habe ich den Medien über meine Erfahrungen berichtet. Vor negativer Presse hat die chinesische Regierung große Angst. Sie haben nicht damit gerechnet, dass ein Folteropfer wie ich keine Angst davor hat, offen über ihre Grausamkeiten zu sprechen. Die Agenten Chinas sind direkt zu mir ins Haus gekommen und haben mir klargemacht: »Hör auf zu reden! Sonst werden wir deine Eltern ins Gefängnis stecken und dich töten.« In Kasachstan konnte ich nicht bleiben, weil die kasachische Regierung mich nicht beschützt hat.

Daraufhin bin ich in die Türkei geflohen, weil ich dachte, dass dieses Land, das uns traditionell und kulturell am nächsten steht, uns sicher unterstützen würde. Aber auch hier setzten sich die Morddrohungen fort, und die Kader haben am 9. März meinen Bruder und meine Schwester in der Heimat festgenommen. Im April holte die Polizei meine Eltern ab.

Wie Kasachstan hat auch die Türkei viele Kredite von China erhalten und sich erpressbar gemacht. Deswegen musste ich erneut woanders Schutz suchen. In Holland angekommen, setze ich meine Aufklärungsarbeit fort.

Selbst wenn wir keine Waffen und nicht mal ein Stück Eisen in der Hand halten, bewahren wir uns unseren starken Volksgeist. Drei Sachen habe ich im Lager gelernt. Erstens: Vor dem schlimmsten und stärksten Feind aufrecht zu sitzen. Zweitens: Menschlich zu sein und Mensch zu bleiben. Drittens: An dem festzuhalten, woran man glaubt.

Für mich war es überlebenswichtig, diesen ständigen Drohungen der chinesischen Polizisten nicht nachzugeben und Widerstand zu leisten. Egal, ob es um mein eigenes Leben oder um das Leben meiner Eltern ging. Tief in mir ist ein starker Widerstand gegen Ungerechtigkeit verwurzelt. Diese Eigenschaft hatte auch mein Vater besessen. Ich bin mir sicher, dass er sich beim

Verhör geweigert hatte, andere zu verraten. So ein stolzer Mensch ist er gewesen. Dieses Spiel, dessen Regeln aus Lügen bestehen, hat er sicher nicht mitgespielt. Dafür haben sie ihn totgeschlagen. Über meine Mutter und meine Geschwister habe ich keine Nachrichten erhalten.

Vor Erpressungen dürfen wir keine Angst haben. Nur dann können wir für das einstehen, woran wir glauben. Für Freiheit und Gerechtigkeit. Hätten andere das vor uns nicht getan, dann wäre unser Volk schon längst verschwunden.

Dann wären wir nicht mehr die, die wir sind.

ANALYSE

Folter

Folter ist eine der gängigsten Formen der Bestrafung in der chinesischen Geschichte. Die Kader führen Unschuldige ab, bezeichnen sie als »Verdächtige« oder »Kriminelle«, ohne sie zuvor befragt zu haben oder irgendwelche Beweise vorzulegen. Ebenso normal ist es, diese Leute dabei zu schlagen oder auf andere Weise zu quälen.

Mein Mann und ich hatten von solchen Vorkommnissen öfter von befreundeten Polizisten erfahren. Es war herzzerreißend zu hören, wie sie die Menschen dort peinigten. Niemand wird in diesem totalitären Herrschaftssystem verschont, denn in China hat niemand einen Wert. Die gehirngewaschenen Roboter des kommunistischen Regimes wissen nicht, was Mitgefühl ist. Ihnen zufolge ist es notwendig, die Seelen der Menschen zu töten, indem man ihr Innerstes foltert und sie gefügig macht.

Ab 2014 hatte Xi Jinping im Rahmen der »Strike Hard Campaign« einen »umfassenden Kampf« unter Einsatz der »Organe der Diktatur« gegen Extremismus in Xinjiang und »keine Gnade« gegenüber unserem Volk angeordnet. Vorausgegangen waren zwei Anschläge in Kunming und Urumqi, für die Peking einige Uiguren verantwortlich gemacht hat.

Ende 2016 spitzte sich die Situation für die Gefangenen in den faschistischen Lagern und Gefängnissen zu. Die KPCh hatte mithilfe der rasanten Entwicklung von Wissenschaft und Technologie eine Vielzahl neuer Foltermethoden entwickelt. Ein Mensch, der wie ich unter Qualen auf einem Stromstuhl und unter dem gleichzeitigen Einprasseln der Schläge gelitten hat, spürt diese Schmerzen bis heute.

Lieber sterben, als die Folter ertragen

Als ich die verschiedenen grausamen Foltergeräte und -methoden mit eigenen Augen im »Schwarzen Raum« des Lagers gesehen habe, ist mir das Herz kurz stehen geblieben, weil mich die eigene Hilflosigkeit gelähmt hat. Ketten, Messer, Stromstühle … Man ist den Folterknechten wehrlos ausgeliefert.

Angesichts der Folter geben die meisten Menschen alle Verbrechen zu, die ihnen unterstellt werden. Egal, wie stark der eigene Körper und Geist sind, es ist furchtbar schwer, solche Misshandlungen zu ertragen. Während mich selbst die Stromschläge wie Schockwellen durchfahren haben, wünschte ich mir nur noch, schnell zu sterben, ohne weiter diese Schmerzen spüren zu müssen …

Die Folterknechte kennen keine Gnade, egal, wer ihnen in die Finger gerät. Ob Professor oder Schüler, 80-jährige Greisin oder 13-jähriges Mädchen. Selbst wenn die Einwohner draußen in den Städten nicht erfahren, was im Lager geschieht, haben sie eine genaue Vorstellung von den schrecklichen Tragödien, die sich hinter den Mauern abspielen. Sie beobachten, dass viele, die dort hineingingen, nie wieder herauskamen. Und sie sehen die Überlebenden. Ein Schatten ihrer selbst, ihre Augen unruhig umherirrend; ihre Lippen bewegen sich, aber nur unverständliche Worte kommen heraus.

Um möglichst viele Unschuldige als Verbrecher hinter Gitter zu sperren, hat die KPCh die Menschen dazu aufgefordert, sich gegenseitig bei der Polizei anzuzeigen.

Im 21. Jahrhundert verfügt die chinesische Regierung über Folterinstrumente und moderne Waffen, die in keinem anderen Land so wie dort vorhanden sind. Deshalb bleiben die Menschen, die unseren Zeugenaussagen über die Folter zuhören, meist sprachlos zurück. Oft sind sie nicht bereit, das aufzunehmen, weil das Grauen außerhalb ihrer eigenen Wirklichkeit liegt und sie selbst nie eine solch gnadenlose Verfolgung erlebt haben. Anders als wir sind sie Teil eines Staates, der sie schützt und für sie sorgt. Unsere Landsleute hingegen sind der Willkür und Grausamkeit der eigenen Regierung ausgeliefert.

Deshalb fällt es vielen sehr schwer, Menschen wie uns zu verstehen, die solche traumatischen Erfahrungen durchlitten haben. Die KPCh nutzt außerdem ihre Mittel, um uns unglaubwürdig zu machen. Sie zwingen unsere Verwandten zu Falschaussagen über uns und hetzen uns gegeneinander auf. Unsere Angehörigen verleumden uns, weil ihnen keine andere Wahl bleibt in einer Umgebung, in der sie niemandem vertrauen können und immer wieder der Gewalt ausgesetzt sind.

Gehirnwäsche: Psychologische Kriegsführung

Das wichtigste Werkzeug in der Geschichte der Kommunistischen Partei Chinas ist die Gehirnwäsche, die im frühesten Kindesalter beginnt (siehe auch »Situation der Kinder«). Selbst unsere karge Freizeit soll durch Singen kommunistischer Lieder und Lobpreisen der KPCh geprägt sein, um »die Saat der Liebe zum Mutterland« und »die Liebe zum Sozialismus in die jungen Köpfe« zu pflanzen.

Alle Bildungsanstalten, vom Kindergarten bis zur Universität, sind nicht nur Orte des Lernens, sondern immer auch Orte der Gedankenkontrolle, an denen politisches Lernen im Vordergrund steht. Seit Neuestem gibt es sogar das Unterrichtsfach »Gedankenlehre Xi Jinpings«. Kein Parteichef hat seit Mao so einen Personenkult um sich betrieben und so viel Macht in seinen Händen konzentriert wie er.

Die KPCh beeinflusst die Menschen zudem erfolgreich über die sozialen Medien. Dabei sind in China Facebook, YouTube, Twitter und alle anderen westlichen Social-Media-Plattformen für die Bürger gesperrt. Zu den erlaubten chinesischen Social-Media-Plattformen gehören beispielsweise WeChat, Weibo, TikTok oder QQ, die rund um die Uhr von der Internetpolizei überwacht werden. Wer dort sensible Informationen veröffentlicht, bringt sich selbst in Lebensgefahr.

Die Menschen in Ostturkestan haben gelernt, mit viel Fantasie versteckte Botschaften zu platzieren. Manche Uigurinnen veröffentlichen auf TikTok beispielsweise Aufnahmen von ihren traurigen Gesichtern, daneben sieht man Jahreszahlen mit Symbol-Figuren, die anzeigen, wann ihre Männer, Kinder oder Eltern in Lagern inhaftiert worden sind. Immer öfter sieht man auch nur ihre weinenden Gesichter – ohne Worte

Es gibt keine Medien in China, die nicht staatlich gelenkt und zensiert sind. Es gibt keine Möglichkeit, sich kritisch und offen über das zu informieren, was außerhalb und innerhalb Chinas geschieht. Nur im Inland Chinas schaffen es vielleicht noch manche Spezialisten, das »Goldene Schild« beziehungsweise die »great firewall« zu umgehen, die das bevölkerungsreichste Land der Welt vom Rest des Internets abtrennt.

Die Zahl ausländischer Journalisten ist auf ein historisches Tief gesunken. Diejenigen, die noch in China berichten dürfen, werden andauernd verfolgt, kontrolliert und gestoppt. Alles, was man im Reich der Mitte hört, sieht oder liest, befasst sich inhaltlich vor allen mit Lobhudeleien über die Leistungen der Kommunistischen Partei Chinas. Jede Parole gefüllt mit Patriotismus und Nationalismus.

Man findet nichts anderes außer kommunistischem Propagandamaterial. Kritik ist nicht erlaubt.

Nach außen Feindbild schärfen, nach innen Regierung stärken

Geschieht etwas Schlimmes in China wie zum Beispiel der Ausbruch des Coronavirus in Wuhan, lässt die KPCh es in den Medien so aussehen, als hätten die Vereinigten Staaten oder andere westliche Länder dieses Unheil angezettelt. Indem die Kader nach außen das Feindbild vom Westen beschwören, stärken sie nach innen die chinesische Diktatur.

Der Einparteienstaat hat Russland längst bei den Aktivitäten überholt, Demokratien zu untergraben und Europa zu spalten. Groß angelegte Hacker- und Cyberangriffe werden genutzt, um bestimmte Personen aus ihren Netzwerken auszusperren, Daten sowie Ideen zu stehlen oder Unternehmen lahmzulegen.

Mit gefälschten Accounts macht die KPCh in den sozialen Netzwerken massiv Stimmung für die Sichtweise der chinesischen Regierung. Eine »50-Cent-Armee« – damit sind Angestellte Pekings gemeint, die 50 Cent pro Post erhalten – hat die Aufgabe, jährlich das Internet mit Hunderten Millionen von Lügen, Angst- und Hassbotschaften zu überschwemmen. In ihren Augen sind freiheitliche Systeme dekadent, zerstritten und verderbt.

Auf der Agenda der »50-Cent-Armee« stehen unter anderen: »Verhöhnung des Auslands – Verspottung westlicher Demokratien« oder »Kritik an Internetnutzern, die prowestliche Ansichten äußern«, wie eine Studie von Harvard Professor Gary King ergab (»How the Chinese fabricates social media posts for strategic distraction«). Gleichzeitig befeuern Pekings Boten beispielsweise im Netz Verschwörungstheorien wie »QAnon«, wie das »Soufan Center« 2021 in New York herausgefunden hat.

Die meisten Bürger in China glauben, dass der Westen ihnen den wirtschaftlichen Erfolg nicht gönnt, vom Neid getrieben ist und nur Böses will. Sie haben keine Möglichkeit, an andere Informationen zu gelangen. Chinesische Blogger, die beispielsweise die Wahrheit über die Anfänge der Corona-Infektionen berichtet haben, sind verschwunden.

Seit 2016 durften mein Mann und ich unseren Freunden über die sozialen Medien nur noch Materialien zusenden, die die Propaganda der Kommunistischen Partei unterstützen. Fotos oder Materialien, die fremde Mächte im Internet verwenden könnten, um der KPCh zu schaden, mussten wir umgehend aus den WeChat-Gruppen löschen.

Unablässig befassen sich verschiedene chinesische politische Bildungszentren und Studien damit, wie man die psychologische Kampfführung noch weiter verbessern kann. Auf YouTube zum Beispiel zahlt die KPCh sogenannte ausländische »Experten«, um Kritik an den Lagern in Ostturkestan als Lügen zu brandmarken. Diese Strategie nennt die KPCh: »Lippen ausleihen, um zu sprechen.« Björn Alpermann von der Universität Würzburg hat die Medienstrategien Chinas untersucht und meint: »Sie schießen mittlerweile aus allen propagandistischen Rohren.«

Durch Sprachmanipulation verbergen die Kader Fakten und verschleiern Ziele. »Geburtenkontrolle« nennen sie beispielsweise »Bevölkerungsoptimierung«. Die Machtübernahme der KPCh heißt bei ihnen »Befreiung des chinesischen Volkes«. Die durch Mao ausgelöste Hungersnot, die Millionen Menschen das Leben gekostet hat, wird umgewandelt in eine »drei Jahre andauernde Naturkatastrophe«. Wer aber die eigene Geschichte verschleiert, zwingt das Volk, Fehler aus der Vergangenheit zu wiederholen, anstatt daraus zu lernen.

Das Lügen ist die größte Kompetenz der KPCh. Die Kader haben diese Kunst der Verdrehung und Verleumdung so perfektioniert, dass sie weit über dem Maß normaler Menschen liegt. Sie beherrschen alle Mittel der Manipulation.

Menschen, die von der KPCh einer Gehirnwäsche unterzogen wurden, besitzen nicht mehr die Fähigkeit, zwischen Wahrheit und Lüge, Gerechtigkeit und Ungerechtigkeit zu unterscheiden. Ihre Motivation besteht nur noch darin, sich selbst zu bereichern und der Kommunistischen Partei alles, ja sogar ihr Leben zu opfern, denn es gibt nur eine Allmacht – und das ist die Kommunistische Partei. Die Partei lässt sich von ihren Anhängern als Befreier aus Armut und Krankheit feiern, während sie Teile der Bevölkerung versklavt und ermordet.

Und ihr Gott, dem sie willenlos gehorchen, heißt im Moment Xi Jinping.

In Widersprüchen einrichten

Für politisch korrektes Verhalten versprechen sich die Bürger im Gegenzug Wohlstand. Die junge Generation hat sich zum großen Teil in den Widersprüchen der Partei eingerichtet. Einerseits behaupten sie, dass es in China mehr Freiheiten gäbe als anderswo auf der Welt. Andererseits schränken sie ein, dass zu viel Freiheit nicht gut sei, was sich an den Demokratien zeige, die gerade zerfallen.

Solche einer Gehirnwäsche unterzogenen Menschen betrachten alle Kritiker als »anti-chinesische Rassisten«, während sie selbst sich Uiguren, Kasachen oder anderen Ethnien gegenüber als intellektuell überlegen fühlen.

Um ihren Hass auf das Ausland zu befeuern, erinnern die Funktionäre der KPCh sie andauernd an das »Jahrhundert der Demütigung«, als die westlichen Nationen das Reich der Mitte kolonialisiert hatten. Selbst aber träumen sie davon, koloniale Strukturen in den hochverschuldeten Ländern entlang der »Neuen Seidenstraße« einzurichten (siehe Kapitel »Schöne Neue Welt«).

Die junge Generation hat bereits im Kindergarten gelernt, andere zu überwachen und Andersdenkende anzuprangern. Sie kennt ihre eigene Geschichte nicht. Sie kennt nur die Propaganda der Partei.

Feinde und Verräter

Mittels psychologischer Kampfführung ist es Xi Jinping gelungen, einen Massenmörder wie Mao Zedong wieder zur Leitfigur zu machen. Die meisten Bürger Chinas glauben, was die Kommunistische Partei sagt. Entdecken sie aber jemanden, der anders denkt als die Masse, ist das in ihren Augen ein Feind und Verräter. Wenn die KPCh behauptet, dass die Welt eine Scheibe ist, werden ihre Anhänger ebenfalls diese »Wahrheit« nach außen hin leidenschaftlich vertreten.

Der Grund, warum die Kommunistische Partei in der Lage ist, eineinhalb Milliarden Menschen wie ein Marionettenspieler zu führen, liegt in der Politik der Gehirnwäsche begründet. Diese Gedankenkontrolle ist so erfolgreich, dass die Leute Angst davor haben, die Wahrheit zu sagen.

In den Lagern Ostturkestans brechen die Kader mit Gewalt die Psyche der Menschen, um sie nach ihren eigenen Vorstellungen als ergebene Befehlsempfänger wieder aufzubauen. Daher behaupten manche danach, dass sie ein Ereignis nicht gesehen hätten, obwohl sie unmittelbar daran beteiligt gewesen sind.

Kritiker aus dem Ausland werden verleumdet und mit einer Schmutzkampagne überzogen. Sie werden als Kriminelle, Verräter und sogar Terroristen abgestempelt.

Spione im Ausland

Millionen von Spionen der KPCh sind in allen Bereichen im Ausland tätig, manche getarnt als Studenten oder Forscher. Alle ihre Organisationen und Institute in den verschiedenen Ländern dienen als Zentren, um ihre kommunistische Ideologie zu verbreiten und ihre Zensur zu importieren.

Dazu gehören beispielweise im Westen die Konfuzius-Institute oder die sogenannten China-Kompetenzzentren, die Teil des chinesischen Propagandaministeriums sind. Da die chinesischen Behörden Meinungs- und Forschungsfreiheit als Bedrohung ihrer Macht ansehen, nehmen sie Einfluss auf westliche Universtäten, Politik, Wirtschaft und Kultur und verlangen dort Redeverbote. Zu den auferlegten Tabu-Themen zählen das Tian'anmen-Massaker, Tibet, Taiwan genauso wie Ostturkestan.

Als »Zauberwaffe« Xi Jinpings gilt die sogenannte Einheitsfront, die direkt dem Zentralkomitee unterstellt ist. Ihre Aufgabe ist es, unter den Eliten in Wirtschaft, Politik, Kultur und an den Universitäten Freunde zu suchen, und zwar innerhalb und außerhalb Chinas. Sie sind mit einem hohen Budget ausgestattet. Es geht darum, den Einfluss im Ausland auszubauen, indem sie diese »Freunde« später als Lobbyisten im Ausland einsetzen wie Spielfiguren im Schach.

Ihre Verbrechen am eigenen Volk bezeichnen die Kader als »innere Angelegenheiten« und verbieten sich jede »Einmischung von außen«. Wer sich trotz der Einschüchterungs- und Bestechungsversuche nicht zum Komplizen dieser Menschenrechtsverletzungen macht, wird von der KPCh abgestraft. Die Botschaft ist klar: »Jede Kritik hat einen hohen Preis!«

Als die australische Regierung 2020 von Peking zum Beispiel eine Untersuchung über den Ursprung des Coronavirus forderte, belegten die Kader verschiedene Produkte aus Australien mit hohen Strafzöllen. In China heißt ein Sprichwort: »Töte das Huhn, um dem Affen Angst einzujagen.« Das Huhn war Australien, der Affe waren die anderen Länder, die das beobachtet haben.

Im März 2021 hatte das Europäische Parlament zum ersten Mal seit 30 Jahren Sanktionen gegen China und vier Verantwortliche für die Menschenrechtsverletzungen in Ostturkestan verhängt. Die chinesische Regierung antwortete mit unverhältnismäßigen Strafmaßnahmen gegen vier Institutionen sowie zehn Wissenschaftler und Abgeordnete, woraufhin die Europäische Union (EU) die Ratifikation des Investitionsschutzabkommens eingefroren hat.

Zu Pekings Mitteln, das Ausland mürbe zu machen, zählen unter anderen Einreiseverbote, »Geiseldiplomatie«, Entzug finanzieller Mittel, Zerstörung der Geschäfte, Rufmord, Lieferstopps wichtiger medizinischer Güter, »Shitstorm« in sozialen Netzwerken. Tatsächlich hat das oft vorauseilenden

Gehorsam und Selbstzensur bei Wissenschaftlern, Politikern, Organisationen oder Unternehmern zur Folge.

Wegen mehrerer kritischer Tweets musste beispielsweise ein Doktorand an der Universität St. Gallen seine Doktorarbeit niederlegen, weil seine Professorin eine erzürnte Beschwerde aus China erhalten hatte und daraufhin nichts mehr mit ihm zu tun haben wollte. Nachdem wiederum das chinesische Konsulat in Hamburg dem Carlsen Verlag mit einer Anzeige gedroht hatte, strich der Verleger den Satz aus dem Buch: »Das Virus kommt aus China.« Es gibt zahlreiche Belege solcher Art.

Peking will selbst entscheiden, wer im Ausland auf welche Weise über China spricht.

Wolfskrieger: Wo die Angst regiert, stirbt zuerst die Freiheit

Um die Propaganda der KPCh weltweit zu verbreiten, kauft sich Peking in Medienhäuser ein, betreibt auch Fernsehsender im Ausland, finanziert Beilagen in ausländischen Zeitungen, zensiert Hollywoodfilme und wird bald selbst zum größten Kinomarkt. Ziel ist es, die Strahlkraft Chinas nach außen hin zu verstärken, »Herzen und Köpfe« zu gewinnen.

Wenn der Westen weiter chinesische Propaganda-Institutionen in seinen eigenen Ländern frei gewähren lässt, sie teilweise sogar finanziell bezuschusst, wird die Zahl derer, die die Kommunistische Partei unterstützen, weiter zunehmen. Dann sind Freiheit und Demokratie dieser Länder ernsthaft in Gefahr.

Desinformationskampagnen gehören zu Chinas Taktik, auch um die Überlegenheit seines eigenen autokratischen Systems zu bewerben. Die Kader lügen eiskalt und lächeln dabei ihrem Gegenüber ins Gesicht. Und selbst, wenn andere sie ignorieren oder ihnen eine Abfuhr erteilen, wahren sie ihre freundliche Maske. Dies ist eine Strategie, empfohlen von der KPCh aus dem Werk Sunzis, *Die Kunst des Krieges*, das bis heute als Pflichtlektüre aller Führungskräfte der Partei gilt.

Unter Xi Jinping haben sich aber auch verstärkt Diplomaten mit aggressiven Attacken gegen unerwünschte Berichterstattung hervorgetan. Man nennt sie »Wolfskrieger«, angelehnt an eine beliebte patriotische Actionserie. Als »schamlose Heuchler« beschimpfte einer dieser Diplomaten zum Beispiel die 22 Staaten, die gemeinsam die Masseninhaftierungen in Ostturkestan kritisiert hatten. Als Großbritannien die Gewalt in Honkong beklagte, spottete ein »Wolfskrieger« über diese »Nachfahren von Kriegsverbrechern«.

Die Gedankenkontrolle der KPCh zeigt weltweit erfolgreiche Auswirkungen. Im Ausland rufen die Kader chinesische Studenten dazu auf, diejenigen Landsleute an den Universitäten im Ausland zu verraten, die sich »illoyal« oder »unpatriotisch« gegenüber ihrer Regierung geäußert haben. Chinesen im Ausland berichten, dass ihre Eltern in China regelmäßig Besuch von der Staatssicherheit bekommen. »Wir wissen, in welchen Kindergarten deine Enkel in Deutschland gehen.« Mit solchen Hinweisen vermitteln sie ihnen den Eindruck, als ob sie alles über deren Leben im

Ausland wüssten, und verlangen von den Eltern, Einfluss auf ihre Kinder zu nehmen. Nach dem Motto: »Bitte übt keine Kritik an der Regierung, sonst dürfen wir nicht ausreisen und euch besuchen.«

Andersherum müssen einige Auslandschinesen, um ein Visum für China zu erhalten, in den chinesischen Botschaften einen sogenannten Reuebericht unterschreiben und darin versprechen, kein negatives Wort über die KPCh zu verlieren. »Diese Form der Erpressung hat viele Chinesen in die Knie gezwungen«, weiß die chinesische Journalistin Lea Zhou, die selbst wegen ihrer kritischen Berichterstattung nicht mehr nach China einreisen darf.

Xi Jinping wünscht, dass das Reich der Mitte im Rest der Welt als »vertrauenswürdiges, liebenswertes und angesehenes« Land dargestellt wird, dem »nur das Wohlergehen des chinesischen Volkes« am Herzen liege. Es ist derselbe Mann, der den Massenmord an unserem Volk in Auftrag gegeben hat.

ENVER TOHTI: ZEUGE ORGANRAUB

Für eine Niere, eine Leber oder ein Herz werden unschuldige Menschen in Gefangenschaft getötet. Was wie ein Albtraum klingt, ist in China ein glänzendes Geschäft, das seit 1999 explosionsartig gewachsen ist.

Im Westen ist eine der wichtigsten moralischen Voraussetzungen für Organtransplantationen die freiwillige Spende. Gegen diesen ethischen Grundsatz verstößt die chinesische Regierung jedoch seit Jahrzehnten. 2015 aber behauptete Peking, dass in Zukunft den Gefangenen ihre Organe nicht mehr unfreiwillig entnommen werden. Die Fakten jedoch sprechen eine völlig andere Sprache.

Akribisch haben unterschiedliche Experten offizielle chinesische Dokumente, wissenschaftliche Studien, Bettenauslastungsraten in Transplantationskliniken, medizinische Ausbildungsprogramme, Einsatz von Operationsteams, Krankenhauseinnahmen sowie staatliche Finanzierungen ausgewertet. Das Ergebnis ist klar: Mit freiwilligen Spenden ist diese Menge an Transplantationen unmöglich.

Da Peking nicht in der Lage ist, die glaubwürdigen, unabhängigen und öffentlichen Untersuchungen zu widerlegen, beschränken sich die Funktionäre auf die Beschimpfung der Kritiker.

Dr. Enver Tohti ist bislang der einzige Chirurg aus Xinjiang, der den Mut hat, öffentlich zuzugeben, diesen barbarischen Akt des Organraubs mit eigenen Händen durchgeführt zu haben.

Dr. Enver Tohti

Wie wird aus einem hoch angesehenen Mann ein kaltblütiger Killer?

»Warum, Doktor Tohti, haben Sie einem lebenden Menschen die Organe aus dem Leib herausgeschnitten?« Das ist die häufigste Frage, die mir gestellt wird. Um zu erklären, wie aus einem hoch angesehenen Mann wie mir ein kaltblütiger Killer wurde, muss ich das System beschreiben, in dem ich aufgewachsen bin.

Nach meiner Flucht aus Xinjiang 1999 nach London ist mir ein Buch über das Dritte Reich in die Hände gefallen. Darin ging es um deutsche Familien, die den Holocaust an den Juden völlig ausgeblendet hatten, obwohl sie vom Grauen umgeben waren. Diese Geschichte hat mir die Augen geöffnet. Jenes faschistische System lässt sich vergleichen mit dem in China – damals wie heute.

Ich bin im Juni 1963 in Komul geboren und komme aus einer bekannten uigurischen Familie von Parteifunktionären.

Als Mitglied der Kommunistischen Partei erhält man in der chinesischen Gesellschaft automatisch ein Upgrade, das heißt, der eigene Wert steigt. Von Geburt an werden unsere Gehirne im kommunistischen System so lange wie Wäsche in einer Waschmaschine durchgewalkt, bis wir das eigenständige Denken verlernt haben.

Jeder Bürger Chinas ist an das Diktat und die Zensur der Kommunistischen Partei gewöhnt. Deshalb glauben wir meist dasselbe: »In China herrscht das beste System!« Was Freiheit oder Moral bedeutet, habe ich nicht gewusst. Für mich hatte die KP immer recht.

Als aufstrebender Onkologe und Chirurg am zentralen Eisenbahn-Krankenhaus in Urumqi war ich ein gut funktionierendes Rädchen im Regierungssystem. Da ich als einer der wenigen muslimischen Ärzte Uigurisch beherrschte, kamen die Einheimischen vom Land mit ihren Gesundheitsproblemen bevorzugt zu mir.

Eines Tages tauchte ein uigurischer Vater mit seinem Sohn auf. »Können Sie bitte nachsehen, ob dem Jungen ein Organ herausgeschnitten wurde?« Zwar kursierten seit den 1990er Jahren immer wieder Gerüchte über Organhandel in unserer Gegend, aber ich fragte ihn verdutzt, warum er das wissen wolle. »Einige Jugendliche aus unserem Dorf waren verschwunden, aber als sie wiederkamen, fehlte ihnen ein Organ«, meinte der Mann. Sein eigener Sohn sei kürzlich auf dem Markt verloren gegangen und erst nach drei Monaten wieder aufgetaucht. Ich untersuchte den Jugendlichen, fand aber keinen Hinweis auf eine Organentnahme.

In den nächsten Monaten habe ich jedoch im Krankenhaus drei Heranwachsende mit sehr großen Narben am Körper gesehen. Alle hatten die Form eines »U«, was für eine Nierenoperation typisch war. »Was ist passiert?«, fragte ich die Jungen, aber sie konnten sich nicht erinnern.

Im Sommer 1995 habe ich unfreiwillig mehr über das Thema »Organraub« erfahren. Dieses Erlebnis verfolgt mich bis zum heutigen Tage …

Ein Anruf im Sommer 1995: »Willst du etwas wirklich Wildes tun?«

Mein Telefon klingelte. Es war an einem Dienstag, an dem ich keine Operation eingetragen hatte. Mein Chefchirurg war am Apparat und fragte: »Willst du morgen etwas wirklich Wildes tun und deine erste Operation im Freien ausführen?« Klar wollte ich das! Ich war jung, tatkräftig und freute mich über jede Herausforderung.

Im Büro unterwiesen mich daraufhin beide Chefchirurgen, dass ich für den nächsten Morgen ein Team zusammenstellen sollte, das in der Lage war, eine sehr aufwendige Operation durchzuführen. »Schnapp dir das größte mobile OP-Set!«

Morgens um 9:30 Uhr wartete ich, wie vereinbart, mit meinen Assistenten und Anästhesisten im Krankenwagen vor dem Krankenhaustor. Vom nördlichen Stadtrand Urumqis folgten wir dem Auto unserer beiden Chefchirurgen in Richtung Westen. Ich war sicher, dass wir ins Zweigkrankenhaus abbiegen würden, aber stattdessen führte die Straße aus der Stadt. »Wohin fahren wir?«, fragte ich verwirrt. »Das ist der Weg zum Hinrichtungsplatz«, wusste der Fahrer. Obwohl es draußen sehr heiß war, überzog mich eine Gänsehaut.

Vor uns tauchte ein Hügel auf, dahinter befand sich auf einem freien Feld der Ort, an dem Gefangene exekutiert wurden. »Ihr wartet hier!«, wiesen uns meine Chefs an, die vor uns angehalten hatten. »Erst wenn ihr keine Schüsse mehr hört, fahrt ihr nach vorne!« Was hatte das zu bedeuten? Das war allen unheimlich. Ich rauchte eine nach der anderen, aber ich war darauf konditioniert, Befehlen zu gehorchen und keine Fragen zu stellen.

Plötzlich hörten wir Schreie und Schüsse. Nicht wie aus einem Maschinengewehr. Es waren viele Gewehre, die viele einzelne Schüsse abgaben. Wir hörten, wie die Polizisten nacheinander kontrollierten, ob die Menschen wirklich tot waren. »Der lebt noch!«, rief einer, woraufhin noch ein Schuss folgte. Nach etwa einer halben Stunde herrschte gespenstische Stille.

»Los!«, sagte ich zu meinem Team. Wir sprangen in den Transporter und fuhren hinüber auf den Exekutionsplatz. Als ich zum Fenster hinausblickte, lagen dort etwa zehn tote Männer in Gefängnisuniformen. Rasierte Köpfe mit zerplatzten Gehirnen auf blutgetränktem Boden. Ich hatte schon viele Tote gesehen, aber in so einem furchtbaren Zustand noch nie.

»Rechts halten! Ganz nach rechts!«, plärrte ein bewaffneter Polizeibeamter aus dem Exekutionskommando mir zu. »Der ganz außen ist deiner!« Mich überfuhr ein Schauder. Meiner? Mein Chefchirurg trieb mich zur Eile: »Entnimm ihm die Leber und beide Nieren!«

Mithilfe der Polizisten hatten meine Assistenten den Mann bereits in den Transporter auf die Liege gelegt und seinen Körper freigemacht. Er war zwischen 30 und 40 Jahre alt, das Gesicht unrasiert. Im Gegensatz zu den anderen Toten trug er Zivilkleidung und hatte volles Haar. Die Kugel war bei ihm nicht durch den Hinterkopf, sondern durch die rechte Brust gejagt worden.

Während ich Handschuhe überstreifte und alles vorbereitete, beobachteten meine Chefärzte neben mir jede meiner Bewegungen. Der erste tiefe Schnitt in Form eines umgedrehten »T« dient dazu, die Organe möglichst gut freizulegen. Als ich aber das Skalpell ansetzte und durch die Haut schnitt, floss Blut. Das bedeutete, dass sein Herz noch pumpte. Sein Körper bewegte sich leicht. Dieser Mann lebte noch! Er versuchte, sich zu wehren, war aber viel zu schwach. Erschrocken riss ich die Augen auf und blickte über meine OP-Maske hilfesuchend zu meinen Chefchirurgen, ob ich sofort eine Narkose setzen lassen sollte. Sie schüttelten die Köpfe. »Beeil dich!«

Da schnitt ich ohne ein weiteres Zögern mit dem Skalpell tief ins Fleisch hinein. »Er ist ein Staatsfeind«, sagte ich mir. Und wer Staatsfeinde nicht bekämpfte, machte sich selbst schuldig. Und wer kein Anhänger der KPCh war, galt nicht als Mensch, sondern als Objekt in so einer Gesellschaft. Die Partei darf mit ihnen tun, was auch immer sie will. Ich sah sein schlagendes Herz vor mir, aber wie ein voll programmierter Roboter erfüllte ich meine Aufgabe. Der Eingriff dauerte etwa 40 Minuten.

Erst später habe ich darüber nachgedacht, warum er von rechts angeschossen worden war. Da habe ich kapiert, dass es von Anbeginn an geplant gewesen war, diesen Mann so lange wie möglich lebendig zu halten. Bei einer Lebendentnahme blieben die Organe danach länger frisch. Das wiederum erhöhte die Chancen einer erfolgreichen Transplantation.

Zufrieden legten meine Chefs seine Nieren und seine Leber in eine extra vorbereitete, seltsam aussehende Kiste. »Gut gemacht«, lobten sie mich, und ich fühlte mich stolz dabei. »Und denk daran, dass heute nichts passiert ist!«, verabschiedeten sie sich. Im kommunistischen System weiß man, was mit dieser Floskel gemeint ist. Niemals sollte ich über dieses dunkle Geheimnis sprechen, das ich heute erfahren hatte. Daran hielt ich mich jahrelang.

Aus meiner Heimat bin ich nicht wegen dieses Vorfalls geflohen, sondern aus einem anderen Grund.

Flucht, Schuldgefühle und ein Geständnis

Mir waren die hohen Krebsraten unter Einheimischen aufgefallen. Hintergrund war, dass die KPCh seit 1964 das dünn besiedelte Gebiet um Hama und Korla herum in ein riesiges Atomtestgelände verwandelt hatte. In der Folge litten Menschen wie Tiere unter zahlreichen Deformationen und Behinderungen, und bald befand sich dort das größte Tumorkrankenhaus der Welt. Als Mediziner hatte mich das so entsetzt, dass ich schließlich dem britischen Sender Channel 4 geholfen habe, den Dokumentarfilm »Death on the Silk Road« über die atomare Verseuchung in Xinjiang zu produzieren.

Noch bevor der Film gesendet wurde, hatte ich meine Koffer gepackt und war nach London gereist. Die chinesische Regierung verurteilte mich daraufhin in Abwesenheit zu 20 Jahren Haft. In China hatte ich als aufstrebender Chirurg an der Spitze der Gesellschaft gestanden, aber in England waren meine Papiere nicht ausreichend, sodass ich als Uber-Fahrer tief unten am Boden gelandet bin. Trotzdem bereue ich es nicht, mein privilegiertes Leben aufgegeben zu haben.

In der westlichen Gesellschaft hat sich im Laufe der Zeit mein Bewusstsein geweitet und meine Sichtweise völlig verändert. In einer Demokratie hat jeder Mensch eine Würde und Rechte. Völlig anders als in dem barbarischen System, dem ich selbst entstammte. Und obwohl es in China kein Verbrechen gewesen war, als Chirurg einem lebendigen Menschen die Organe zu entnehmen, plagten mich auf einmal immer heftigere Schuldgefühle, weil ich einen Mann getötet hatte. Nach zehn Jahren hatte ich noch immer niemandem dieses Geheimnis preisgegeben.

2009 bin ich in Westminster Ethan Gutmann bei einer Buchvorstellung begegnet. In seinen preisgekrönten Werken berichtet der Autor über Organraub in China und beweist die Verbindung zu Internierungslagern sowie Hinrichtungsplätzen für verhaftete Dissidenten. »Es handelt sich um einen Massenmord«, so formuliert es Gutmann, »bei dem bis heute zahlreichen Menschen bei lebendigem Leib die Organe entnommen werden, um sie dann an zahlungskräftige Patienten zu verkaufen«.

Bei einer abschließenden Fragerunde sagte er: »Es ist leider kaum möglich, Zeugen zu finden.« Die Opfer selbst waren nicht mehr in der Lage zu reden. Und die Täter hüteten sich davor, das öffentlich zu machen. Da habe ich meine Hand gehoben und mich vor aller Welt schuldig bekannt: »Ich habe das selbst gemacht!«

Nach diesem Geständnis fühlte ich mich sehr erleichtert. Seither treten Gutmann und ich gelegentlich auch zusammen auf.

Ab 1999: Rasant steigende Inhaftierungen von Falun-Gong-Anhängern = Rasant steigende Transplantationszahlen

Nach und nach habe ich die gesamte Dimension des Organhandels in China erfasst. Seit 1999 waren die Transplantationszahlen in den chinesischen Kliniken rasant gestiegen. Das geschah zeitgleich mit der Verfolgung und Inhaftierung der Falun-Gong-Anhänger, einer spirituellen buddhistischen Gemeinschaft mit fast 100 Millionen Mitgliedern weltweit. 2005 räumte der stellvertretende chinesische Gesundheitsminister Huang Jiefu erstmals öffentlich ein, dass die Praxis der Organentnahme bei hingerichteten Gefangenen üblich und weit verbreitet sei.

Auf internationalen Druck hin hat die chinesische Regierung seit dem 1. Januar 2015 die erzwungene Organentnahme von Häftlingen in der Todeszelle zwar nach außen hin verboten, aber nicht gesetzlich geregelt. Organentnahmen von Gefangenen sind weiterhin erlaubt, wenn die Organe »freiwillig gespendet werden«. Nur wer handelt aus freiem Willen, wenn ihm zugleich das Messer an die Kehle gesetzt wird? Außer der Wahl der Worte hat sich also nichts verändert.

Zwar behaupten die Kader, mittlerweile ein ähnliches Verteilsystem für Organspenden wie in anderen Ländern der Welt aufgebaut zu haben, aber die freiwillige Spendenbereitschaft ist nachweislich in China sehr gering. Laut Konfuzius soll der Körper nämlich auch nach dem Tod erhalten bleiben. Weiter besteht eine große Kluft zwischen den offiziell angegebenen Zahlen von 10 000 Organentnahmen und den Berichten der Krankenhäuser, in denen 100 000 Organe pro Jahr entnommen werden.

Die chinesische Regierung verweigert die Erklärung für diesen »stream without a source«, also dieses Angebot an Organen, für das sie keine glaubhafte Quelle benennen kann.

Mord auf Bestellung: »Buy-one-get-one-free«-Einkaufsmuster

In der Wirklichkeit sind heute in China alle Gefangenen potenzielle Organspender. Das betrifft insbesondere alle unterschiedlichen Ethnien, Andersdenkende und Andersgläubige, die meist kein Verbrechen begangen haben. Das Leben solcher »Gewissensgefangener« ist in diesem Land nichts wert, dafür aber lassen sich ihre Organe sehr teuer verkaufen.

Im Juni 2021 haben UN-Sonderberichterstatter die Vorwürfe über den Organraub als »extrem alarmierend« bezeichnet, aber Peking streitet weiter vehement unfreiwillige Spenden von Organen Gefangener ab. Dazu stellen sich mir mehrere Fragen.

Wieso herrscht in China ein so großes Angebot an Organen wie nirgendwo sonst auf der Welt? Auf manche Organe wartet man in anderen Ländern sogar drei bis vier Jahre, nicht aber in China. Da bekommt man Organe auf Bestellung. In kürzester

Zeit. Auf der Website des »China International Transplantation Network Assistance Center« werden Preislisten veröffentlicht, auf denen ein Herz zum Beispiel 130 000 bis 160 000 US-Dollar kostet.

Gleichzeitig wird ein »Buy-one-get-one-free«-Einkaufsmuster deutlich, wo für die große Auswahl an Organspendern sogar eine Garantie gegeben wird: »Sollte der Arzt während der Transplantation feststellen, dass das Spenderorgan nicht geeignet ist, wird dem Patient ein anderer Organspender angeboten und die Operation innerhalb einer Woche wiederholt.« Solche Werbungen auf den Internetseiten der Kliniken führen dazu, dass ein regelrechter »Organ«-Tourismus aus aller Welt nach China stattfindet.

Das Angebot ist so groß, als würde ein Verkäufer im Supermarkt kurz mal hinter ins Lager gehen und aus dem Regal ein passendes Organ heraussuchen. In der Realität ist aber das Lagern von Organen kaum möglich, denn nur frische Organe sind verwendbar. Die zweite Schwierigkeit besteht darin, überhaupt ein passendes Organ für einen Empfänger zu finden. Nur bei fünf Prozent der Menschen, die nicht miteinander verwandt sind, stimmen unter anderen Blutgruppe und Gewebetyp überein. Viele Organe Hingerichteter sind zudem unbrauchbar, weil sie krank waren. Bis zu 60 Prozent leiden an Hepatitis.

Organe auf Bestellung, wie in China, sind nur möglich mit einer riesigen Anzahl von lebenden Spendern, die zu beliebiger Zeit getötet werden.

Viele Fragen, aber keine Antworten aus Peking

Für Organ-Entnahmen an lebendigen Menschen sprechen zahlreiche Dokumente. Im Jahr 2006 berichteten beispielsweise sechs chinesische Ärzte im sogenannten »Kunming«-Report, mit welchen Methoden sie Menschen unter Vollnarkose die Organe entnommen haben. Aus den Verfahren leitet sich ab, dass diese Menschen während der Operation noch lebendig waren. Diese Ärzte schämen sich nicht dafür, denn sie spüren nicht, dass sie jemanden getötet haben. Für sie ist das ein normales Handwerk. Und was das Gesetz in China nicht verbietet, ist erlaubt.

Heute entnehmen chinesische Chirurgen die Organe von Gefangenen sicher nicht mehr wie damals auf den Hinrichtungsplätzen, sondern in modern ausgestatteten Räumen der Städte, wo auch die Leichenreste schnell entsorgt werden können. In diesem Zusammenhang ist mir eine Anzeige der chinesischen Regierung aufgefallen, in der für ein Krematorium in Aksu über 50 chinesische Sicherheitsbeamte gesucht werden. Wer braucht bei der Verbrennung von Leichen eine derartig strenge Überwachung? Sollen hier womöglich Spuren vernichtet werden?

Seit 2016 hat die KPCh die gesamte muslimische Bevölkerung einer nationalen Gesundheitsprüfung unterzogen und dabei Blutproben entnommen, Organe geröntgt und DNA-Tests durchgeführt. Vieles deutet darauf hin, dass die Kader eine nationale Datenbank für den Organhandel sowie das Geschäft mit Blutplasma aufbauen. Sie behaupten, dass sie diese medizinischen Untersuchungen zur »Verbesserung der Lebensqualität der Uiguren« durchführen. Bislang haben sie jedoch alles unternommen, um ihnen das Leben immer unerträglicher zu machen.

Erhebt euch!

Bis heute bin ich der einzige Chirurg, der öffentlich aussagt, dass Organentnahmen am lebendigen Menschen vorgenommen werden. Während des damaligen Eingriffs an dem Unbekannten hatte ich nicht darüber nachgedacht, ob da ein Mensch vor mir lag. Ob er Schmerzen hatte? Woher kam er? Und wer er war?

Seitdem ich jedoch in London lebe, gehen mir diese Fragen nicht mehr aus dem Kopf. Ich weiß nicht, ob der Mann, den ich getötet habe, Christ, Buddhist oder Moslem war, aber ich bin in Moscheen, Kirchen und Tempeln gewesen, um dort für ihn zu beten und um Vergebung zu bitten.

Viele loben mich für meinen Mut, weil ich es zu meiner Aufgabe gemacht habe, die Welt über diese monströsen Verbrechen der KPCh aufzuklären, aber in Wirklichkeit habe ich große Angst. Egal, wohin ich gehe, immer und überall muss ich auf der Hut sein. Folgt mir jemand?

Meine Heimat, die ein Sechstel der chinesischen Landkarte ausmacht, hat sich in die Welt verwandelt, die George Orwell in seinem Roman *1984* erschaffen hat. Nur in der Wirklichkeit.

Die Kommunistische Partei ist sehr gut im Betrügen, aber die westliche Welt ist sehr schlecht darin, diese Betrügereien aufzudecken. Opfer dieser Politik sind nicht nur unsere Landsleute, sondern auch die Chinesen selbst, die ebenfalls unter der Kontrolle der KPCh leiden. Deshalb lautet meine Botschaft an alle Menschen, die dort leben: »Erhebt euch! Denn das ist der einzige Weg, euer Leben zu schützen.«

Bei arabischen Patienten sind »Halal«-Organe von Muslimen in China besonders beliebt, weil sie kein Schweinefleisch essen. Wer aber als Patient in China beispielsweise ein Herz oder eine Lunge auf Bestellung erhält, muss wissen, dass für ihn ein anderer Mensch getötet wird. Darüber informieren die Ärzte die Empfänger jedoch nicht.

Gott hat uns als gleichwertige Geschöpfe geschaffen. Jedes Leben ist gleich wertvoll. Kein Mensch darf sterben, damit ein anderer leben kann. Peking verweigert die Aufklärung der Vorwürfe zum Organraub, erkennt den Strafgerichtshof nicht an und kann eine Untersuchung durch die UNO als Vetomacht im

Sicherheitsrat verhindern. Deshalb muss jeder an sich selbst die Frage richten: »Was würde ich tun? Wenn ich sofort ein lebensnotwendiges Organ bräuchte – und China bietet es mir an?«

China steht kurz davor, Weltmarktführer in Bezug auf Organtransplantationen zu werden.

Interview mit Prof Dr. Huige Li: Die »blutige Ernte« der KPCh

»In einem ethisch korrekten System ist es nicht möglich, Organe auf Bestellung zur Verfügung zu stellen«, macht Huige Li deutlich.

In den chinesischen Medien werden unterdessen potenzielle Auftragsmörder wie Helden gefeiert. Im Jahr 2006 hat beispielsweise Wang Lijun, der chinesische Polizeichef von Jinzhou, einen mit umgerechnet 200 000 Euro dotierten Preis für seine hohe berufliche Kompetenz erhalten, weil er an mehreren Tausend Transplantationen mitgewirkt hatte. »Wohlgemerkt, ein Polizeichef, kein Chirurg«, betont Huige Li.

2019 ergaben telefonische Untersuchungen in mehr als 100 Transplantationskliniken in China, dass Patienten sich Organe von den als sehr gesund lebenden Falun-Gong-Anhängern extra bestellen durften. Manche Krankenhäuser boten auch als »besonderen Luxus« Organe von jungen Menschen unter 40 Jahren an. Hier ein kurzer Auszug aus einem Gespräch:

Anruferin: Werden Sie also selbst ins Gefängnis gehen, um einen auszusuchen?

Dr. Lu: Jaja, natürlich werden wir sie selbst aussuchen.

Dr. Huige Li, Professor am Institut für Pharmakologie der Johannes Gutenberg-Universität Mainz, gehört zu den weltweit führenden Experten auf dem Gebiet der illegalen Ausbeutung menschlicher Organe durch die chinesische Regierung. Li engagiert sich bei der DAFOH (Ärzte gegen erzwungene Organspende).

Die chinesische Regierung behauptet, dass alle nach 2015 transplantierten Organe von freiwilligen Spendern stammen. Warum entspricht das nicht der Wahrheit?
Nachforschungen unterschiedlicher Organisationen haben ergeben, dass die Wartezeit für ein Organ in China extrem kurz bleibt, auch nach 2015. So ein On-Demand-System für Organe auf Nachfrage kann nicht durch ein freiwilliges Organspendensystem erklärt werden. Das ist nur möglich, wenn eine geheime Organbank mit umfangreichen lebenden »Spendern« zur Verfügung steht. Das bedeutet, dass die vom Staat gebilligte Organkriminalität immer noch existiert.

Seit wann gibt es solche erzwungenen Organentnahmen in China?
Seit den 1970er Jahren werden in China Organtransplantationen durchgeführt. Bis zum Jahr 2010 hatte China gar kein Organspendenprogramm. In den ersten Jahrzehnten wurden Organe einfach ohne Zustimmung von zum Tode verurteilten Gefangenen entnommen. Ab dem Jahre 2000 stiegen die Transplantationen in China rasant an, was sich durch die Organe der Todeskandidaten nicht erklären lässt.

Was wissen Sie über »Organraub« bei sogenannten Gewissensgefangenen, wie beispielsweise den Uiguren?
Die Opfer dieses staatlich organisierten Verbrechens sind die sogenannten Gewissensgefangenen, also Menschen, die vom kommunistischen Staat verfolgt werden und alle Rechte in China verloren haben. Die Hauptopfergruppen sind die Falun-Gong-Anhänger, die Uiguren sowie die Christen der chinesischen Hauskirchen. Dazu gibt es zahlreiche Untersuchungen, wie die von David Matas, David Kilgour, Ethan Gutmann,

Matthew Robertson, Jacob Lavee, WOIPFG (World Organization to Investigate the Persecution of Falun Gong), COHRC (China Organ Harvest Research Center), DAFOH (Doctors Against Forced Organ Harvesting) und dem China-Tribunal.

Welche Beweise gibt es dafür, dass bis heute Menschen bei lebendigem Leib die Organe entnommen werden?
Die »Lebendorganernte« ist eigentlich nichts Neues in China. In den Anfangsjahren wurden Organe fast ausschließlich bei Hinrichtungen entnommen. Um die Organqualität zu erhöhen, hat man teilweise die Gefangenen absichtlich nicht sofort getötet. Statt in den Kopf wurde der Schuss in diesen Fällen in die rechte Brustseite abgegeben. Die Organe wurden aus dem noch lebenden Körper entnommen. Es ist unumstritten, dass dieses brutale Verbrechen in China passierte, auch wenn die Häufigkeit bis heute unklar ist.

Seit 1997 werden Hinrichtungen in China auch mittels Todesspritzen durchgeführt.
Alle Organentnahmen hierbei finden in einem Zustand statt, in dem die Gefangenen noch lebend sind. Denn der Betroffene wird wenige Sekunden nach Beginn der Injektion bereits für tot erklärt, um eine sofortige Organentnahme zu ermöglichen. Zu diesem Zeitpunkt werden jedoch weder die allgemeinen Kriterien für einen Herztod noch für einen Hirntod erfüllt.

Wie läuft der Organraub bei den sogenannten »Gewissensgefangenen« ab?
Das sind Unschuldige, über die daher kein Todesurteil verhängt wurde. Sie dürfen aber die Organentnahme nicht überleben, sonst würden sie lebende Zeugen des Organverbrechens wer-

den. Deshalb ist eine Organentnahme bei »Gewissensgefangenen« immer eine »Lebendorganernte«, und die Organentnahme selbst führt zum Tode. In medizinischen Fachzeitschriften aus China kann man zum Beispiel ungewöhnliche Berichte über Herztransplantationen finden. Bei genauer Analyse muss festgestellt werden, dass der Zustand der »Spender« in solchen Fällen weder einem Hirntod noch einem Herztod entsprach.

Was für ein Horror! Spüren solche lebendigen Menschen Schmerzen, wenn sie ausgeweidet werden?

Bei den missbräuchlichen Erschießungsfällen (Schuss in die rechte Brust) fand die Organentnahme ohne Narkose statt. Bei den Hinrichtungen durch Todesspritzen gibt es zwar ein Narkosemittel in der Injektionslösung, es ist aber mehr als fraglich, ob die Narkose schon nach zig Sekunden ausreichend wirkt. Die Organentnahme muss sehr schmerzhaft sein. Die Umstände bei Organentnahme von »Gewissensgefangenen« sind unklar. Meine persönliche Einschätzung ist, dass die Organentnahme bei diesen Opfern unter Narkose durchgeführt wird, damit die Ärzte in aller Ruhe operieren können.

Inwiefern macht sich der Westen am Organraub in China mitschuldig?

Viele medizinische Fachkräfte Chinas, inklusive Transplantationschirurgen, werden im Westen ausgebildet. Internationale Zeitschriften publizieren Transplantationsstudien aus China ohne ersthafte Ethiküberprüfung, obwohl bekannt ist, dass bis 2010 fast alle Organe in China aus kriminellen bzw. unethischen Quellen stammen. Pharmafirmen nutzen die große Zahl von Transplantationen in China aus und lassen dort u.a. Medikamente testen. Führende Experten und Fachgesellschaften ignorieren das Thema Lebendorganernte in China. Diskutiert wird nur die Organentnahme an zum Tode verurteilten Gefangenen. Viele haben Chinas Reform von 2015 voreilig anerkannt, obwohl klare Gegenbeweise existieren. Dazu kommt, dass Transplantationstouristen, auch aus dem Westen, das umfangreiche Angebot an Organen in China wahrnehmen.

Zu wie vielen potenziellen Morden pro Jahr führt das Ausschlachten junger, unschuldiger, gesunder Gefangener auf den OP-Tischen chinesischer Kliniken. Gibt es hierzu Schätzungen?

Chinas offizielle Organquellen reichen nicht aus, um die tatsächlich durchgeführten Transplantationen zu erklären, weder vor noch nach 2015. Wie hoch die Opferzahl genau ist, lässt sich aufgrund der Intransparenz in China nur schwer abschätzen. Trotz aller Schwierigkeiten haben Experten versucht, das Volumen der tatsächlichen Transplantationen in China anhand der Zahlen der Krankenhäuser und Transplantationsbetten zu berechnen. 60 000 bis 90 000 sind die geschätzten Transplantationen pro Jahr, also Zahlen der Organe, nicht der Opfer. Grob umgerechnet – mit drei Organen aus einem Opfer – bedeutet das ungefähr 20 000 bis 30 000 Organopfer pro Jahr. Die Feststellung der genauen Opferzahl ist eine Aufgabe für einen späteren Zeitpunkt, beispielsweise nach dem Fall des kommunistischen Regimes.

Schon im Jahre 2013 hat das Europäische Parlament eine Resolution verabschiedet und seine Mitgliedsstaaten aufgefordert, sich des Themas der Organentnahme anzunehmen, aber es hakt an der Umsetzung …

Das EU-Parlament empfiehlt seinen Mitgliedstaaten, den Missbrauch bei Organtransplantationen in China öffentlich zu verurteilen und ihre Bürger, die nach China reisen, für dieses Thema zu sensibilisieren. Eine schnelle Umsetzung der Resolution blieb leider weitgehend aus.

Erfreulicherweise haben aber einige Regierungen auf die Zwangsentnahme von Organen in China reagiert.

Ja, dazu gehören zum Beispiel Israel, Italien, Taiwan, Spanien, Norwegen, Belgien, Südkorea, Großbritannien, Tschechien und die USA. Sie haben Gesetze zur Einschränkung des illegalen Organtourismus oder Resolutionen zur Verurteilung der Gräueltaten verabschiedet.

Warum verschließen nach wie vor so viele Regierungen vor diesem monströsen Menschheitsverbrechen die Augen?

Leider haben zahlreiche Organisationen und Verbände noch immer nicht erkannt, dass Transplantat-Missbrauch in China ein ernstes Problem darstellt und mit schweren Menschenrechtsverletzungen einhergeht. Es ist dringend geboten, jetzt zu handeln. Durch schnelles Handeln können mehr Menschenleben gerettet werden!

Ethan Gutman: Die nächsten Opfer von »Organraub« sind vielleicht Hongkonger oder andere Demokratiebefürworter …

Tausende Menschen werden Jahr für Jahr in Xinjiang verschleppt. Die Verschwundenen kehren nie wieder zurück. Nur ihre Organe bleiben – als »Ersatzteile« für Kranke aus aller Welt.

Enthüllungsjournalist Ethan Gutmann zeigt grausame Fakten des chinesischen Organhandels auf. Er hat jahrelang in China unter anderem als Berater für US-Unternehmen gearbeitet.

In seinem Buch *The Slaughter* beleuchtet der Menschenrechtler den chinesischen Organhandel. Darin zeigt er ein perfides System auf, in dem allein zwischen den Jahren 2000 und 2008 mindestens 65 000 Gefangenen die Organe geraubt wurden.

Waren anfangs die Falung-Gong-Anhänger bevorzugte Opfer, so sind es heute auch Uiguren und andere Ethnien in Xinjiang, morgen aber vielleicht schon Dissidenten aus Hongkong oder andere Befürworter von Demokratien?

»In jeder Gesellschaft genießen Ärzte das höchste Vertrauen. Bedeutsam daran ist, dass eine Weltmacht plötzlich den vertrauenswürdigsten Teil der Bevölkerung benutzt und diesen in Monster verwandelt«, meint Gutman im Dokumentarfilm »Hard to believe«.

Für seine Arbeit, Chinas staatlich organisierten Organraub aufzudecken, wurde Ethan Gutman 2017 mit den Menschenrechtsanwälten David Kilgour und David Matas für den Friedensnobelpreis nominiert.

Ethan Gutman stellt seine Rede für das »Uyghur Tribunal« im September 2021 in London zur Verfügung. Gekürzt und leicht überarbeitet erscheinen hier einige Hauptpunkte.

Zeitleiste ab 2016

> 2016: Peking zwingt 10 Millionen Uiguren und Kasachen, aber keine Han-Chinesen dazu, Blutproben zu geben, die mit DNA und Gewebetypisierung kompatibel sind. Es werden Lager gebaut, darin erhalten die Gefangenen zwei Monate lang »Gesundheitschecks«, die mit Cross-Matching zusammenpassen. Damit ist das Testen der Verträglichkeit des Blutes eines Spenders mit dem eines Empfängers vor der Transfusion gemeint.

- > 2017: Auf den Flughäfen Kashgar, Aksu und Urumqi erscheinen extra vorbereitete Transportwege wie Überholspuren für menschliche Organe – sogenannte grüne Durchgänge.
- > 2018: Der Auftrag zum Bau von neun Krematorien in der Uigurischen Autonomen Region Xinjiang wird erteilt. Das erste fertiggestellte Krematorium stellt fünfzig Han-chinesische Sicherheitsleute ein.
- > 2020: Nach Zeugenaussagen aus etwa zwanzig Lagern schätze ich, dass jedes Jahr 25 000 bis 50 000 Uiguren – Durchschnittsalter: 28 Jahre – ihre Organe entnommen werden.

Entdeckung eines »Organraub-Cluster« in Aksu

Der Gebäudekomplex besteht aus zwei »Umerziehungslagern«, einem Krankenhaus (Aksu Infection Hospital), das in das erste Lager eingebaut ist, und einem großen Krematorium. Die Fahrt zum Flughafen Aksu, der eine »grüne Passage« für den Export menschlicher Organe in Transplantationskrankenhäuser in der Nähe der chinesischen Küste enthält, dauert 20 Minuten. Recherchen haben gezeigt, dass das Aksu Infection Hospital Transplantationsoperationen durchführt.

Ein Widerspruch in sich: Warum töten die chinesischen Behörden ihre »goldene Gans«?

Tatsache ist, dass gesunde uigurische Organe von einem einzelnen Individuum, das nicht älter als 30 Jahre ist, einen kombinierten Preis von 500 000 bis 600 0000 Euro durch ausländische »Organtouristen« erzielen könnten. Möglicherweise denken die Chinesen kurzfristig, denn es gibt allen Grund zu der Annahme, dass wir in ein oder zwei Jahrzehnten Organe »wachsen« lassen oder in 3D drucken können. In der Zwischenzeit tötet die chinesische Transplantationsindustrie zwei Fliegen mit einer Klappe: Sie löscht eine unerwünschte Population für Peking aus und erzielt gleichzeitig einen lokalen Gewinn.

Eine andere Antwort ist, dass die chinesische Transplantationsindustrie zu einem »hungrigen Biest« geworden ist, das die Suche nach Opfern antreibt. Es ist jedoch relativ einfach, die Rate der »uigurischen Ernte« von 5 auf 7,5 Prozent zu verschieben, wenn nötig. Als Opfergruppe sind die Uiguren ersetzbar. Genauso wie die Falun-Gong-Organe, mit einigen Ausnahmen, durch uigurische Organe ersetzt wurden. Die Tibeter sind als Opfer für Organraub relativ unerschlossen. Hongkonger Aktivisten und andere Demokratiebefürworter stellen eine potenzielle Quelle dar.

Bei Organtransplantationen handelt es sich lediglich um eine vorläufige finanzielle Quelle. Chinas Zukunft sind Pharmazeutika. Für Peking ist es die Säulenindustrie.

Der Widerspruch dieses »Organraubs« besteht darin, dass ein globaler Erfolg in der Pharmaindustrie ein gutes Produkt, Geschwindigkeit, aber vor allem das Vertrauen der globalen und inländischen Öffentlichkeit in die chinesische Medizinindustrie erfordert. Zwar bietet die chinesische Transplantationsindustrie ein gutes Produkt und unübertroffene Geschwindigkeit, aber wie steht es mit dem Vertrauen? Geheimhaltung; routinemäßige Bestechungsgelder, die ausländische »Organtouristen« zahlen müssen, und die Leugnung des Organraubs an lebenden und unschuldigen Menschen, die auf Bestellung getötet werden. Das alles zusammen steht in direktem Widerspruch zum Vertrauen in den »freien Willen« der Spender, den China braucht, um die Pharmaindustrie der Welt zu dominieren.

Sicher teilen dieses Verständnis auch die meisten westlichen Verteidiger Chinas. Dabei meine ich die Weltgesundheitsorganisation, die Transplantationsgesellschaft und erwähne auch den

Vatikan. Der einzige wirkliche Unterschied zwischen meinen Kollegen und Chinas westlichen Verteidigern besteht darin, dass letztere Gruppe die Annahme glauben will, dass die Chinesen nicht gelogen haben, als sie 2015 über Transplantationsreformen sprachen.

Doch seit 2016, als die Chinesen die Bluttests für alle Uiguren über zwölf Jahren verdoppelt haben, erkannte jeder den Beweis dafür, dass diese »Reform«, vorgetragen in beruhigender Sprache und ausgeführt durch inszenierte Transplantationskrankenhausführungen sowie die gefälschten Spendenzahlen Freiwilliger, plötzlich äußerst verdächtig aussah.

Und Chinas westliche Verteidiger? Bei ihnen herrschte plötzlich Funkstille.

Die Beweise für die »blutige Ernte« häufen sich weiter. Und bis heute fehlen plausible Erklärungen Pekings für Organwartezeiten von zwei Wochen oder weniger, Massenverschwinden, Massengesundheitskontrollen, Zeugenaussagen, das Aksu-Cluster und sogar Pekings eigenes Vorhaben, in China in diesem Jahr 50 000 Transplantationen durchzuführen, während die eigene staatliche Abrechnung freiwilliger Spenden als nachweislich statistisch betrügerisch entlarvt wurde.

ANALYSE

Organraub und medizinische Experimente

»So viele Organe …!« Ich weiß noch, wie meine Kommilitonin im Medizinstudium neben mir laut gestaunt hat angesichts der zahlreichen gesunden Organe, die uns zum Üben an der Universität zur Verfügung gestellt worden sind. Das

Ausschlachten von Organen ist seit vielen Jahren eines der wichtigsten Geschäfte der chinesischen Regierung und bis heute zu einem riesigen Markt angewachsen. Nirgendwo sonst auf der Welt gibt es ein so großes Angebot an Herzen, Augenhornhaut oder Nieren. Solange ein Patient genug Geld bezahlt, wird er in China schnell ein Organ finden, das zu seinem Körper passt.

Tatsache ist, dass die Organe von gesunden Kindern und Erwachsenen sehr teuer geworden sind. Auffällig ist, dass gleichzeitig in Ostturkestan ständig muslimische Kinder verschwunden sind, als ich noch dort gelebt habe. Ein Polizeistaat wie dieser verfügt über ein alles überspannendes Überwachungssystem. In so einem Freiluftgefängnis, wo überall Kameras angebracht sind und rund um die Uhr wachen, ist es schwer vorstellbar, warum verloren gegangene Kinder nicht mehr auffindbar sind.

Berichte von Freunden und Bekannten sowie einige Websites von Organisationen wie »Finding Children«, die ein Uigure gegründet hatte, haben zu meiner Zeit für großes Aufsehen in Ostturkestan gesorgt. Gleichzeitig bestätigten viele Leute damals diese Vorgänge in WeChat-Gruppen. Dort haben wir auch Fotos oder Filmaufnahmen von aufgefundenen Kinderleichen gesehen, denen man die Organe entnommen hatte. Und die Zahlen der Verschwundenen nahmen immer mehr zu …

Ab 2016 hat die Regierung alle Internetseiten solcher Such-Organisationen geschlossen und uns auf WeChat eine Warnung geschickt. Es sei verboten, weiter Nachrichten über verschwundene Kinder zu posten. Viele Eltern machten sich große Sorgen. Sie ließen ihre Kinder nicht mehr alleine, begleiteten sie überallhin.

Als die KPCh mich dazu gezwungen hatte, im Lager zu arbeiten, haben die Angestellten dort von jedem Gefangenen medizinische Akten angelegt. Darin waren penibel alle wichtigen medizinischen Daten wie beispielsweise Blutgruppe und Gewebetyp aufgeführt. Dass es bei solchen Dokumentationen nicht um die Gesunderhaltung der Menschen geht, erkennt man an den dramatischen Lebensumständen in den Lagern. Wer im Sterben lag oder Schmerzen hatte, dem half meist kein Arzt.

Allein die medizinischen Akten der jungen, gesunden Gefangenen hat das Personal auf besondere Weise markiert. Und alle diese jungen Menschen, mit diesem roten »X« in den Unterlagen, sind kurz darauf abgeholt worden und verschwunden. Das habe ich selbst im Lager beobachtet, als ich in der medizinischen Abteilung zum Sortieren der Akten eingesetzt wurde. Ich vermute, dass die KPCh diese jungen Menschen für den Organraub vorbereitet hat, um damit hohe Gewinne zu erzielen.

Ein Gesundheitsminister, der möglicherweise kurz mal drei Leute töten lässt

Mehr als 500 Lebertransplantationen habe er 2012 eigenhändig durchgeführt, wobei nur ein Organ von einem freiwilligen Spender stammte. In einem Interview mit den *Guangzhou Daily*-Medien im Jahr 2013 brüstete sich Huang Jiefu, Vizeminister des chinesischen Gesundheitsministeriums, mit seinen eigenen Leistungen. So ein Mann in so einer Position ist viel auf Geschäftsreisen und Konferenzen unterwegs, aber er besitzt trotzdem die Fähigkeit, nebenher 500 Lebertransplantationen durchzuführen. Wie viele Operationen schaffen dann erst in Vollzeit beschäftigte Transplantations-Chirurgen pro Jahr? Wie viele solcher Ärzte gibt es in China?

Ein anderes Beispiel für den Organhandel erlebte ich selbst, als mein Vater 2009 krank im Stadtkrankenhaus in Urumqi lag. Dort befand sich zur selben Zeit ein schwerkrankes kasachisches Kind. Die Mutter erzählt uns verzweifelt, dass sie 300 000 Yuan bezahlt habe, damit das Kind eine neue Niere erhalte, aber bereits seit einer Woche hatte sich kein passendes Organ gefunden. An diesem Tag schlug sie Lärm im Krankenhaus und bot an, weitere 100 000 Yuan zu zahlen. »Beschaffen Sie sofort eine Niere!« Das Seltsame war, dass am selben Tag, als sie 100 000 Yuan zusätzlich bezahlt hatte, das Krankenhaus sofort eine passende Niere für die Transplantation gefunden hatte. So endete an diesem Tag das Leben eines gesunden Kindes, während ein krankes Kind gerettet wurde.

Mehr medizinische Versuche an Menschen als an Tieren

In Europa oder den USA muss ein Mensch tot sein, um Organspender zu werden. In China töten sie einen, um ihn zum Organspender zu machen. Da der KPCh das Recht auf körperliche Unversehrtheit nichts bedeutet, werden jedes Jahr auch sehr viele Menschen zu Objekten medizinischer Forschung. Ein sehr großer Teil davon beendet sein Leben auf dem Operationstisch zugunsten dieser Wissenschaft. Im Vergleich zu medizinischen Tierversuchen gibt es in China viel mehr Forschungsexperimente an Menschen. Das weiß ich aus ärztlichen Berichten, meiner eigenen Erfahrung als Ärztin und aus eingesehenen Unterlagen. Ein Beweis dafür ist beispielsweise das Schicksal von Mihrigul Tursun, die den Aufenthalt in einem Lager überlebt hat und heute in den USA lebt.

Als sie am 13. Mai 2015 aus Ägypten in ihre Heimatstadt zurückkehrte, wurde sie von der Sicherheitspolizei am internationalen Flughafen Urumqi festgenommen. Die chinesische Polizei riss der entsetzten Mutter ihre zwei Monate alten Drillinge aus ihren Armen. Drei Monate später, als Mihrigul gegen Kaution aus der Haft freigelassen wurde, stürzte sie direkt in das Krankenhaus, in das zwischenzeitlich ihre drei Kinder eingeliefert worden waren. Zu diesem Zeitpunkt aber war das Älteste und Stärkste bereits gestorben.

Es stellte sich heraus, dass alle drei Kinder eine Operationsnarbe am Hals hatten. Der Arzt im Krankenhaus behauptete der Mutter gegenüber, dass die Drillinge keine Milch schlucken konnten. Darum hätten sie den Hals der Kinder aufgeschnitten, um sie durch eine Sonde künstlich zu ernähren. Vor ihrer Inhaftierung aber waren die Kinder kerngesund und in der Lage gewesen, selbstständig zu trinken. Daher ist anzunehmen, dass selbst Babys Opfer unbekannter medizinischer Experimente werden.

AKADEMIKER (ANONYM): ZEUGE MORD

Zum ersten Mal macht ein in seiner Heimatstadt angesehener Gelehrter eine Aussage über seine Erfahrungen in einem Lagerkomplex, dessen Größe zutiefst erschreckend ist. Verborgen zwischen hohen Bergen, östlich von der Landeshauptstadt Urumqi gelegen, sollen dort 100 000 Gefangene interniert sein. Bislang ging man davon aus, dass die größten Lager Platz für 10 000 Gefangene bieten.

Mit seiner Frau ist dem Akademiker die Flucht in ein europäisches Land gelungen. Nur durch gutes Zureden politisch einflussreicher Landsleute waren diese Gespräche überhaupt möglich, denn das ältere Ehepaar fürchtet Repressalien der chinesischen Regierung.

Beide erzählen offen, bitten aber darum, zu genaue Beschreibungen auszusparen, die zu ihrer Identifizierung führen könnten. Sonst bringe das die zurückgebliebenen Kinder in der Heimat in Lebensgefahr. »Die KPCh sucht uns überall«, weiß der ältere Herr und besteht auf Anonymisierung. Während der Interviews weist er sich mit Dokumenten und Fotos aus.

Trotz großer Angst ist es diesem Ehepaar sehr wichtig, das Unrecht in der Heimat bekannt zu machen. Von den Erfahrungen im Lager ist die zerrissene Familie schwer gesundheitlich und psychisch gezeichnet. Der 68-Jährige ist zum Zeugen zahlreicher Morde an seinen Landsleuten geworden.*

Dieser Mann zeigt auf, dass das Ausmaß des Grauens noch weit größer als gedacht ist.

Was für eine Welt ist das?

Obwohl sich die chinesischen Parteifunktionäre seit der Machtergreifung Maos 1949 unser Land unter den Nagel gerissen hatten, haben sie ihre Bäuche nie voll genug bekommen. Anfangs hatten wir Uiguren die Fremden aus China als Gäste eingeladen, aber wir waren uns nicht bewusst, dass wir uns damit den Teufel ins Haus geholt hatten. Zuerst hatten sie sich ruhig verhalten, bescheiden und freundlich. Sobald sie aber nur zu ein wenig Erfolg und Geld gekommen waren, ließen sie die lächelnde Maske fallen, schlugen uns weg und fingen an, unsere Landsleute zu töten.

Die Masseninhaftierungen begannen mit Xi Jinpings Machtübernahme 2012. Dieser »große Vorsitzende« hatte genau geplant, wie er unser Volk auslöschen wird. 2016 stellte sein neuer Provinzchef Chen Quanguo den großen Masterplan für unsere Vernichtung vor. Er hat angeordnet, dass alle Einheimischen, binnen einer bestimmten Phase, eine »Ausbildung« im Lager erhalten müssten.

Als Erste wollten die Kader alle uigurischen Gelehrten ausradieren und danach alle Reichen, um deren Vermögen zu beschlagnahmen. Schließlich folgten alle anderen Muslime, die sie für diese »Säuberungs«-Aktionen sorgfältig mit Namen aufgelistet hatten. Nur der Zufall und die göttliche Gnade der Kader entschieden danach, wer überlebt hat.

Im selben Zuge lasen die chinesischen Beamten die Handys aller Muslime aus, untersuchten ihre Körper medizinisch und sammelten ihre DNA. Am Ende hatten sie so viele Informationen über jeden Einzelnen in ihren Computern, dass sie nur noch auf einen Knopf drücken mussten, um sofort alles zu wissen, was sie über einen Menschen wissen mussten, damit sie ihn völlig in der Hand hatten.

In Uigurien gab es etwa 4000 bis 5000 sehr berühmte Köpfe, Gelehrte und Intellektuelle. Man findet kaum noch einen davon. Ursprünglich waren wir einmal fast 35 Millionen Muslime, heute ist vielleicht noch ein Drittel davon übrig geblieben. Ich habe Glück, dass ich noch lebe.

Nach der Entlassung aus dem Lager hatte ich verstanden, dass kein Einheimischer in unserer Heimat noch länger sicher war. Wer beispielsweise der Polizei die falschen Fragen stellte: »Wo sind meine Kinder?«, den führten sie sofort ab. Danach sperrten sie auch alle anderen Mitglieder seiner Familie vorbeugend als »Deradikalisierungs«-Maßnahme hinter Gitter. Was für eine Welt ist das? Wer will denn so leben?

Wenn ich heute ein Bild von Xi Jinping sehe, sehe ich den Tod vor mir. Dieser Diktator übertrifft aus meiner Sicht sogar Mao Zedong in seiner Brutalität – und der hatte weit über 35 Millionen Menschen getötet.

Ein Mensch, der alle respektiert

Ich bin ein Mensch, der alle respektiert. Egal, woher sie kommen, wie viel sie besitzen und woran sie glauben. So bin ich erzogen worden. Ich gehörte in meiner Stadt zu den Gelehrten, war 68* Jahre alt, aber trotz meines fortgeschrittenen Alters in meinem Beruf noch sehr aktiv.

Die Spione der KPCh haben noch nicht herausgefunden, in welchem Land wir heute untergetaucht sind, aber sie suchen uns überall. Wenn sie meinen Namen in diesem Protokoll erfahren, würden sie sofort unsere Kinder in der Heimat töten.

Nie hatte ich Interesse an Politik, nie mit jemandem Streit, aber die Regierung hat mich trotzdem fertiggemacht. 2016 hatten wir zwei* unserer Kinder zum Studium in die Türkei geschickt, weil sie dort freier und sicherer lebten. Das war die Zeit, in der die chinesischen Behörden von allen Uiguren verlangt hatten, einen Reisepass zu beantragen. Wer keinen Pass wollte, dem haben sie eine feindliche Gesinnung vorgehalten: »Du bist gegen die Regierung!«, und ihn für 15 bis 20 Tage eingesperrt, um ihn so vom Gegenteil zu überzeugen. Viele Muslime haben deshalb geglaubt, dass sie ab sofort frei hin- und herreisen dürften.

Letztlich aber dienten den Kadern genau diese Auslandsreisen als Grund dafür, uns danach zu inhaftieren. Parallel dazu haben sie Tausende abgeurteilt, die trotz ihres Reisepasses nicht ins Ausland gereist waren, und beschuldigten sie: »Dein Verhalten ist auffällig, du planst bestimmt einen Anschlag!« Solche Leute haben 20 Jahre oder lebenslange Haft bekommen.

Eine Nachbarsfamilie von uns, drei Generationen mit 84 Personen, ist 2016 in die Türkei ausgewandert und nie wieder zurückgekehrt. Das war sehr vorausschauend von ihnen, denn sonst hätte man alle bei der Rückkehr festgenommen.

Meine Frau und ich waren jedoch in diese Falle getappt. In der Türkei hatten wir 2016 mit einer unserer Töchter Hochzeit gefeiert; anschließend flogen wir wieder heim. Knapp ein Jahr später machten sie uns das in zahlreichen Verhören zum Vorwurf: »Warum seid ihr in der Türkei gewesen? Ihr seid ausländische Spione!« 2017 hat die Regierung die Grenzen geschlossen. Eine Ausreise war nicht mehr möglich.

Am 2. Oktober 2017 stürmten um Mitternacht drei Polizisten in unsere Villa. Wir waren sehr wohlhabend und hatten einen prächtigen Garten. Ein Polizist plärrte herum: »Wo bist du?« Und im nächsten Moment hatte ich schon einen schwarzen Stoffsack über dem Kopf.

Meine Frau führten sie getrennt von mir ab. Füße und Hände in Handschellen, vernahmen sie uns beide tagelang wie Verbrecher an unterschiedlichen Orten, rund um die Uhr. »Warum bist du in der Türkei gewesen?« Immer wieder antwortete ich, dass meine Tochter dort geheiratet hat. »Sag die Wahrheit! Warum bist du in der Türkei gewesen?« Es war wie ein Tonband, das an einer Stelle hängen geblieben war.

Ein gigantisches Lager, eingeschlossen von hohen Bergen

In Urumqi stülpten sie mir erneut einen Sack über den Kopf und setzten mich mit 30 anderen Männern in einen Minibus. Durch den Stoff erkannte ich schemenhaft die Umrisse draußen. Im Stadtteil Döngköwrük ging es am Amt für Musik und Theater vorbei, in Richtung Osten, durch kasachisches Gebiet hindurch. Bis Miquan waren es etwa 40 Kilometer. Die Landschaft war mir vertraut, weil wir hier früher öfter Ausflüge gemacht und gegrillt hatten. Von dort aus fuhren wir noch mal etwa 30 Kilometer in die Berge hinein. Inmitten einer hohen Bergkette des Tian Shan befand sich überraschend ein Zugang, den man von außen nicht vermutet hätte. Drumherum war nichts, was auf eine Bebauung hinter den Felsen hingewiesen hätte. Man fuhr nacheinander durch drei sehr große Tore hindurch. Von allen vier Seiten war dieses Camp von hohen, dunklen Bergen umschlossen. Beim dritten Stopp waren wir bereits im Gebäude drinnen. Vermutlich war ein Teil davon direkt in den Berg gebaut. Dort mussten wir aussteigen.

»100 000 Gefangene sind hier untergebracht«, sagte einer der Polizisten in unsere erschrockenen Gesichter hinein. Der gesamte Komplex musste also ungefähr so groß wie eine chinesische Kleinstadt sein. Diese Zahl, »100 000«, habe ich später immer wieder von anderen Gefangenen gehört, die schon lange dort waren und viel von den riesigen Ausmaßen gesehen hatten.

Kurz nach unserer Ankunft musste ich mich nackt ausziehen und durchsuchen lassen. Im nächsten Raum kontrollierten mich erneut Sicherheitsbeamte und reichten mir Gefängniskleidung. Alles sah wie neu gebaut aus.

Daraufhin liefen wir durch einen ewig langen Flur, dessen Ende nicht abzusehen war. Zahllose Zellen, eine neben der anderen. Auf der gegenüberliegenden Seite befanden sich Büros mit chinesischen Schildern, vielleicht von den Polizisten, die die Gefangenen auf Monitoren beobachten.

Bei meiner Anmeldung nannte ein Wärter eine Zellennummer. Und im nächsten Moment war ich an einem Ort, an dem ich verstanden habe, was es bedeutet, in der Hölle zu sein. Wo alle Insassen jeden Tag aufs Neue flehen: »Bitte, lasst uns schnell sterben!«

Die Zelle: Bis zum Abend in der Reihe stehen

Der Raum war so lang und so schmal, dass 70 junge und alte Männer in der Mitte nebeneinander stehen mussten, dicht an dicht, Hände und Füße in Ketten. Zerschundene Gestalten, graue und blutige Gesichter. Mindestens 95 Prozent waren Uiguren, der Rest Kasachen und Kirgisen.

Zu beiden Seiten waren mehrere vierbeinige Metallliegen mit Holzbeinen entlang der Wand aufgebaut. Mein erster Gedanke voller Panik: »Raus hier!« Aber es ging nicht vor und nicht zurück. Alle mussten stillhalten.

Schon nach kurzer Zeit kam es mir in dem beißenden Gestank so vor, als hätte ich mich in Kot, Urin, Blut, Dreck und Schweiß gewälzt. Nur alle 15 Tage durften wir uns, je eine Minute lang, zu fünft einen Duschkopf teilen. Das reichte gerade, um sich nass zu machen, aber nicht, um sich vom Dreck zu befreien und die eitrigen Wunden zu säubern.

Der offene Toilettenbereich am Ende der Zelle tat sein Übriges, um uns den Atem zu rauben. Alle sahen dabei zu, wenn sich einer dort erleichterte. Nicht mal den Hintern durften wir uns abwischen. Toilettenpapier gab es genauso wenig wie Intimsphäre.

Zum Pinkeln musste man sich vorher erst anmelden. Bis die Wachen einen aber aufgerufen haben, verstrichen oft zweieinhalb bis drei Stunden. Manche entleerten in der Not stehend, was nicht mehr zu halten war.

Etwa 15 Männer in der Reihe trugen eine schwarze Kapuze über dem Kopf. 24 Stunden lang. Jeden Tag. Das waren diejenigen, die als besonders gefährlich galten, weil sie beispielsweise in einer Moschee gebetet hatten. Diese Leute mussten andere Gefangene aufs Klo begleiten.

Jeden Tag teilten die Wachen abwechselnd 15 Mann unter uns als Aufpasser ein. Das war eine sehr anstrengende und verhasste Aufgabe. Als Aufseher war man gezwungen, zweieinhalb Stunden in der Mitte stramm wie ein Soldat zu stehen und mit Adleraugen zu beobachten, ob sich in der Reihe irgendjemand rührte, um das sofort den Wachen zu melden. Gleichzeitig beobachteten sie uns ununterbrochen über die Kameras.

Kaum strauchelte einer der Gefangenen oder kippte vom Schwindel um, stürzten die Wachen herein, schlossen Hand und Fußschellen mit einer Kette zusammen und schleppten den Gekrümmten hinaus. Zur Folter.

Schlafen

»Hinlegen!«, lautete abends der Befehl. Das Licht blieb an. Nur seitlich liegen war auf den harten Gestellen erlaubt, sodass jedem ungefähr 20 cm Platz blieben. Gesicht an Gesicht. Nasenspitze an Nasenspitze. Es gab keine Matratzen. Manche mussten aus Platzmangel auf dem eiskalten Betonboden schlafen.

Da es da oben so eng war, legten wir die Hände mit den Handschellen über den Kopf und harrten in dieser Position bis zum Morgen aus. Von beiden Seiten eingequetscht. Im Gestank und Gedränge fiel es sehr schwer zu atmen, aber irgendwann ist man halb bewusstlos weggedämmert. Köpfe zur Wand, Füße in den Raum gestreckt.

Einmal habe ich unseren Aufseher darum gebeten, am Rand schlafen zu dürfen, weil man da ein bisschen mehr Platz hatte. Wenn man aber nur wenige Millimeter verrutschte, stürzte man zu Boden. Diesen Luxus, am Rand zu liegen, genoss ich einen Monat lang. Dann musste ich wieder in die Mitte.

Obwohl es frostig kalt im Winter war, durften wir uns mit der Decke nur halb bedecken. Sie war dreckig, dünn und löchrig, voller Läuse und Flöhe – und alle haben jämmerlich gefroren und gleichzeitig Angst davor gehabt, zu stark zu zittern oder sich zu kratzen, denn auch nachts suchten Aufpasser, zwischen den Füßen der anderen einen Stehplatz in der Mitte, und meldeten, ob sich jemand rührte. Bei diesem Wachdienst fielen mir vor Müdigkeit fast die Augen zu, aber ich kämpfte darum, gerade stehen zu bleiben. Wer sich bewegte, musste fünf Stunden lang in Hand- und Fußketten vor der Tür Xi Jinping loben und drei Tage lang den Sack über dem Kopf tragen.

Mund auf!

Morgens um 5:30 Uhr weckten uns die Wachen mit Gebrüll, Prügeln oder Tritten. Alle Gefangenen versammelten sich barfuß vor der Tür. Blick geradeaus gerichtet. Wer es wagte, nach rechts oder links zu schauen, bekam den Schlagstock zu spüren. Eine Stunde lang mussten wir der KPCh dort die Treue schwören.

»Mund auf!« Alle sperrten die Münder auf, dann schoben die Uniformierten einem nach dem anderen eine Tablette in den Rachen, die man mit Wasser hinunterspülen musste. »Das ist ein Antibiotikum«, behaupteten sie. Aber seit wann macht ein Antibiotikum einen Menschen wie besoffen und gibt einem das Gefühl, innerlich vergiftet zu sein, weil man keinen klaren Satz mehr denken kann?

Kurz vor der Einnahme war man noch in der Lage gewesen zu denken, aber gleich danach war der Kopf leer wie eine Wüste. Wir alle wurden davon apathisch und reaktionslos. Nach zehn Stunden ließ die Wirkung langsam nach. Sobald wir das aber spürten, wünschten wir uns nur noch eins: »Wann bekommen wir die nächste Tablette?« Qualvoll war das – und unwiderstehlich. Ich schaffte es, an nichts anderes mehr zu denken.

Die meisten, die später entlassen worden sind, haben vergessen, was sie im Lager erlebt und gesehen haben. Diese Medikamente haben ihr Gehirn völlig kaputt gemacht. Ich hatte Glück, dass ich nur vier Monate dieses Zeug eingenommen habe. Mein Gedächtnis aber, das immer blendend war, ist seither schwach geblieben.

Bis sieben Uhr musste jeder sein Dampfbrötchen verzehrt haben, das wir dreimal am Tag vorgesetzt bekamen. Absichtlich hatten sie etwa einen kleinen Löffel Sand, Steine und sogar Haare eingebacken. Nicht einmal Tiere würden das freiwillig fressen, aber wir waren völlig ausgehungert. Bereits nach einem Bissen knirschten die Zähne vom Sand.

Zu jeder Mahlzeit gab es ein Glas Wasser, mehr nicht, nur ohne Flüssigkeit war das Zeug kaum zu schlucken und hinunterzubekommen. So staubtrocken und steinhart war das. Alle litten unter Verstopfung. Manchmal habe ich die Steine in den Backentaschen versteckt und beim Pinkeln versucht, sie klammheimlich in die Toilette zu werfen. Meistens schluckten wir sie einfach herunter.

Ein chinesischer Wachbeamter kontrollierte nämlich jedes Mal, ob jeder alles aufgegessen hatte. Entdeckte er dabei einen Krümel oder einen ausgespuckten Stein am Boden, zwang er den Gefangenen, mit seiner Zunge den Boden aufzulecken, und bestrafte ihn danach draußen noch härter für seinen geleisteten Widerstand.

Gläubige tragen nicht Gott, sondern Xi Jinping in ihrem Herzen

Holten sie uns nicht zur Folter heraus, so peinigten sie uns in der Zelle mit ihren »Erziehungsmitteln«. Am Ende des Raums befand sich ein kleiner Saal, oben offen, der Himmel mit Metallgittern verriegelt. Mit 70 Männern passten wir da nur schwer hinein, aber wir sollten dort barfuß im Kreis durch den hohen Schnee stapfen. Bei Temperaturen von minus 30 Grad. Etwa 40 Minuten lang. Manche konnten sowieso kaum auftreten, weil ihre Fußsohlen von den ausgeteilten Hieben so dick angeschwollen waren.

Durch ein vergittertes Fenster beobachtete ich, wie chinesische Polizisten halb nackte Uiguren in Unterhosen und mit schwarzer Kapuze über dem Kopf über den Hof ins Lager schleppten. Schon bald stach die Kälte unter der Haut so heftig, als würde man über Scherben laufen. Meine Füße fühlten sich taub an, als wir uns am selben Vormittag wieder aufreihten, wobei uns ungefähr zehn Polizisten in Augenschein nahmen. Nacheinander erhielt jeder Gefangene blitzschnell mit dem Stock einen Hieb gegen die Beine. Zack-zack-zack … Dabei mussten wir alle den Kopf nach unten halten, keiner durfte diesen Uniformierten ins Gesicht blicken. Diese chinesischen Angestellten zeigten sich uns meist nur ungern, außer wenn sie uns geschlagen oder erniedrigt haben. Sie sperrten sogar ihre Büros hinter sich ab. Vielleicht fürchteten sie, dass jemand sie eines Tages auf der Straße wiedererkennen und umbringen würde?

Da die Kader der kommunistischen Partei auch als große Dichter bekannt sind, zwangen sie uns, ihre Weisheiten auswendig zu lernen. »Wir werden Chinas herausragende Traditionen erben und den großartigen Geist dieser Nation voranbringen« oder »Gläubige tragen nicht Gott, sondern Xi Jinping und die Partei in ihrem Herzen«. Als Ältester in unserer Zelle beherrschte ich am schlechtesten Chinesisch. »Der alte Trottel kann nicht mehr so gut lernen«, übten sie Nachsicht mit mir.

Alle anderen unter 50 Jahren mussten Prüfungen ablegen. Ich war davon befreit und nur gezwungen mitzuschreiben. »China wird die ganze Welt beherrschen«, predigten sie ständig.

Letztlich ging es vorrangig um die Botschaft, unsere Leute entweder zu gefügigen Dienern der Partei zu machen oder zu töten.

Unvorstellbares Grauen

Vor dem Verhör stülpten sie einem die Kapuze über den Kopf und ketteten die Hände auf dem Rücken fest. Wer den Kopf auch nur kurz anhob, erhielt von hinten einen Schlag, sodass er sich zusammenkrümmte. So führten sie mich ins Untergeschoss, wo sich unzählige Folter- und Verhörräume befanden.

Im Verhörraum fixierten sie mich auf einem Tigerstuhl. Rutschte ich nur ein klein wenig auf der eisernen Sitzfläche herum, durchfuhren meinen Körper von beiden Seiten automatisch Stromschläge, die sich zuvor durch ein seltsam pfeifendes Geräusch ankündigten. Es fühlte sich an, als würde man blitzartig zusammengepresst. Man stirbt jedes Mal einen kurzen Tod. Aus Angst rührte ich mich nicht mehr. Nur mein Herzschlag trommelte in meinen Ohren.

»Warum warst du in der Türkei? Wen hast du getroffen im Ausland? …« Erneut beschwor ich meine Treue zur KPCh. »Nie habe ich etwas gegen die Partei unternommen.« »Du lügst doch!«, schnauzte mich der chinesische Polizist an und trat mir mit dem Stiefel mehrfach in die Ferse. Bis heute ist das nicht wieder verheilt. »Was denkst du über unsere Regierung?«, drangen die Uniformierten weiter in mich. »So eine großartige Regierung habe ich noch nie gesehen. Ich diene der kommunistischen Partei. Ich liebe die Chinesen. Ich liebe China.« Andauernd zwangen sie einen, das zu wiederholen. Das war eine große Erniedrigung, solche Worte mit dem eigenen Mund auszusprechen, während man festgekettet auf einem mit Strom verkabelten Tigerstuhl hockte.

Da ich ein alter Mann war, haben sie mich jedoch vergleichsweise milde behandelt. Andere mussten auf solchen Folterstühlen über zehn Stunden aushalten oder viel Grausameres durchmachen. So galten beispielsweise alle politischen Gefangenen als Schwerverbrecher. Solche Männer führten sie oft in eine »Wasser«-Kammer. Darin hingen die Männer bis zum Hals im Wasser, beide Hände über dem Kopf angekettet. Rund um den Körper waren zahllose gezackte Spitzen angebracht. Sobald sich Arme oder Beine bewegten, stießen sie mit Hüfte, Schenkeln und Bauch gegen diese messerscharfen Eisen und wurden schwer verletzt. Stillhalten nutzte nicht, da sie auch dort mit Strom arbeiteten. Willenlos zuckte der Körper und zerfleischte sich blutend an den Spitzen. Die meisten starben daran.

Von dieser Foltermethode hat mir ein Uigure nachts erzählt. Er konnte sich kaum noch rühren. Was seine Schuld war? Er war ein Zeuge des 5. Juli 2009, als die chinesische Armee den Aufstand einiger Uiguren in Urumqi niedergeschlagen hatte. Am Telefon hatte er jemandem geschildert, was er beobachtet hatte. Dabei ist er abgehört worden. Noch vor dem Urteilsspruch hatten sie ihn in die »Wasser«-Kammer geschickt, um sein »Geständnis« zu bekommen.

Dieser Mann sah aus wie ein lebendiges Skelett, er bestand nur noch aus Haut und Knochen. Er war schon drei Jahre lang in dieser Zelle und hatte noch zwei Jahre vor sich. Eines Tages haben die Wachen seine Nummer aufgerufen. Er hat sich auf seinen Knochenbeinen hinausgeschleppt und ist nie wieder zurückgekehrt. Wir haben von mehrfach schlimmerer Folter gehört als von dieser. Die jungen Männer haben sie vergewaltigt ... Man kann das alles nicht mit Worten beschreiben. Das glaubt einem keiner, weil es so unvorstellbar ist. Niemand will das hören, weil es so schrecklich ist.

Töten – ein logistisches Problem

Dass uns die Kader nicht alle auf einen Streich töteten, hat vermutlich auch mit dem logistischen Aufwand zu tun, der mit solchen Massentötungen verbunden ist. Sie schaffen es schlichtweg nicht, Millionen Leichen auf einen Schlag zu entsorgen.

Die gesamte Vernichtungsmaschinerie ist gut geplant. Zuerst teilen sie unsere Leute in verschiedene Gruppen nach Schweregraden der Verbrechen ein. War ein Gefangener beim Verhör so klug, zum Beispiel zu sagen: »Keiner ist mächtiger als die KPCh«, lassen sie ihn erst im zweiten Schritt sterben.

Ein anderer aber ist so dumm und stellt ihre Politik infrage, wie: »Was habe ich getan? Nicht ich, sondern Sie selbst verstoßen gegen das Gesetz! Das ist ungerecht!« Solche Leute werden sofort getötet.

Die auserwählten Todeskandidaten werden aus der Zelle kommandiert. »Zur medizinischen Untersuchung« heißt es beispielsweise. Und schon nach wenigen Stunden oder am selben Abend bringen die Wachen sie zurück. Völlig kraftlos, teils besinnungslos und kaum mehr in der Lage zu sprechen. Manche haben noch herausgebracht, dass sie eine Spritze bekommen hatten. »Sie bringen uns damit um …«

Beim Abholen waren das noch normale Männer gewesen, die laufen konnten. Nach der Rückkehr von dieser »medizinischen Untersuchung«, meist zwei oder drei Stunden später, verdrehen sie die Augen und schnappten ein letztes Mal nach Luft. Ihre Vermutung mit der Giftspritze war richtig, denn rein äußerlich haben wir keine weiteren Folterspuren erkannt.

Jeden Tag wurden fünf bis sechs Leute aus unserer Zelle aufgerufen. Manche lieferten sie nach einem Verhör wieder ab. Manchmal kam nur einer zurück, manchmal auch keiner. Von den »Verschwundenen« haben wir nie wieder etwas gehört. Gleichzeitig füllten die Wachleute die entstandenen Lücken mit Neuzugängen auf, tauschten aber auch regelmäßig sechs Männer gegen andere Insassen aus anderen Zellen, damit immer die gleiche Anzahl erhalten blieb. So konnte am Ende niemand mehr genau sagen, wie viele Leute sie umgebracht hatten.

Während wir uns nachts schlafend stellten, lauschten wir angespannt den Informationen der neuen Gefangenen aus den anderen Zellen, die sie uns zuflüsterten. Dabei erfuhren wir, auf welche Weise die Leute dort gestorben waren. »Hast du gehört? ...«

Jede Nacht war die Zelle von unserem Röcheln, Hüsteln, Keuchen, aber auch von unserem Raunen über die Toten erfüllt.

»Der ist heute gestorben, der gestern und der …« Ihre Namen kannten wir nicht, nur ihre Nummern. Vielleicht war das unser Versuch, die Erinnerung an die Toten lebendig zu halten. Zwar war es streng verboten, miteinander zu reden, aber wir hatten schnell gelernt, uns auszutauschen, ohne auch nur einen Muskel im Gesicht zu bewegen. Ab einem bestimmten Punkt war es einem auch egal, ob man noch lebte oder tot war.

Die Qual bis zum Sterben verlängern

Es machte ihnen sichtlich Freude, unsere Qual bis zum Tod zu verlängern. Die Kräftigeren unter uns schlugen sie jeden Tag. Die Schwächeren aber prügelten sie, bis sie am Boden lagen; anschließend gönnten sie ihnen drei Tage zur Erholung. Der Aufseher in der Zelle durfte schriftlich melden, dass ein Schwerverletzter Heilsalbe für die Wunden benötigte. Gelegentlich durften wir am nächsten oder übernächsten Tag diese Salbe dem Krampfenden auf die schwarz gefärbten Schwellungen auftragen. Nach drei, vier Tagen holten die Polizisten diesen Mann wieder raus, um ihn weiter zu prügeln.

Zwei oder drei Wochen später sah man, wie Tränen und Blut aus den Augen solcher Männer flossen. Ihre Gesichter waren so abgeschafft, dass man den Tod darin erkannte. Nach einer halben bis einer Stunde regten sie sich nicht mehr. Bald darauf holten die Wachen ihre Leichen ab.

Einmal befand sich ein Uigure unter uns, der beim Staatssicherheitsdienst gearbeitet hatte. Sein Vergehen bestand darin, dass er einem Landsmann geholfen hatte, weil er sein Leiden nicht länger hatte mitansehen können. Er war ungefähr 43 Jahre alt. Nachts habe ich ihn leise gefragt: »Warum holen sie diese vielen Jungen heraus?«

Dieser Mann war ein sehr stolzer Uigure, der nur wenig geredet hat. Seine Stimme war voller Bitterkeit. »Sie schlachten die Organe der jungen Männer aus und verkaufen sie. Ihr Herz, ihre Leber, alle möglichen Organe. Dafür brauchen sie die jungen, gesunden Leute.« In mein Schweigen hinein bekräftigte er: »Ich weiß das genau, weil ich beim Guo bao bin.« Neben dem Geheimdienst bildete die Regierung zusätzlich Agenten wie ihn zur Überwachung der inneren Sicherheit aus. Es ist eine der zuständigen Haupteinheiten für die Ausführung des Völkermords. Danach fiel er wieder ins Schweigen.

Nach meinen Beobachtungen haben sie in den vier Monaten meines Aufenthalts allein aus unserer Zelle ungefähr 150 junge, starke Männer abgeholt, die nie wieder zurückgekommen sind. Sie waren zwischen 22 und 25 Jahren alt.

Unter diesen Gefangenen habe ich keinen Bekannten gesehen. Viele meiner Freunde und Nachbarn hatten sie in unserer Stadt eingesperrt. Viele waren auch wie ich in Urumqi gelandet. Doch es gab so viele Lager, dass man nicht wusste, wo die Menschen alle abgeblieben waren.

Zu Tode prügeln

Wer unter uns Männern einen Fehler gemacht und beispielsweise zur Kamera geblickt oder zu laut gesprochen hatte, den lehrten die Wachen vor der Zelle Gehorsamkeit. In dieser Zeit ließen sie unsere Zellentüren offen, damit alle anderen dabei zuguckten. Diese Gefangenen konnten sich kaum bewegen, weil sie an Händen und Füßen gefesselt waren, aber sie mussten andauernd gebückt im Kreis laufen, während die umstehenden Polizisten stumpfsinnig auf sie eindroschen. Manche Gefangene stolperten mit ihren schwarzen Kapuzen im Kreis.

Der Schlagstock war unglaublich hart. Innen Metall, außen Gummi. Und diese Aktion dauerte lang, meist fünf bis sechs

Stunden. Dumpfes Aufschlagen der Stöcke gegen Kopf, Gesicht, Beine, Arme … »In Zukunft wirst du gehorchen!«, belehrten die Wachen ihre Opfer zwischen den Hieben.

Vom Zusehen wurde einem schlecht. Das waren sehr junge Männer mit weichen Gesichtszügen. Manche gerade 20 Jahre alt. Die Lippen zerrissen, die Gesichter blau von Blutergüssen. Ihre Köpfe bluteten und schwollen an. Sie wurden so schwer misshandelt, dass sie vor Schmerzen schrien. Allein das anzuhören war eine entsetzliche Qual.

Diese Peiniger hatten kein Mitgefühl. Keine Menschlichkeit. Gegenseitig warfen sie sich immer wieder triumphierende Blicke zu wie Leistungssportler, die bei einem Wettkampf einen Rekord gebrochen hatten. Bei jedem Schlag lachten sie, und je jämmerlicher ihre Opfer wimmerten, desto größere Freude bereitete ihnen das.

Unter allen chinesischen Lagermitarbeitern sah ich nur einen Uiguren. Die Schläger stammten aus dem Inneren Chinas, was man an ihrem Dialekt hören konnte. Ihre Gesichter waren brutal. Sie sahen aus wie Mörder, frisch aus dem Gefängnis entlassen. Für Prügel-Orgien, Verhöre oder weitere Maßnahmen waren jeweils spezielle Gruppen zuständig. Diese Uniformierten hassten uns aus tiefstem Herzen. Für sie waren wir Ungeziefer, keine Menschen. Ich hatte den Eindruck, als ob sie uns am liebsten zermalmt oder aufgefressen hätten, damit nichts mehr von uns übrig blieb.

Manche Gefangene starben einige Stunden nach solchen Prügel-Aktionen. Das Gesicht in den Händen, eine schwarze Lache aus Blut um den Kopf. Ein Menschenleben war hier nicht mal so viel wert wie das Leben eines kleinen Vogels.

Niemals über die Toten sprechen!

Ich habe so viele Tote gesehen. Allein in meiner Zelle sind neun Männer gestorben – von 70 Gefangenen. Drei von ihnen hatten sie nach der Folter kurz in der Zelle abgeliefert, um sie dann erneut sechs bis sieben Stunden zu verhören. Danach schleppten die Polizisten diese Schwerverletzten in die Zelle, wo sie nicht mehr lange lebten.

Der Erste war ein etwa 43 Jahre alter Vater. Er war gestorben, weil seine Kinder in Ägypten den Islam studiert hatten. Der Zweite war 55 Jahre, der Dritte um die 40 Jahre alt. Alle drei waren sehr reiche Immobilienhändler. Zwei waren aus Artux, einer aus Kashgar. Einer hieß mit Vornamen Memettursun. Er ist 60 Jahre alt geworden.

»Falls ihr jemals freikommt, werdet ihr niemals da draußen etwas über diese Toten erzählen«, schüchterten die Polizisten uns ständig ein. »Wenn wir nur ein Wort von euch hören, wird eure ganze Familie vernichtet!«

Die Leichen steckten sie in weiße Plastiktüten, die sie zubanden. Dann legten sie die Körper auf eine Bahre. Manchmal breiteten sie darüber noch einen weiteren Stoff aus, sodass man von außen nicht erkannte, was sie da auf Rollen abtransportierten.

Niemals wird so eine Leiche der Familie übergeben. Die Toten wurden verbrannt. Und so verschwindet ein Mensch nach dem anderen. Spurlos. Für immer.

Dieses Lager in den Bergen bezeichneten die Wachen als eines »der leichten Lager«. »Das ist nur eine Zwischenstation«, hatten sie uns immer wieder klargemacht. Sobald die Gefangenen ihre Schuld gestanden hatten, wurden sie auf andere Lager verteilt. »Abhängig vom Schweregrad, kommt ihr dann an noch viel schlimmere Orte«, hieß es.

Halluzinationen

Manche Männer waren sehr schwach und kaum in der Lage, sich noch auf den Beinen zu halten, aber alle Gefangenen mussten alles mitmachen, was auch immer sie von uns verlangten. In diesen vier Monaten war ich dreimal schwer krank. Ich bekam keine Medikamente und wurde nicht behandelt.

Beim dritten Mal hatte ich so hohes Fieber, dass ich halluzinierte und immer wieder in Ohnmacht fiel. Ständig murmelte ich vor mich hin: »Ich werde heute sterben. Ich werde heute sterben.« Mit heiserer Stimme flehte ich die Sicherheitsleute an: »Bitte lassen Sie mich Wasser trinken. Dann werde ich mich selbst heilen.«

Sie haben sich angeschaut und gelacht: »Wenn du in diesem Zustand kaltes Wasser trinkst, bist du tot.« »Egal«, sagte ich. Ich war sowieso kurz davor, meinen letzten Atemzug zu tun. »Dann soll er eben gleich sterben«, meinte der Wachbeamte belustigt und brachte mir zwei Liter Wasser, die ich sofort gierig in mich hineinschüttete. Schon ein paar Minuten später ging es mir besser.

Noch einen Monat lang musste ich danach durchhalten …

Vor der medizinischen Behandlung noch einen Schlag versetzen

Beim fünften Verhör trommelten sie mir mit dem Stock so fest auf den Rücken, dass dabei meine Lunge zerriss. Ich weiß nicht, was danach geschehen ist, aber als ich aus der Bewusstlosigkeit in der Zelle erwachte, hörte ich nicht mehr auf, Blut zu spucken. Dabei verlor ich etwa zwei Liter Blut. Mein Herz schlug unregelmäßig, mein Puls jagte. »Schafft ihn zur medizinischen Untersuchung!«, schnauzten die Wachen. Durch den Stoff der Kapuze habe ich draußen eine große betonierte Fläche gesehen.

Kein Baum weit und breit. Außerdem waren mehrere lange, zweistöckige Gebäude aneinandergereiht.

Bevor die Wachen mich mit 15 bis 20 anderen Schwerverletzten in einen Minivan geladen haben, versetzten sie jedem von uns mit dem Stock noch einen kräftigen Hieb.

Nebeneinander gedrängt, standen wir da, die Hände nach oben mit Handschellen festgemacht. Die Luft war so schlecht, dass wir alle glaubten, zu ersticken, bevor wir am Ziel ankamen.

Manche wurden ohnmächtig und baumelten leblos an den Ketten. Es gab keine Fenster, nur ein kleines rundes Loch mit Milchglasscheibe. Wir waren bestimmt fünfzehn Minuten lang unterwegs. Ich bin sicher, dass wir das Lager nicht verlassen haben, denn es gab keine Stopps und keine Tore. Daher schätze ich, dass wir innerhalb des Geländes eine Strecke von sieben bis acht Kilometern zurücklegten.

Erst schlugen sie einen halb tot, dann brachten sie einen zur medizinischen Untersuchung. Nach außen hin gaben die Angestellten im Lager damit vor, sich genau an die Regeln zu halten. So wahrten sie den Anschein, dass diese Verbrechen ihre Ordnung hätten. Sie waren brave Bürger, die nur das taten, was der Staat von ihnen verlangte. Ihr vorgegebenes Ziel war, in kurzer Zeit möglichst viele Häftlinge umzubringen.

Alle auf einmal zu töten wäre vermutlich nicht nur ein logistisches Problem, sondern für die Regierung auch schwieriger nach außen hin zu rechtfertigen gewesen. Priorisierte Gefangene töten sie sofort, andere quälten sie eine Zeit lang so heftig, dass sie entweder noch in der Haft oder bald nach der Entlassung gestorben sind.

Im Krankenhaus traf ich auf einen alten Mann, der schwer erkrankt war. Sie hatten ihm aber kein Bett zugeteilt. Seit einer Woche erhielt der Patient Infusionen, war dabei mit Hand- und

Fußketten an einen Stuhl gekettet. Er musste laut rufen, wenn er pinkeln wollte. Irgendwann erschienen zwei Polizisten, die ihn heftig auf den Kopf schlugen und sagten: »Jetzt kannst du pinkeln, Alter!«

Mir selbst haben sie Medikamente gegeben, aber die Ärzte stellten fest: »Der Riss in der Lunge ist viel zu groß, das können wir hier nicht behandeln«, und gaben den Polizisten den Ratschlag: »Bringt ihn in ein Lungenkrankenhaus in Urumqi, sonst stirbt er hier.«

Offenbar wollten sie mich dort noch nicht sterben lassen, da sie mich tatsächlich in diese Klinik einlieferten, wo es den Ärzten gelang, die Blutung zu stoppen. Drei Tage lang war ich bewusstlos. Als ich aufwachte, hörte ich, wie leitende Mediziner und Polizisten sich miteinander im Raum austauschten: »Ach, der ist schon so alt und wird sowieso sterben. Länger als sechs Monate hat der nicht mehr.« Da meinte sein Gegenüber: »Dann brauchen wir ihn nicht ins Lager zurückzubringen und können ihn auch rauslassen …«

Das war der einzige Grund, warum sie mich entlassen haben. Sie waren sicher, dass ich nicht überleben würde. Den Preis für die Behandlung musste ich danach selbst bezahlen.

Entlassung: »Der stirbt sowieso«

Einige Unterlagen aus dem Lager hatten sie in meine Heimatstadt ans Amt geschickt. Die anderen Akten, mit allen Details über mein privates sowie berufliches Leben, leiteten sie nach Urumqi an die Behörden weiter. In den Papieren war auch festgehalten, dass nichts gegen mich vorliege und dass ich nie politisch auffällig gewesen sei.

Nach drei Tagen hat mich zu Hause ein Geheimdienstmitarbeiter aus meiner Stadt angerufen: »Komm sofort zu uns!« In der

Geheimdienststelle ketteten sie mich mit Hand- und Fußschellen an einen Stuhl, um mich von 11 Uhr morgens bis 23 Uhr nachts ununterbrochen zu befragen. Dieses Mal warfen sie mir vor, dass ich im Jahr 2000 in einer Nachbarstadt eine Trauerfeier besucht hätte. Das hätte der Polizei jemand über mich verraten.

Ich hatte nie mitbekommen, dass ich schon vor 17 Jahren vom chinesischen Geheimdienst beobachtet worden war. »Das war eine ganz normale Trauerfeier«, wendete ich verblüfft ein. Die Verstorbene war eine ehemalige Bekannte, der ich einmal geholfen hatte. Ich kannte sie nicht mal besonders gut. »Es war reine Höflichkeit, dass ich dort als Gast daran teilgenommen habe«, rechtfertigte ich mich.

Nach dem Verhör setzten sie mich in einem Polizeiauto nach etwa 500 Metern mitten in der Stadt vor einem Lager mit Stacheldraht und Wachtürmen ab. Am Tor sagte der Fahrer zu mir: »Das ist deine neue Bleibe.« Verzweifelt rang ich nach Luft. »Warum sperrt ihr mich wieder ein?«

Der Uigure am Steuer winkte ab: »Das ist so angeordnet, da kann man nichts machen.« Als er die hintere Autotür öffnete, entschuldigte er sich sogar bei mir: »Leider müssen wir dich anketten.« Da das Lager ziemlich groß war, fragte ich ihn, wie viele Leute dort eingesperrt seien. »10 000«, gab er zurück, »am Stadtrand wird ein weiteres Lager neu gebaut, da passen auch 10 000 rein.« Es handelte sich lediglich um eine kleine Kreisstadt, in der auch im Inneren einige Wohnblöcke zu Lagern umgebaut worden waren. Wenn ich das in allen Städten unserer Heimat auf diese Weise hochrechnete, kam ich auf zehn Millionen Gefangene.

In einem etwa 500 Meter entfernten Gebäude waren die Frauen untergebracht. Sie trugen orangefarbene Uniformen, über den Köpfen schwarze Säcke, Füße in Ketten, Hände in

Handschellen. Frauen und Männer durften nur gebückt gehen, Kopf zu Boden, hinter jedem ein oder zwei Polizisten, die mit Schlagstock folgten. Dieses Mal teilte ich mit 20 Leuten eine Zelle. Dort gab es ein dreistöckiges Bett, in dem ich ganz oben lag. Allein vom Gestank bekam ich schlimme Kopfschmerzen. Es herrschten ähnliche Zustände wie vorher.

Am nächsten Tag um 11 Uhr ließen sie mich überraschenderweise wieder frei. »Du stirbst sowieso bald«, erklärten sie mir den Befehl aus meiner Heimatstadt.

Ich schleppte mich zum Bus und fuhr nach Hause.

Hol deine Kinder aus der Türkei zurück!

Meine Frau hatten sie bereits vor mir entlassen. Wir waren beide nach dem Lager nicht mehr wir selbst. Von vormals 68 Kilogramm hatte ich nur noch 46 Kilogramm auf den Rippen. Meine Frau konnte nicht mehr laufen, so schwer verletzt waren ihre Beine. Auch geistig und psychisch befanden wir uns in einem Ausnahmezustand. Meine Frau weinte die ganze Zeit. Noch fünf Monate nach meiner Entlassung waren wir beide lethargisch und schlaff, konnten nur mit Mühe klar denken und deutlich sprechen.

Kaum war ich etwas zur Ruhe gekommen, bestellten sie mich erst aufs Amt und dann zur Polizei. Zu meiner Überraschung nahm das Gespräch dieses Mal eine völlig neue Wendung. »Dich trifft keine Schuld. Außerdem bist du schwer krank. Aber wir haben gesehen, dass auf deinem Konto über drei* Millionen Yuan liegen.«

Daraufhin legten sie mir eine Kalkulation vor, in der sie meinen Besitz, darunter mehrere Immobilien, auf ein Gesamtvermögen von zehn* Millionen Yuan geschätzt hatten. »Du unterschreibst jetzt, dass du dein gesamtes Vermögen dem Staat überträgst«, sagte der Beamte und schob mir den Zettel zu. »Du erhältst deinen Besitz umgehend zurück, sobald du deine zwei* Kinder aus der Türkei zurück nach Xinjiang gebracht hast. Wenn du das nicht machst, behalten wir alles ein.«

Solchen Versprechen glaubte ich nach meinen Erfahrungen im Lager nicht mehr. Zuerst sträubte ich mich: »Bitte, verschonen Sie mich! Ich habe keine Kraft mehr, mir ist schwindelig, sobald ich aufstehe. Meine ganze Schuld besteht nur darin, dass ich einmal in der Türkei war. Bitte holt meine Kinder selbst, wenn ihr sie unbedingt hier haben wollt.« Doch meine Worte haben sie kaltgelassen. »Wir können sie nicht holen. Du musst das tun.«

Für mich war klar, dass sie meine Kinder sofort einsperren würden. Da Verwandte im Ausland über das Schicksal ihrer Familien in der Heimat etwas wissen und vielleicht Alarm schlagen, wollen die Kader sie vorher zum Schweigen bringen. Solche Zeugen sind für die chinesische Regierung gefährlich. Sie sind ihre größten Feinde. »Wir zahlen sogar dein Ticket in die Türkei«, bestärkten sie mich.

Da Widerstand sowieso zwecklos war, wendete ich meine Kraft dafür auf, den Beamten Honig ums Maul zu schmieren: »Danke für dieses großzügige Angebot. Ich liebe diese Regierung, deshalb möchte ich für sie auch alles tun. Ich werde meine Kinder zurückbringen, denn sie gehören in dieses Land. Euer Plan ist gut.« In Gedanken aber war ich längst dabei, unsere Flucht zu planen.

Als die Uniformierten zufrieden mit ihren Köpfen nickten, fragte ich: »Wenn ich allein in die Türkei fliege, ist das Risiko hoch, dass ich auf der Reise sterbe. Wer bringt dann die Kinder hierher? Kann denn meine Frau mitkommen? Dann ist es auch viel einfacher, die Kinder zu überreden, hierher mitzukommen.«

Das Argument leuchtete den Beamten ein. Anschließend musste ich elf verschiedene Dokumente unterschreiben und geloben, mein Wort zu halten. Auch meine Fingerabdrücke musste ich abgeben. Sie froren mein gesamtes Vermögen ein und drohten mir noch mal: »Wenn du nicht zurückkommst, gehört dein Besitz dem Staat.« Viel größere Angst aber jagten mir ihre anderen Worte ein: »Wenn du nicht zurückkommst, dann finden wir dich überall. An keinem Ort der Welt bist du sicher!«

Zu Hause hatte ich Monate vorher bereits heimlich etwas Geld versteckt. Allerdings durfte jeder Reisende nur 5000 US-Dollar in die Türkei mitnehmen. Es war klar, dass wir nicht wiederkommen würden. Niemals in meinem Leben hätte ich meine Kinder diesen Mördern ausgeliefert.

Zwischenlandung: »Erschießen Sie uns lieber in einer Demokratie, als uns in eine Diktatur zu schicken!«

Sofort nach der Landung warfen meine Frau und ich unsere Handys weg und tauchten in Istanbul unter. Bald darauf erfuhren wir vom Schicksal anderer Uiguren, die von chinesischen Agenten zurück in unsere Heimat verschleppt worden waren.

Vollkommen verängstigt versteckten wir uns rund 200 Kilometer entfernt von Istanbul in einem kleinen Häuschen. Kurz darauf erhielt ich einen Anruf von einem guten Freund aus Kasachstan. Er war sehr aufgeregt. »Sei vorsichtig! Der chinesische Geheimdienst hat im Lager dein Handy ausgelesen und kennt alle deine wichtigsten Kontakte. Sie haben mich angerufen. Ihre Leute suchen dich bereits fieberhaft überall in der Türkei. Sie haben mir eine große Summe Geld angeboten, damit ich ihnen deine Adresse verrate.« Die Agenten aber hatte er angelogen, dass er mit mir nichts mehr zu tun habe. »Ihr müsst fliehen!«, machte er mir deutlich.

Auf die Schnelle versuchten wir alles, um nach Amerika zu kommen, bekamen aber kein Visum. Danach sprachen wir auf einem anderen Konsulat vor, mussten aber auf unserem Flug in den Westen eine Zwischenlandung einlegen. Dort am Flughafen machten uns Sicherheitsbeamte klar, dass man uns nach Belarus abschieben werde.

In Panik sperrten wir uns auf der Toilette ein, bis die Polizei gegen die Tür klopfte: »Das nutzt nichts, wir werden euch trotzdem nach Belarus schicken.« Da öffnete ich die Tür und sagte zu ihnen: »Bitte erschießen Sie uns lieber in einem demokratischen Land, als uns in eine Diktatur zu schicken.«

Meiner Frau und mir war klar, dass sie uns in Belarus sofort wieder zurück nach China abschieben würden. Das wäre unser Tod gewesen. Tatsächlich ließ man uns daraufhin weiterreisen.

Demokratie als größtes Geschenk

Nach unserer Ankunft in der neuen Heimat spuckte ich Blut und wurde ins Krankenhaus eingeliefert. Die Ärzte waren sehr erstaunt, als sie die Aufnahmen meiner Lunge begutachteten: »Die Lunge ist eitrig und stark verletzt. Da ist ein zehn Zentimeter langer Riss. Was ist passiert?«

Fünf Monate lang haben sie mich einer aufwendigen Behandlung unterzogen. 18 Monate habe ich Medikamente eingenommen, aber heute fühle ich mich wieder gut. Der Riss ist verheilt. Ich kann sogar wieder 30 Kilometer Fahrrad fahren, nur lange Strecken zu Fuß schaffe ich nicht.

Das Leben und die Freiheit in einer Demokratie sind für meine Familie das größte Geschenk. Wir haben für dieses großartige Land nichts geleistet, aber sie haben uns gerettet, zahlen uns Nahrung und Wohnung. Ich habe vorher nicht gewusst, dass es solche guten Menschen und solche guten Regierungen wie diese gibt. Das berührt mich zutiefst. Gleichzeitig wird mir das Herz schwer, denn ich kenne so viele Uiguren, die nach der Entlassung aus dem Lager spätestens nach drei Monaten tot waren. Sie erhielten keine Hilfe so wie wir.

Wir sind dieser Gesellschaft in größter Dankbarkeit verbunden, nur schäme ich mich dafür, diese Hilfe ohne Gegenleistung anzunehmen. Egal, welche Arbeit, ich mache alles, habe ich mehrmals angeboten. Doch auf dem Sozialamt schicken sie mich jedes Mal fort und sagen, dass ich zu alt und zu krank sei und gut auf mich aufpassen solle. Sogar die Tiere behandeln sie hier besser als die Chinesen uns Muslime in meiner Heimat.

In den Gassen unserer Städte hatte ich es oft erlebt, wie zugezogene Chinesen lebendige Hunde gegrillt haben. Die armen Hunde haben gebellt und gejault, aber diese Leute genossen es wie ein lustiges Schauspiel, die Tiere bei lebendigem Leib zu verbrennen. Sie spürten nicht den Schmerz anderer Lebewesen. Sie sind anders erzogen als wir.

Die KPCh denkt in hundert Jahren voraus, ihre Bürger jedoch erzieht sie dazu, nur für den Moment und für ihr Geld zu leben, und das, was morgen kommt, ist ihnen völlig egal. Übersetzt steckt in Pekings Infrastrukturprojekt »One Belt, one Road« das Wort »Gürtel«. Die Welt wird bildlich betrachtet von einem Gürtel umschnallt, aber sie schläft und merkt nicht, wie ihr immer mehr die Luft abgeschnürt wird.

Peking hat bereits die gesamte muslimische Welt eingekauft. Diese Länder verbindet vor allen ihr Hass auf Freiheit und Menschenrechte. Sie machen, was die KPCh diktiert. Ihre Welt aber ist voller Grausamkeit und Lüge, regiert von Stärke und nicht von Recht.

Die westlichen Demokratien dagegen erscheinen mir wie gereifte Nationen. Sie arbeiten die Fehler aus ihrer Vergangenheit auf und besitzen ein großes Herz. Keiner weiß besser als ein ehemaliger Lagerinsasse wie ich, dass ein Leben ohne Menschlichkeit ein Leben ohne Wert ist.

Ich hoffe, dass dieser freiheitliche Teil der Welt noch rechtzeitig aufwacht, bevor China ihm die Luft raubt!

Seele zur Ruhe bringen

In der neuen Heimat haben wir uns sehr zurückgezogen. Manche Uiguren fragen uns: »Warum nehmt ihr nicht an unseren Demonstrationen teil und macht die Verbrechen in der Heimat bekannt?« Aber für uns ist es zu gefährlich, unsere Gesichter in der Öffentlichkeit zu zeigen. Wir haben große Angst, dass uns irgendjemand erkennt und alle Angehörigen in der Heimat zur Strafe sterben müssen.

Wenn meine Gedanken zu erdrückend sind, gehe ich spazieren. Die frische Luft tut mir gut. Manchmal sitze ich stundenlang am Wasser. Das bringt meiner Seele ein bisschen Ruhe.

Oft denke ich dabei an meine alten Bücher in der Heimat.

Über Generationen hatten in unserer Familie die Väter an die Söhne ihre wertvollen Schriften weitervererbt. Aber die KPCh hatte in einer Kampagne angeordnet, dass wir unsere uigurischen Bücher erst nass machen, dann klein schneiden und in eine Mülltüte stecken müssten, um sie schließlich nachts in den Fluss zu werfen. Keiner durfte seine Bücher behalten.

Als ich von diesem Plan erfuhr, habe ich aus meiner Bibliothek 50 uralte Geschichts- und Religionsbücher behutsam in eine Metallkiste gebettet und sie an einem sicheren Ort vergraben. Eines der Werke ist 3000 Jahre alt. Es handelt sich teils um handgeschriebene Arbeiten, die noch von unseren buddhistischen Wurzeln erzählen. In einem Buch ist der siebenstöckige Himmel farbig dargestellt mit Engelsbildern. Dafür hatte mir einmal ein Israeli sehr viel Geld geboten, aber ich habe es nicht weggegeben. Mein Vater meinte, dass diese Bücher von unschätzbarem Wert seien. Leider konnte ich nicht alle retten. Einen Teil musste ich im Fluss versenken.

Eines Tages aber, so hoffe ich sehr, werde ich diese Kiste wieder bergen und dieses Jahrtausende alte kostbare Wissen unserer Ahnen für die Welt erhalten.

ANALYSE

Vorsätzliches Töten

Seit fast einem Jahrhundert tötet die KPCh vorsätzlich unzählige unschuldige Menschen. Dabei achten die Kader darauf, dass möglichst nichts davon an die Außenwelt durchdringt. In kaum einem Land werden Journalisten und Medienvertreter stärker unterdrückt als in China. Da die KPCh die Welt sowie das eigene Volk mit Fake News ruhigstellt, hat sich ihre politische Position verbessert und stabilisiert.

In so einem Land ist es schwer zu beweisen, wie viele Bürger bislang unverschuldet im Namen der Regierung ermordet worden sind. Unzählige starben bei Massakern während der chinesischen Kulturrevolution, den Tian'anmen-Protesten oder den Unruhen in Urumqi 2009.

Die chinesische Regierung benutzte solche Ereignisse schon immer als Vorwand, um zahlreiche Unbeteiligte aus dem Weg zu räumen, die sich zum falschen Zeitpunkt am falschen Ort aufgehalten haben. Jeder, der in China als Zeuge so eines Blutbades die Wahrheit sagt, gilt als Verräter. Deshalb berichtet keiner gerne offen darüber.

Alle negativen Vorkommnisse, die einen Schatten auf die KPCh werfen, stellen die Kader anschließend in einem positiven Licht dar. So behaupten sie, dass wir Muslime wie in Internaten in den »Ausbildungszentren« Nutznießer eines »kostenlosen Berufsbildungsprogramms« seien. Internationalen Beobachtern wollen sie diese bis zum heutigen Tage trotzdem nicht zugänglich machen. Solche Fake News dienen dazu, die Bürger in falscher Sicherheit zu wiegen. Da der Völkermord bis heute anhält, nehmen auch die falschen Erzählungen darüber weiter zu. Um Kritiker mundtot zu machen, verfolgt die KPCh sie mit ihrer Rache und scheut auch nicht vor Mord im In- und Ausland zurück.

Alle Spuren vernichten

Im Laufe der Zeit hat die KPCh unterschiedliche Mordtechniken perfektioniert. Egal, wie aufwendig Nachforschungen betrieben werden, man wird vermutlich keine Spur finden, die zum Täter führt.

Als ich nach meiner Flucht aus Ostturkestan in Kasachstan angekommen war, setzten mich einige Agenten auf Befehl der KPCh unter Druck, um mich zum Schweigen zu bringen. »Es ist sehr einfach für uns, dich zu töten. Wenn du beispielsweise die Straße entlanggehst, kann ein Auto hinter dir dich überfahren. Bei nachfolgenden Ermittlungen aber wird es so aussehen, als ob es sich nur um einen Verkehrsunfall gehandelt hat, bei dem du von einem unvorsichtigen, betrunkenen oder kranken Fahrer getötet worden bist. Der Täter wird dafür maximal ein bis zwei Jahre im Gefängnis verbringen. Aber das restliche Leben seiner gesamten Familie wird von der Kommunistischen Partei Chinas finanziert und sehr bequem sein.«

Um mir noch mehr Angst einzujagen, fügten sie hinzu: »Wir können dir auch irgendwelche Drogen ins Essen mischen und dich töten. Diese Droge nimmt dir nicht sofort das Leben, du wirst langsam daran zugrunde gehen. Bei solchen Ermittlungen heißt es dann, die Person sei durch eine Krankheit ihrer inneren Organe vergiftet worden. Keine Spur weist auf einen Mord hin.«

Sicher kennen diese Agenten Chinas noch viele weitere Möglichkeiten, jemanden unauffällig aus dem Weg zu räumen.

Sippenhaft: Wer dem Toten zu nahe steht, schwebt in Lebensgefahr

Nicht nur das Leben vieler Menschen in den Lagern wird ausgelöscht, auch deren Familien bleiben am Boden zerstört zurück. Angehörige, die nach ihren toten Vätern, Müttern oder Kindern in den Lagern suchen, stoßen bei der KPCh auf taube Ohren, da die Behörden alle Informationen geheim halten.

Stuft ein Beamter ein Familienmitglied als mutmaßlichen Kriminellen ein, wird er in der Folge auch dessen Familienangehörige, Freunde oder Bekannte traktieren. Seit Beginn ihrer Geschichte hat die KPCh unschuldige Angehörige in Sippenhaft genommen, um selbst noch fester im Sattel zu sitzen. Ab 2014 hat Xi Jinping mit seinem »uneingeschränkten Kampf gegen Terrorismus« unser ganzes Volk in Sippenhaft genommen.

Die Kader haben sich immer darum bemüht, Menschen zu zerstören, die andere Vorstellungen vom Leben haben als sie und die ihre wahren Motive wie Gier, Selbstbereicherung und Machterhalt durchschaut haben. Zwar sind auch im chinesischen Gesetz Menschenrechte verankert, aber deren Schutz obliegt der KPCh. Und die Partei schützt nur das, was ihr nützt. Wie einst Mao hat sich Xi als »großer Steuermann 2.0« 2018 zum Alleinherrscher auf Lebenszeit aufgeschwungen. Gepostete Bilder, die ihn daraufhin wegen seiner figürlichen Ähnlichkeit als Pu der Bär zeigten, der am Honigtopf festklebt, löschten die Zensoren sofort.

Die Führung der KPCh lebt in ständiger Sorge, dass die Bürger eines Tages ihre eigene Ausweglosigkeit erkennen, revoltieren und gegen die Parteispitze vorgehen werden. Angst bestimmt die Entscheidungen der KP-Funktionäre, und sie wollen jeden aus dem Weg räumen, der ihnen ihre eigene Angst vor Augen hält.

Eine Regierung wie diese, die immer in Todesangst lebt, sich deshalb bedrängt und sehr unsicher fühlt, ist ständig damit beschäftigt, sich in den gelenkten Medien als stark und unbesiegbar darzustellen. Offenbar will Xi Jinping als größter Parteiführer in die Geschichte der KPCh eingehen. Etwa 92 Millionen Parteikader wiederholen daher andauernd, dass sie die Stimme von 1,4 Milliarden Menschen sind. Und jede Kritik am Staat sei eine Kritik am Volk. Keiner darf da aus der Reihe tanzen. Es ist ein Teufelskreis der Angst.

Dass die chinesische Regierung über Leichen geht, zeigen auch das weltweit verbreitete Virus und der Umgang der KPCh damit. Warum hatte die chinesische Regierung anfangs ihren Wissenschaftlern einen Maulkorb auferlegt, die vor der hohen Ansteckung und der Situation in Wuhan gewarnt hatten? Warum haben die Kader Flüge ins Inland verboten, aber Millionen Menschen noch ins Ausland fliehen lassen, als die Schließung der Stadt bereits feststand? Warum verschleppt die KPCh bis heute weitere Nachforschungen über den Ursprung des Virus? Nur wenn die Welt die Ursache dieser Pandemie kennt, kann sie sich in Zukunft vor Wiederholung erfolgreich schützen. Durch diese Verschleierungen hat sich Peking schuldig am Tod zahlreicher Menschen gemacht.

All das sind die Folgen einer mörderischen Politik, die nur auf den eigenen Vorteil bedacht ist.

EHEFRAU DES AKADEMIKERS (ANONYM) – ZEUGIN FÜR VERGEWALTIGUNG

*Obwohl beim Erinnern die Angst in ihr immer wieder wie Brackwasser hochsteigt und sie würgt, berichtet die 54-*jährige* Ehefrau und mehrfache Mutter über systematische Misshandlungen von Frauen und Mädchen in ihrer Heimat. »Alles ist wahr, was ich erzähle«, betont sie wieder und wieder, als könne sie die erlebte brachiale Gewalt selbst kaum fassen, »aber ich kann nur einen kleinen Auszug aus diesem Grauen erzählen. Es ist einfach zu viel, zu viel. Wo soll ich nur anfangen?«*

Ihre Worte drängen über ihre Lippen fast wie Flüchtende in Panik, die gleichzeitig versuchen, durch ein zu enges Tor in die Freiheit zu entkommen. Ihre Stimme wie ein einziger Klagegesang. Immer wieder unterbricht sie ihren Bericht und wischt sich die Tränen aus den Augen.

»Bitte entschuldigen Sie, aber ich kann nicht näher darauf eingehen, weil sich dann mein Herz verkrampft und ich keine Luft mehr bekomme. Ich kann das nicht ertragen, weil ich selbst auch eine Tochter habe und viele weibliche Verwandte. Ich kann das einfach nicht ertragen!«

Die Vorstellung an die ausweglos scheinende Situation der Frauen und Mädchen in der Heimat reibt die Uigurin völlig auf. »Es sind so viele traurige Schicksale, die ich miterlebt habe. Unsere Frauen müssen eine so große Bürde tragen. Ältere wie mich ließen sie die ganze Zeit über in denselben Zellen, die meisten waren krank oder verletzt. Jüngere

Frauen haben sie vergewaltigt und zurückgeschleppt. Nur die Mädchen kehrten nie wieder zurück. Wo sind unsere Mädchen? Was machen sie gerade mit unseren Frauen?«

2021

Im Jahr 2021 lebe ich selbst in einem freien Land, aber gleichzeitig sind alle meine Verwandten in der Heimat im sogenannten Umerziehungslager. Es sind über 40 Personen. Acht kleine Kinder im Kinderlager. Mein jüngster Bruder, meine Schwester, ihre zwei Söhne – alle ohne Schuld. Einer hatte einen Anruf aus der Türkei erhalten, der andere war Gast auf einer Hochzeit, und der Nächste hatte an arme Muslime Geld für Brennholz und Kohle gespendet … Auf diese Weise habe er »Terroristen« unterstützt, haben die Polizisten ihm vorgehalten. Dafür sind meine Angehörigen zu 17 bis 19 Jahren verurteilt worden.

Zwei männliche Cousins sind im Lager gestorben. Ihre Leichen hat keiner gesehen. Einem Nachbarn haben sie die Fingernägel abgezogen. Alles, was Uiguren vorher besessen haben, nahmen die Kader ihnen weg. Ihre Häuser genauso wie ihre Familien.

Meine Brüder haben sie abgeholt – ich weiß nicht, wo sie sind. Die gesamte Familie ist verschwunden, aber keiner erfährt, was mit ihnen passiert. Kein Tag, keine Stunde vergeht ohne Gedanken und Sorgen um sie. Was ist mit meinen Kindern?

Seit meiner Entlassung aus dem Lager bin ich nicht mehr normal. Ich rede manchmal, ohne es selbst zu merken, und kann nicht mehr aufhören. Ich sprudle über wie ein Wasserfall. Ich habe das Gefühl, dass meine Nerven völlig kaputt sind. Ich habe mich selbst nicht mehr im Griff.

Wenn ich könnte, würde ich ständig auf- und ablaufen, aber meine Kniescheibe war nach der Folter zerschmettert, und die

Füße waren so stark geschwollen, dass ich mich monatelang kaum rühren konnte. Meine Hände tun mir heute noch weh von den Handschellen. Da sie mich mit dem Stock über den Kopf geschlagen haben, höre ich auch nicht mehr gut.

Dieses Aufnahmegerät während der Interviews auf dem Tisch macht mich sehr nervös. So ein Gerät lief bei den Verhören auch immer mit. Meine Ohren jucken innen so stark, sobald ich nur ein klein wenig Stress habe. Am liebsten möchte ich weglaufen, aber ich käme sowieso nur wenige Schritte weit. Seit dem Lager gehe ich am Stock.

Jahr für Jahr haben sich immer mehr Chinesen in unserer Heimat angesiedelt. Wir haben kein Wort verstanden, weil uns ihre Sprache völlig fremd war. Plötzlich drangen sie in unsere Häuser ein, schnitten den Frauen erst ihre langen Kleider und später ihre langen Zöpfe und den Männern ihre Bärte ab, damit sie aussahen wie Chinesen.

Doch das war nur der Anfang des Schreckens …

Chronik eines angekündigten Völkermords

2012 fingen sie an, uns massenhaft zu verhaften. Sie schreckten die Leute nachts aus den Betten auf und brachten sie im Nachthemd oder in Schlafsachen ins Lager.

2013 hatte ich von Vergewaltigungen in einem Lager in unserer Stadt gehört. Betroffen waren zehn uigurische Mädchen, die alle mehrfach von chinesischen Polizisten missbraucht worden waren. Der ganze Ort hat darüber geredet, denn einige dieser Mädchen brachten sich nach ihrer Entlassung um.

Ab 2014 haben wir immer weniger uigurische Männer und Jungen gesehen. In einer Geschäftszeile unserer Stadt waren zehn Goldschmiedeläden plötzlich geschlossen und alle Handwerker verschwunden. Auch alle Köche hatten sie eingesperrt oder zur Zwangsarbeit ins Inland verschickt. Wer beispielsweise einen religiösen Namen wie Mohammed oder Mustafa trug, wurde von der Polizei abgeholt.

Ab 2016 hat die Regierung die sogenannte Familien-Kampagne eingeführt, in der Chinesen zehn Tage lang im Monat in einen muslimischen Haushalt einziehen. Sie durften mit uns machen, was sie wollten. Manche uigurische Ehemänner verteidigten jedoch ihre Frauen gegen deren sexuelle Übergriffe, Väter stellten sich schützend vor ihre Töchter, Großväter vor ihre Enkelinnen.

Solche uigurischen Männer sind manchmal zu Hause getötet worden, vor den Augen ihrer Frauen und Kinder. Vereinzelt starben auch Chinesen bei solchen Auseinandersetzungen. Fast 90 Prozent der alleinstehenden Frauen, deren Männer im Lager eingesperrt waren, mussten ihre chinesischen Vergewaltiger wie Gäste in ihren Häusern empfangen.

Schließlich verurteilten die chinesischen Staatsbeamten alle ab 1989 Geborenen zu hohen Geldstrafen, wenn sie als Dritt- oder Viertgeborene zur Welt gekommen waren. Da die meisten nicht so viel Geld besaßen, mussten sie zur Strafe ins Lager.

Während sie unsere Jüngsten und Stärksten weggesperrt haben, verabreichten sie den Frauen im Lager Medikamente, um vielen von ihnen damit die Fruchtbarkeit für immer zu nehmen und weiteren Nachwuchs unmöglich zu machen.

Unsere Traditionen, Sprache und Kultur haben sie uns verboten, unsere landestypische Architektur und historischen Bauten zum Teil einplaniert sowie heilige Orte in Moscheen zu Toiletten für Touristen umfunktioniert. Jeder Uigure musste am Tor chinesische Lampions mit chinesischen Buchstaben aufhängen.

Unsere Handys haben die Beamten der KPCh abgehört. Um uns untereinander weiter zu verständigen, haben wir in unseren

Familien einen eigenen Sprachcode entwickelt, denn sobald man auch nur ein falsches Wort gesagt hat, wurde man eingekerkert.

Niemand hat in dieser Stadt noch lachende Gesichter gesehen.

Lager: Mit Schnaps vergiftet

Zweimal hintereinander war ich 2017, von Februar bis April, in unserer eigenen Stadt im Lager eingesperrt. Dort kannte ich jeden. Es waren alles Bekannte, Nachbarn und Verwandte, teils ganze Familien mit Männern. Von meiner Straße war alleine die Hälfte der Bewohner eingesperrt. Meine Schuld bestand darin, dass ich mit meinem Mann die Hochzeit unserer Tochter in der Türkei gefeiert hatte.

In dieser Phase, zwischen 2016 und 2017, hielt die chinesische Regierung die Polizisten dazu an, unsere gläubigen Mädchen und Frauen einmal mehr zu erniedrigen. Sie haben uns Musliminnen gezwungen, hochprozentigen Schnaps zu trinken, da uns das unsere Religion sonst verboten hat.

Wehrte sich eine Frau dagegen, flößten sie ihr den Schnaps gewaltsam ein. Hunderte wurden durch Alkohol vergiftet. Manchmal ganze Gruppen, erzählten sich die Leute in den Städten, die bei solchen Veranstaltungen zusehen mussten.

Im Lager habe ich das mehrmals mit eigenen Augen beobachtet. Sie holten die Frauen zum Verhör heraus, dort wurden sie abgefüllt und dann in diesem stark alkoholisierten Zustand zurück in die Zelle geschleppt. Manche fielen am Boden in Ohnmacht, manche haben vorher noch geschrien oder lagen röchelnd in ihrem Erbrochenem, ihr Herz raste … Sie stanken nach Schnaps, als hätte man sie damit übergossen.

Sechs Frauen sah ich auf diese Weise sterben. Sie waren zwischen 30 und 45 Jahre alt. Als die Wachen ihre leblosen Körper abholten, stellten sie nüchtern fest: »Herzinfarkt«!, und schoben alle Schuld weit von sich weg: »Die hatten schon vorher einen Herzfehler.«

In diesem Lager haben sie unsere Mädchen und Frauen auch nach draußen in den Hof geführt, wo sie zwei Stunden lang in größter Hitze und flirrender Luft über Xi Jinping Lobeslieder singen mussten. Ihnen war schwindelig und schlecht, ihr Kopf dröhnte, und der Körper war schweißnass, aber immer wieder mussten sie ihm ewige Treue schwören: »Ich liebe Xi Jinping!« Und das bei Temperaturen weit über 40 Grad, in einem ausgehungerten und halb verdursteten Zustand.

Reihenweise fielen die jüngeren Mädchen dabei in Ohnmacht, weil sie der vernichtenden Kraft der Sonne nicht standhielten. Die Wachen schleppten die Bewusstlosen weg. Sie kamen nie wieder zurück. Zwei meiner Nachbarinnen starben auf diese Weise an einem Hitzschlag.

2017 war es anfangs noch möglich, sich mit Geld aus einem Lager freizukaufen. Nach 28 Tagen ließen sie mich deshalb heraus. Für meinen Bruder mussten wir eine Million Yuan zahlen, damit er ebenfalls befreit wird. Nach ein paar Monaten holten sie ihn trotzdem wieder ab.

Urumqi: Nackt ins Lager

Da Bestechung nicht mehr half, sperrten die Polizisten auch mich ein halbes Jahr von Oktober 2017 bis März 2018 zum dritten Mal ein. Diesmal brachten sie mich nach Urumqi in ein Frauenlager, das sie »Shi Shan« nannten, was übersetzt »westlicher Berg« heißt. Es bot Platz für mehr als 10 000 Gefangene. Dort gab es drei sogenannte Erziehungslager nebeneinander. Ich selbst war im Gefängnis Nummer drei untergebracht.

Vor der Einlieferung zwangen die Polizisten alle Frauen, sich auszuziehen. Aus allen Städten des Landes führten sie unsere nackten Frauen und Mädchen hier über den Hof. Auch ich kam nackt ins Lager, schutzlos den Blicken der Männer ausgeliefert.

Im Gebäude bekam jede Frau eine Uniform. »Orange« war für Schwerverbrecherinnen bestimmt, »Blau« für gewöhnliche Kriminelle und »Gelb« für Unschuldige, die sich womöglich in naher Zukunft schuldig machten. Mir haben sie »Gelb« zugeteilt. Unsere langen Haare haben die Wachen wie bei chinesischen Frauen kurz geschnitten. Manchen haben sie auch Glatzköpfe rasiert, wegen der Läuse.

Alle Frauen bekamen regelmäßig Medikamente. Danach blieb die Menstruation aus. Den jüngeren Mädchen hat medizinisches Personal zusätzlich Injektionen gesetzt. Warum? Das hat keiner erklärt. Die Frauen, die schon lange im Lager saßen, waren alle einer Meinung: »An den Medikamenten sterben wir langsam.« Tatsächlich fühle ich mich seit der Einnahme dieser Tabletten sehr krank.

Jeden Montag und Freitag gab es ein Ei zu essen. Zum Frühstück eine sehr kleine Tasse Suppe mit ein bisschen Mehl drin. Mittags Dampfbrot mit eingebackenen Steinen und Sand, wie es auch mein Mann erlebt hatte. Manchmal schwammen in der Suppe ein paar winzige Stückchen Kürbis oder Paprika. Die jungen Mädchen bettelten uns mit ihren großen Augen an: »Bitte gebt uns das!« Sie vermissten dieses Gemüse so sehr, seit Monaten oder Jahren hatten sie so etwas nicht mehr im Mund gehabt. Der Hunger wühlte wie ein wildes Tier in allen Bäuchen.

Die meisten litten infolge der Mangelernährung an Schwindel, Haarausfall und anderen schlimmen Folgen. Selbstmord war uns Muslimen eigentlich nicht erlaubt. Deshalb flehten die

Frauen die chinesischen Polizisten an: »Bitte erschießt uns!«, aber sie erschossen uns nicht, sie quälten uns lieber.

Keine ist in diesem System sicher, nicht mal die zutiefst ergebenste Parteidienerin

In meiner Zelle waren 40 bis 60 Frauen untergebracht. Nach einem siebenstündigen Verhör und Folter war ich so zerschlagen, dass ich mich nicht mehr auf den Beinen halten konnte. Deshalb setzte ich mich fünf Minuten lang hin, obwohl mir das verboten war. Sie beobachteten mein »Fehlverhalten« durch die Videokamera. Zur Strafe musste ich 40 Tage lang liegen bleiben.

Sogar die Ehefrauen uigurischer Staatsbeamter, Polizisten oder enge Freundinnen chinesischer Parteifunktionäre sperrten sie hinter Gitter. In den ersten Tagen waren diese Frauen noch sicher, dass sie nach dem chinesischen Staatsfeiertag wieder freigelassen würden, aber sie sind alle geblieben.

Eine weinte die ganze Zeit und klagte: »Mein Mann ist Polizist. Ich war nur 15 Tage mit meiner Mutter im Urlaub in der Türkei. Jetzt haben sie mich verhaftet, und mein Mann kann mich nicht retten.« Das waren sehr treue, der KPCh tief ergebene Parteidiener. Doch selbst das hat sie nicht gerettet. Ihre Körper waren nach dem Verhör genauso blauschwarz geprügelt wie unsere.

Jeden Tag gab es einen Warnalarm. Sobald die Sirene losging, mussten sich alle sofort still auf den Rücken legen. Dann kamen die chinesischen Wachen, zählten uns ab und wählten einige Frauen aus. Zusätzlich suchten sie jeden Abend einige Mädchen heraus.

Unsere Jüngsten kehrten meist nicht zurück. Angeblich wurden sie in andere Zellen gebracht, aber die Gefangenen aus den anderen Zellen waren ebenfalls sicher, dass sie in eine andere

Zelle verlegt worden seien. Manchmal hörte man, dass sie in ein neues Lager verlegt worden seien. Sie verschwanden einfach. Wir wissen nicht, was mit ihnen passiert ist.

Aber wir wissen, dass die Polizisten jeden Tag aus jeder Zelle junge Mädchen verschleppten. Manchmal fünf, manchmal zehn. Jeden Tag. Und es kamen immer wieder neue hinzu. Es waren Tausende junger Mädchen. Drei davon, die nach der Vergewaltigung gestorben sind, benenne ich mit Vornamen: Zeytune, Reyhangül und Buchelchem.

Manche ahnten, welches Martyrium ihnen bevorstand.

»Mama! Papa!«

Diese Mädchen schrien laut, wenn die chinesischen Wachen sie aus den Zellen schleiften: »Mama! Papa!« Sie schrien so erbärmlich, dass wir Zurückgebliebenen es kaum aushalten konnten. Dieses Ausgeliefertsein, diese Willkür und Brutalität – das zerbricht einen Menschen. Wir hörten auch, was in der Nachbarzelle passierte, wenn die Mädchen um Gnade winselten, weil die Wände so dünn waren. Wir hörten alles, auch weil jede still sein musste.

So junge, so unschuldige Mädchen waren das. Zwischen 17 und 25 Jahren. Darunter welche, die noch nie zuvor im Leben einen fremden Mann berührt hatten. Gelegentlich führten die Wachen kurz darauf auch einige der älteren Frauen aus den Zellen ab, damit sie dabei zusahen, was die chinesischen Polizisten mit unseren blutjungen Mädchen machten.

Regungslos mussten Insassinnen am Rand stehen und beobachten, wie die panischen Mädchen von mehreren chinesischen Polizisten nacheinander geschändet wurden. Ich selbst habe das nicht gesehen, aber einmal war die Hälfte aus meiner Zelle als Zeuginnen dabei.

Nachts flüsterten diese Frauen über die Vergewaltigungen, weil sie so aufgewühlt waren. Es war uns eigentlich verboten, in der Zelle miteinander zu reden oder uns Zeichen zu geben. Sogar auf der Toilette überwachte uns eine Kamera, aber diese Augenzeuginnen waren an der Grenze dessen angelangt, was alleine im Kopf nicht mehr auszuhalten war.

In meiner Zelle verloren einige ältere Frauen danach den Verstand. Sie tobten und schrien: »Lasst mich raus!«, oder schlugen ihre Köpfe so lange gegen die Wände, bis sie rot von ihrem Blut waren. Die Verrückten wurden von den Wachen weggeschleppt, angeblich ins Krankenhaus.

»Sie haben einen uigurischen Polizisten gezwungen, bei diesen Gruppenvergewaltigungen mitzumachen. Er konnte es aber nicht …«, berichtete eine der Zeuginnen mit rauer Stimme. Zeigte ein uigurischer Polizist aber Mitleid, wurde er sofort strafversetzt, angeblich ins Innere Chinas. Solche Männer blieben spurlos verschwunden. Und ihre Eltern fragten danach in der Stadt auf allen Ämtern und bei allen Leuten weinend herum: »Wo ist unser Sohn? Habt ihr ihn gesehen? Er war doch ein Polizist. Warum ist er weg?«

Vermutlich wurden solche Beamte ebenfalls getötet. Leider gab es aber auch uigurische Polizisten, die gerne befördert werden wollten und bei den Vergewaltigungen ihrer eigenen Landsleute mitmachten. Sie drohten uns Frauen in den Zellen ganz unverhohlen damit: »Ich lass es dich noch erleben, wie sich das anfühlt, wenn ich dich vergewaltige.« Von den chinesischen Wachen hörten wir solche Worte tagtäglich. Vergewaltigung war für sie genauso normal wie jede andere Form der Folter. Betroffen hat es alle Frauen, vor allem diejenigen bis 40 Jahre.

Frauen, die zurückkehrten, waren meist bewusstlos. Die Wachen schleppten sie in die Zellen. Am Oberkörper waren sie frei.

Ihre Haut blutete, war zerkratzt. Auch aus den Ohren und aus den Genitalien lief das Blut heraus. Sie sahen so fürchterlich aus, dass wir weinten. Obwohl es verboten war zu weinen.

Uigurinnen verbluteten in den Zellen, weil die Polizisten ihnen zuvor beim Verhör anal einen spitzen Stock hineingestoßen hatten. Tausende Frauen und Mädchen haben die Wachen in diesen Lagern auf bestialische Art getötet.

Und die ganze Zeit über musste ich so gleichgültig tun, als ob ich nichts hörte und sähe, nur damit ich lebendig wieder herauskam. Niemals durfte eine Gefangene zu konzentriert eine andere anschauen. Es galt der Befehl: »Wer Mitgefühl zeigt, wird sofort bestraft!« Das bedeutete Schläge, Prügel, schlimmstenfalls Vergewaltigung. Dann musste man am eigenen Leib erfahren, was man bei der anderen zuvor bemitleidet hatte.

Alle Frauen, die schon ein oder zwei Jahre inhaftiert waren, wussten über diese Vergewaltigungen Bescheid. Und auch sie berichteten leise davon, manchmal auch auf dem Weg zur Dusche.

Eine Gefangene weinte bitterlich, ihr Kinn auf der Brust, schnaufte sie mehrmals hintereinander und schluchzte: »Wie kann ich jetzt noch ins Gesicht meiner Schwiegereltern blicken?« Ich wollte sie trösten, aber im nächsten Moment sprang die Tür auf, und ein Wächter stauchte sie zusammen. »Halt's Maul! Du wirst kein Wort erzählen! Sonst erlebst du noch etwas viel Schlimmeres!«

Diese Warnung hatten wir alle die ganze Zeit in unseren Ohren, aber trotzdem redeten wir heimlich leise weiter, und immer wieder hörte ich: »Sie vergewaltigen unsere Mädchen …«

Besonders hart trifft es politische oder religiöse Frauen

Unter Folter zwangen sie uns, ein Geständnis abzulegen. Da schien es vielen von uns besser, sofort alles zuzugeben, was auch immer sie von einem verlangten. Besonders brutal wurden die Frauen misshandelt, die als politisch aktiv galten. Waren die Männer beispielsweise an Protesten beteiligt gewesen, drohte ihren Frauen großes Unheil.

Meistens waren es die Jüngeren, denen die Sicherheitsbeamten Vorwürfe solcher Art gemacht haben: »Dein Mann war in Peking und wollte eine Bombe legen.« Eine 20-Jährige berichtete nachts darüber: »Sie behaupten, dass mein Mann alle Chinesen auslöschen wollte, aber das stimmt doch gar nicht.« Auch sie kam nach dem Verhör nicht wieder zurück.

Wir alle wussten, dass diese Regierung nicht zögerte, selbst Bomben zu legen und ihre eigene Bevölkerung in die Luft zu sprengen, um danach uns Uiguren dafür die Schuld zu geben.

Durch solche Aktionen haben sie die Rachegefühle und den Hass auf uns im chinesischen Volk geschürt und uns alle zu Terroristen abgestempelt. Woher aber sollten wir Uiguren in so einem Überwachungsstaat Bomben oder Waffen nehmen? Sie kontrollierten sogar, was wir im Supermarkt einkauften, ob wir ein Küchenmesser besaßen und wie oft wir es benutzten.

Manche Mädchen waren sehr stolz, sie beschimpften die Polizisten: »Scheiß-China«, und wurden dafür getötet. Eine der jungen Frauen in unserer Zelle war schwanger. Die Polizisten traten sie mit ihren schweren Stiefeln so stark in den Bauch, dass sie aus der Scheide blutete und ihr Kind verlor. Dieses Mädchen ließen sie mehrere Tage lang bewusstlos in ihrem eigenen Blut auf dem Boden liegen.

Genauso wie alle politischen erhielten alle gläubigen Frauen harte Strafen. Mütter, die ihre Kinder den Koran gelehrt hatten, wurden manchmal zu Krüppeln geschlagen. Eine Frau, 45 Jahre alt, musste 20 Tage lang nackt auf einem Nagelstuhl mit spitzen Nägeln sitzen. Und immer wieder verabreichte man ihr elektrische Stromstöße. In ihrem Fall hatte ihr Mann ein paar jungen Leuten das Beten beigebracht.

Diese Frau hatte schlohweißes Haar. Sie war vorher bereits in mehreren Lagern gewesen. Ihre Augen waren fast blind, so viel weinte sie. Sie spürte ihre Beine und Füße nicht mehr nach dieser Folter und wartete in Urumqi auf ihr Urteil. Für ihre drei Töchter wollte sie überleben. Obwohl sie nur noch aus Haut und Knochen bestand, war sie innerlich stark und ermutigte uns immer wieder: »Ihr müsst essen und trinken, ihr müsst überleben! Allah wird euch schützen!«

Nach dem Lager: Schicksal der vergewaltigten Mädchen

Vergewaltigungen in den Lagern werden systematisch durchgeführt. Ohne Anordnung der Regierung wäre das nicht möglich. Jeder redet über diese Schandtaten. Überall. In der Stadt, auf dem Land und im Lager. Jeder weiß das. Man sieht dabei zu, man hört das und erlebt, wie die Opfer sich danach umbringen.

Durch diese Verbrechen erniedrigen sie unsere Frauen und Mädchen auf eine Weise, dass sie danach nie wieder ihren Kopf hoch tragen können. Sie nehmen ihnen ihre Ehre und ihre Würde genauso wie ihre Gesundheit und ihre Kraft. Unsere Frauen verlieren alles, was einen Menschen im Innersten zusammenhält.

Es gibt sehr viele Überlebende, die sie nach dem Lager gezwungen haben, chinesische Männer zu heiraten. Die Beamten drohen ihnen: »Sonst sperren wir deine Eltern ein.« Ich kenne einige, die nach dem Lager den Tod als Ausweg gewählt haben. Sie glaubten, dass ihnen jeder sofort ansähe, was mit ihnen geschehen war. Sie konnten diese Schande nicht ertragen.

Ein Mädchen hatte sich aufgehängt. Eine andere Frau stürzte sich in Urumqi aus dem zehnten Stock eines Wohnblocks. Sie war verheiratet und 25 Jahre alt. Viele waren nach den Vergewaltigungen auch körperlich so stark verletzt, dass sie zu Hause nach einer Weile an den Folgen gestorben sind.

Unsere Mädchen und Frauen sind nach dem Lager psychisch krank. Sie schämen sich, über das Erlebte zu sprechen. Eine junge Nachbarin ist nach der Entlassung durchgedreht. Sie hat sich ihren eigenen Kot auf Gesicht und Körper geschmiert und ihren Mann die ganze Zeit angeschrien: »Lass mich! Fass mich nicht an!«

Sogar zu Hause in den eigenen vier Wänden flüsterten wir nur über solche Tragödien – genau wie im Lager. In den Häusern ehemaliger Gefangener hingen Videokameras. Offen reden war unmöglich. Manchmal haben wir auch vergessen, dass wir die ganze Zeit über beobachtet wurden. Und oft führte uns genau das wieder zurück ins Lager.

Plötzlich in Freiheit: Was ist hier los?

Nachdem wir mit dem Flugzeug in Europa gelandet waren, war ich überzeugt, dass die Beamten mich sofort ins Gefängnis sperren würden. Stattdessen aber gaben sie uns etwas zu essen. Jeder erhielt ein großes Stück Fleisch. Die Leute lächelten einen an und behandelten einen, als ob man ein Mensch wäre. Verwirrt habe ich mich umgesehen. Was ist denn hier los? Das war eine völlig andere Welt.

Ich brauchte Zeit, um das zu verstehen. In diesem Land helfen die Leute einer humpelnden älteren Frau wie mir sogar auf der Straße beim Tragen der Einkaufstaschen. Für mich ist das wie ein Wunder! Wenn ich Polizisten auf der Straße sah, bekam ich anfangs am ganzen Körper einen Ausschlag. Meine Zähne bissen so fest aufeinander, dass ich den Mund nicht mehr öffnen konnte und vor Angst schwitzte. Erst nach einem Jahr ließ diese Anspannung ein wenig nach.

Meine beiden Knie müssten dringend operiert werden, sagen die Ärzte, aber ich muss auf meine Tochter und meine Enkelkinder aufpassen, die sich aus der Türkei zu uns gerettet haben. Jeden Tag schlucke ich sehr viele Medikamente, um durchzuhalten. Steige ich die Stufen zu unserer Wohnung hoch, plagen mich danach tagelang stechende Schmerzen.

Diese Vergewaltiger sehen uns nicht als Menschen an. Man erkennt sehr deutlich den Hass in ihren Augen. Selbst wenn eine Frau sich während des Verhörs sehr ruhig verhält, nicht weint und zu Boden blickt, wird sie geschlagen und getreten. Sie genießen das. Diese Männer haben keine Moral. Sie sind zu weit gegangen.

Jede Sekunde denke ich an meine Heimat und meine Landsleute. Ich kann nicht damit aufhören. Das Leiden meiner Angehörigen ist so groß, dass ich mich selbst quäle: »Ich sollte nicht so viel essen, ich sollte vielleicht gar nicht mehr leben.« Ich weiß nicht, wie ich meinen Landsleuten helfen kann. Sie sind ein armes und vollkommen alleingelassenes Volk.

Wenn die Welt weiter bei diesen Verbrechen gegen die Menschlichkeit tatenlos zusieht und nur an die eigenen Geschäfte und das Geld denkt, wird sie sich am Ende in diesem Netz aus Skrupellosigkeit und Betrug verfangen und selbst darin zugrunde gehen.

Zeuge: Wachmann: »Ihre Stimme hallt bis heute in mir wider!«

Dieser Auszug stammt aus dem Brief eines ehemaligen uigurischen Gefängniswärters aus dem neu errichteten Konzentrationslager in Daban-

cheng am Rande von Urumqi. Als der Wärter nach zwei Jahren wegen Krankheit entlassen wurde, setzte er sich ins Inland Chinas ab. Dort baten ihn andere Uiguren darum, anonym Zeugnis abzulegen. Dr. Erkin Sidiq, Präsident der Uyghur Projects Foundation, machte sein Schreiben 2019 auf Twitter öffentlich.

»Eines Tages wurden 3000 Sekundarschülerinnen, alle um die 18 Jahre alt, in das Konzentrationslager Dawanching gebracht. (...) Eines der Mädchen, das in der ersten Reihe stand, flehte mich leise an: ›Bruder, du kannst alles mit meinem Körper machen, wenn du mich nur von hier befreist.‹ Ich schaffte es nicht, ihr in die Augen zu blicken. Seitdem höre ich fast täglich ihre Stimme in meinen Ohren widerhallen.

Meistens vergewaltigt der Funktionär das von ihm ausgewählte Mädchen alleine. Manchmal, wenn er gut gelaunt ist, erlaubt er seinen Untergebenen, die Mädchen gruppenweise zu vergewaltigen. Danach kommt das Mädchen zurück in die Zelle. Normalerweise spricht sie nichts. Auf den Monitoren der Kameras aber habe ich ihre Tränen gesehen. In den Zellen dürfen sie eigentlich nicht weinen. Sie dürfen ihre Gefühle nicht ausdrücken und nicht sprechen. Durch diese Beschränkung können sie ihre Gefühle nicht ausleben, deshalb befinden sie sich oft in einer furchtbaren Gemütsverfassung. (...)«

ANALYSE

Systematische Vergewaltigung

Systematische Vergewaltigungen gehören zu den erbärmlichsten Mitteln der KPCh, um Einheimische in Ostturkestan zu erniedrigen. Es ist die brutalste Methode, die körperliche und seelische Integrität eines Menschen zu zerstören. Es gibt keine vergleichbarere Erfahrung des Ausgeliefertseins.

Diese Form des Terrors, sowohl Männer als auch Frauen zu brechen und ihnen den eigenen Willen aufzuzwingen, ist schon lange ein fester Bestandteil von Pekings Politik. Gut dokumentiert sind beispielsweise die systematischen Vergewaltigungen von Falun-Gong-Anhängerinnen im berüchtigten Straflager Masanjia vor knapp 20 Jahren. Dort haben sie die Chinesinnen nackt in die Zellen männlicher Gefangener geworfen. Viele sind gestorben oder verrückt geworden. Buddhistischen Nonnen in Tibet oder Christinnen haben die KPCh-Beamten Stacheldraht durch die Brustwarzen gebohrt und ihre Genitalien mit Viehstöcken elektrisiert. Über die »bestätigten Berichte von unglaublicher Brutalität« hatte der prominente chinesische Menschenrechtsanwalt Gao Zhisheng einen offenen Brief an die Führer der KPCh geschrieben. Nach mehrfacher Folter ist er 2017 erneut verschleppt worden und gilt seither als Opfer des Verschwindenlassens.

Wer solche Grausamkeit nicht selbst mit eigenen Augen miterlebt hat, mag das kaum fassen. Denn wer traut einer High-Tech-Supermacht im 21. Jahrhundert, die sich gerne für ihren rasanten Fortschritt als Wirtschaftswunderland hochleben lässt, solche primitiven Schlächtereien wie im Mittelalter zu?

Systematische Vergewaltigungen gehören für Uiguren, Kasachen und die anderen Ethnien zur alltäglichen Wirklichkeit in Ostturkestan. Die Mitarbeiter in den Lagern erhalten aus Peking uneingeschränkte Befugnisse und Rechte, dass sie mit uns machen dürfen, was sie wollen. Sie verletzten alles, was uns heilig ist. Keiner von den Straftätern wird für seine Verbrechen von der Regierung zur Verantwortung gezogen.

»Ihre Menschenrechte werden nicht verletzt, denn sie haben keine Rechte«, erklärt ein anonymisierter Leiter der Abteilung für innere Sicherheit offen in der WDR-Dokumentation »Wie China die Uiguren bekämpft«.

Die Würde mit Füßen treten

Da die Sicherheitsbeamten uns auf jede nur erdenkliche Art misshandeln dürfen, sind unsere Frauen und Mädchen ihre leichteste Beute. Jederzeit und nach Belieben wählen sie im Lager ein Mädchen aus, das ihnen aufgefallen ist.

Durch das Benutzen unserer Körper und das brutale Eindringen in unser Innerstes töten sie uns geistig. Die Beamten foltern die Frauen auf diese Weise, damit sie ein Verbrechen gestehen, das sie nie begangen haben.

Durch systematische Vergewaltigung treten die KPCh-Beamten die Würde unserer Frauen mit Füßen. Sie zwingen die Frauen, ihr bisheriges Leben aufzugeben und nur noch das zu tun, was die Kommunistische Partei von ihnen verlangt.

Wenn sich Unschuldige schuldig fühlen

Nach solchen Vergewaltigungen fühlen sich die unschuldigen Opfer oft tief beschämt und selbst wie Verbrecher. Denn sie glauben an das, was ihnen die Täter mit Gewalt eingeimpft haben: »Wäre ich nicht schuldig, dann wäre ich nicht in dieser Situation.« Sie hassen sich oft selbst und fühlen sich wie Gefangene in einem Körper, den sie nicht mehr haben wollen.

Die KPCh unternimmt alles, um die kulturellen Eigenarten unserer Ethnien auszumerzen. Die Täter beobachten das Leiden unserer Frauen, die vor Qual schreien, und finden in ihrem Schmerz Befriedigung. Immer wieder hörte ich, wie Polizisten und Lagerarbeiter der KPCh gegenüber ihre »unendliche Dankbarkeit« ausdrückten, dass die Partei sie mit totaler Macht ausgestattet hatte. Wie Gott durften sie über Leben und Tod unserer Leute bestimmen. Diese Straftäter sind schwache und gestörte Persönlichkeiten, denn charakterlich gefestigte und moralisch starke Männer würden sich nicht wie Raubtiere verhalten.

Mit dieser extremen Form der Unterwerfung will die chinesische Regierung unseren Einheimischen beweisen, dass ihr Schicksal allein in Händen der Kommunistischen Partei liegt. Da die chinesische Regierung uns als ein Volk betrachtet, das gerade am Boden liegt, nutzt sie unsere momentane Schwäche aus, indem sie alles tut, um unseren Niedergang zu beschleunigen. Durch Vergewaltigung zerstören sie nicht nur das Opfer, sondern auch seine Familie und eine ganze Gesellschaft.

Die KPCh hat vergessen, dass der Tag kommen wird, an

dem sie für ihre grausamen Verbrechen an jedem Einzelnen Rechenschaft ablegen muss. Es handelt sich um ein Regime, das nicht an Gott, sondern an die eigene Überlegenheit glaubt. Indem es unseren gläubigen Menschen eintrichtert, dass nicht Gott der Schöpfer aller Dinge sei, will es auch den Rest der Welt davon überzeugen, dass es keine größere Macht als die der KPCh gibt.

Aber eines Tages wird die Gerechtigkeit siegen, davon bin ich überzeugt. Jede Diktatur wird irgendwann einen hohen Preis für ihre Tyrannei und ihre Verbrechen gegen die Menschlichkeit zahlen. Das ist für mich ein Naturgesetz.

REBIYA KADEER – SITUATION DER ZEUGEN UND DISSIDENTEN IM AUSLAND

Mutter der Uiguren, Frau der Superlative!

Aus bitterster Armut stieg die Uigurin in den 1990er Jahren als einfache Hausfrau und Mutter von elf Kindern zu einer der reichsten Frauen Chinas auf. In zweiter Ehe heiratete sie den Journalisten Sidik Rouzi, prangerte zusammen mit ihm die grausame Politik gegenüber den Uiguren an und unterstützte karitative Projekte, beispielsweise für in Not geratene uigurische Frauen.

Mit Entsetzen sammelte sie im Februar 1997 in Ghulja Zeugenaussagen und Beweise über die grausame Niederschlagung friedlicher Protestmärsche durch die chinesische Armee. Am Ende entschied sich die Multimillionärin gegen ihr gesamtes Vermögen und für ihr Volk.

Rebiya Kadeer nutzte 1999 ihren politischen Einfluss, um als Abgeordnete unter anderen ein Ende willkürlicher Verhaftungen sowie Exekutionen politischer Gefangener in Peking zu fordern. So eine öffentliche Kritik vor dem Volkskongress hatte vor ihr noch keiner gewagt. Ihren Mut, die Wahrheit auszusprechen, bezahlte sie mit Haft, Folter und Demütigung.

Als US-Außenministerin Condoleezza Rice ihre Freilassung zur Bedingung für einen Besuch in Peking machte, ließ die chinesische Führung Kadeer im März 2005 in die USA ausreisen. Im Gegenzug ließen die Amerikaner in einem »Kuhhandel« eine geplante Resolution gegen China in der UN-Menschenrechtskommission fallen. Die Auflage Pekings an Rebiya Kadeer lautete: niemals über das Erlebte in Ostturkestan in der Öffentlichkeit zu sprechen und ihre Menschenrechtsarbeit für immer einzustellen. Verbunden mit der Drohung, dass andernfalls ihre noch übrigen Geschäfte und ihre fünf zurückgebliebenen Kinder in der Heimat »erledigt« seien. Peking behielt fünf ihrer Kinder als Geiseln zurück.

Trotz ihrer traumatischen Erfahrungen in der Haft und ihrer großen Angst um ihre Kinder brach sie das Schweigen, denn es »gibt noch Tausende andere Kinder zu Hause, die vergebens auf ihre Eltern warten«.

Heute lebt die 75-Jährige in Washington und gilt als eine der am meisten verhassten Personen der KPCh und eine der bekanntesten Dissidentinnen. Für ihre mutige Menschenrechtsarbeit ist sie mehrfach für den Friedensnobelpreis nominiert worden.

Rebiya Kadeer

Interview mit Rebiya Kadeer

2007 habe ich deine außergewöhnliche Biografie *Die Himmelsstürmerin – Chinas Staatsfeindin Nr. 1 erzählt aus ihrem Leben* aufgeschrieben. Ich erinnere mich genau, als ich dich das erste Mal in Deutschland interviewt habe. Du hast eine Halskrause getragen, hattest schwarzblaue Augenränder und Herzbeschwerden, aber dennoch warst du voller Tatendrang und Lebensmut. Kurz zuvor warst du Opfer eines Attentats geworden, das du fast nicht überlebt hättest …

Ja, am helllichten Tage hatte ein großer Van meinen Kleinwagen mehrmals hintereinander auf dem Highway gerammt. Ich lag sieben Tage im Koma. Wie durch ein Wunder hatte ich überlebt. Hinter dem Attentat steckte die chinesische Regierung. Das hatte das FBI sehr schnell festgestellt.

Vorher hattest du Folter und Schrecken im chinesischen Gefängnis erlebt. Du bist dem Tod zweimal hintereinander nur knapp von der Schippe gesprungen.

Trotz meiner Verletzungen war mir nach diesem Mordanschlag wichtig, schnell nach Deutschland zu reisen, um dir von den Verbrechen der chinesischen Regierung in meiner Heimat zu erzählen, damit die Welt das wahre Gesicht der Kommunistischen Partei Chinas erkennt. Damals wusste noch kaum ein Mensch, wer die Uiguren sind. Kaum einer ahnte, dass die KPCh bereits ihren Völkermord eingeleitet hatte. Heute dürfen meine Landsleute ihre eigene Hochkultur, Sprache und Religion nicht mehr ausüben.

Bei unserem Treffen hast du deinen inneren Zustand nach der Haft mit folgenden Worten beschrieben: »*Ich war völlig verängstigt und fühlte mich wie eine Ameise, die man jederzeit zertreten kann.*« Aber selbst nach dem Mordanschlag hast du todesmutig deine Menschenrechtsarbeit fortgesetzt.

Körperlich war ich gebrochen, aber seelisch hatte die chinesische Regierung meinen Willen, gegen ihre Verbrechen aufzubegehren, mit diesem Attentat noch mehr verstärkt. Meine Angst vor dem Tod hatte ich im chinesischen Gefängnis bereits verloren, weil ich dort so viel Unmenschliches erlebt hatte. Dadurch wurde mir bewusst, wie wichtig es ist, mit all meiner Kraft für die Freiheit meines Volkes zu kämpfen – bis zu meinem letzten Atemzug.

Du hast einmal gesagt, ein chinesisches Gefängnis ist nicht irgendein Gefängnis. Kannst du kurz beschreiben, was du damit gemeint hast?

Wenn ich früher in Psychothrillern gesehen habe, wie Menschen gnadenlos abgeschlachtet werden, habe ich mich selbst beruhigt: »Das ist nur ein Film. Sie haben das mit Absicht übertrieben, um Spannung zu erzeugen.« Als ich in einem chinesischen Gefängnis saß, habe ich solche Szenen selbst erlebt und weit Schlimmeres, was die Grenzen meiner Vorstellungskraft überstiegen hat. Wegen des internationalen politischen Drucks haben mich die Beamten nicht selbst mit ihren Folterwerkzeugen malträtiert, aber sie haben mich gezwungen, bei solchen Folterungen zuzusehen.

Hat sich die Situation heute in den Lagern und Gefängnissen verändert?

Durch heimlich durchgestochene chinesische Dokumente, herausgeschmuggelte Videoaufnahmen aus meiner Heimat, Satelliten- und Drohnenaufnahmen, Briefe oder Aussagen uigurischer Zeugen wissen wir, dass sich Chinas barbarische Handlungen seither noch um ein Vielfaches vergrößert haben.

Als du nach unseren Interviews zurück in Virginia warst, habt ihr immer wieder chinesische Agenten vor deiner Wohnung gesehen, die dich fotografiert oder gefilmt haben. Überwachen sie dich noch immer?
Ihre Spione sind heute überall, wo auch ich bin. Zwar stehen sie nicht mehr vor meiner Haustür und sind oft unsichtbar, aber sie behindern meine Aktivitäten und meine Pläne, schwächen mich finanziell, machen mich schlecht und stören meine Kontakte mit Prominenten. In den sozialen Netzwerken greifen sie mich unter unbekannten Namen und Gesichtern als Separatistin an. Sie machen auch meine Beziehungen mit anderen Uiguren kaputt … Wir Dissidenten sollen in ständiger Angst vor der KPCh leben und isoliert bleiben – ohne jede Unterstützung.

Zuletzt teilte Facebook mit, dass es eine »extrem gezielte Operation gäbe, die von China geleitet werde, um uigurische Aktivisten im Ausland zu hacken«. Bist du selbst auch davon betroffen?
Ja, natürlich. Gleichzeitig verbreiten die KPCh nur positive Botschaften über China und rechtfertigt die eigene Grausamkeit als Kampf gegen den Terror. Sie haben viele uigurische Aktivisten auf Facebook unter gefälschten uigurischen Namen angegriffen; ihre Videos und Fotos verschwanden daraufhin. Bei mir haben sie auf WhatsApp einige meiner Sprachnachrichten gesammelt, dabei Sätze herausgeschnitten und alles neu zusammengestellt.

Am Ende kam dabei eine Botschaft heraus, die so klang, als würde ich meine eigenen Landsleute angreifen. Viele waren über mich empört, weil sie dachten, dass diese Töne im Original von mir stammten.

Um dich zum Schweigen zu bringen, betreiben die Kader einen sehr großen Aufwand …
Nach meiner Freilassung haben die Kader politische Schulungen in meiner Heimat gegen mich in Medien, Bildungseinrichtungen und verschiedenen Ämtern durchgeführt. Sie haben mich beschuldigt, dass ich die Demonstrationen am 5. Juli 2009 in Urumqi mit organisiert hätte. Seither gelte ich als Terroristin.

Es gibt in deiner Heimat sogar eine eigene TV-Serie über dich …
… in der ich am Ende als Terroristin verhaftet werde. Zusätzlich haben sie ein böses Buch in einem polnischen Verlag über mich veröffentlicht, viele propagandistische Videos über mich an Botschaften im Ausland und in den sozialen Netzwerken verteilt. All das zeigt mir, wie ernst sie meine Arbeit nehmen und dass ich auf dem richtigen Weg bin. Sie versuchen aber nicht nur, meinen Ruf, sondern auch den meiner stärksten Unterstützer zu ruinieren. Teilweise sind sie erfolgreich, dennoch haben wir einiges erreicht! Ich bin sehr stolz und dankbar für die engagierte Hilfe von Politikern, Stiftungen oder Freunden wie dem Dalai Lama.

Die KPCh benutzt deine Verwandten in der Heimat als Geiseln, um Druck auf dich auszuüben
Das macht die KPCh mit allen Dissidenten so. Als ich am 28. Juni 2006 zur Präsidentin der »Uyghur American Association« gewählt

wurde, haben Polizisten umgehend meine Söhne und Töchter in Urumqi festgenommen. Vorher hatte mich der chinesische Geheimdienst telefonisch gewarnt, dass ich die Wahl nicht annehmen dürfe. Meinen Sohn Ablikim haben sie anschließend zu zwölf Jahren Gefängnis verurteilt. Meine anderen Kinder mussten zwischen sieben und 20 Jahren Haft absitzen. Sie beschlagnahmten ihren Besitz, zogen in ihre leeren Häuser ein und nutzten ihre wunderschönen Gärten. Manche Angehörigen sind mit meinem Engagement einverstanden, aber andere sind sehr zornig auf mich, weil sie wegen mir solche Qualen erdulden müssen.

Du selbst leidest darunter schrecklich, Rebiya, aber trotzdem engagierst du dich weiter als Menschenrechtlerin. Warum tust du dir das in deinem hohen Alter noch weiter an?
Eine Frau wie ich, die fast 35 Jahre lang in China in allen Schichten der Bevölkerung unterwegs war und gearbeitet hat, 20 Jahre lang verschiedene höhere Ämter des Landes innehatte, sechs Jahre im chinesischen Gefängnis verbracht hat und danach 15 Jahre in der internationalen Politik aktiv war, kennt die Politik der Partei und das Leiden der Uiguren wie kaum eine andere. Deshalb darf ich nicht nur an meine eigene Familie denken. Unser Volk erwartet von mir und meinem Mann, dass wir uns in der ganzen Welt gegen Chinas Unterdrückung und für seine Rechte, Freiheit und Unabhängigkeit einsetzen. Das ist unsere Lebensaufgabe.

Was genau bedeutet es, ein Verwandter einer so bekannten Dissidentin zu sein?
Alleine 66 Verwandte meines Mannes sind heute in Chinas sogenannten Umerziehungslagern eingesperrt. Wir wissen nicht,

ob sie bereits tot sind oder noch leben. Jeden Tag sind wir damit beschäftigt, Informationen zu bekommen. Meine kleine Schwester haben sie 2015 festgenommen, zwei Jahre später war sie tot. Ihre Leiche wurde nie zurückgegeben. Welch schwere Misshandlungen sie durchgemacht hat, werden wir vielleicht nie erfahren. Mein jüngerer Bruder wurde 2017 ins Lager gesperrt. Als er dort herauskam, konnte er aus eigener Kraft nicht mehr gehen und stehen. Meine ältere Schwester ist bei einem Attentat blind geworden. Sie hatte 30 Jahre als Lehrerin gearbeitet. 2015 habe ich das letzte Mal mit meiner Tochter gesprochen. Sie hatte so große Angst vor dem Lager, mitten in unseren Tränen haben sie das Gespräch unterbrochen … seitdem habe ich nichts mehr von ihr gehört.

2020 titelte das chinesische Parteiorgan *Global Times:* »Angehörige der Xinjiang-Separatistin verurteilen ihre Lügen«. Darunter ein Bild deiner Enkelinnen, die behaupteten, dass sie in Xinjiang ein Leben in Freiheit führten und du endlich aufhören solltest, ihr friedliches Leben zu behindern.

Sie haben keine andere Wahl, als so zu sprechen. Meine Enkelkinder sind mit ständigen Schikanen, Verhören und Benachteiligungen seitens Polizei und Geheimdienst aufgewachsen, weil ich ihre Großmutter bin. Seit ihrer Geburt leben sie in Angst. Nie haben sie eine normale Kindheit und Jugend erlebt.

Mein Leiden und das Leiden unseres Volks ist auf meine Kinder und Kindeskinder übertragen worden. Für sie bedeutet das Tränen, Unglück, Zerstörung und lebenslängliche Qual. Meine wunderschönen Enkelinnen werden vermutlich nie eine eigene Familie haben. Kein junger Mann traut sich, Rebiyas Enkelin zu heiraten.

Was für ein Leben führen deine Enkelkinder heute?
Meine Enkelkinder müssen auf jedes Kommando der Regierung sofort springen und gegen mich aussagen. Die armen Kinder sind zu Spielzeugen der chinesischen Regierung geworden. Sie haben zu viel erlebt. Ich erhoffe mir so sehr von unserer Weltgemeinschaft, dass sie meine Kinder und Enkel vor Pekings Würgegriff retten und dass sie in die Freiheit ins Ausland entlassen werden. Auch sie haben das Recht, wenigstens den Rest ihres Lebens frei zu sein.

Der chinesische Geheimdienst arbeitet mit Drohungen, lockt aber gleichzeitig auch gerne mit Geld und Sicherheit.
Mit allen Mitteln versuchen die Kader, unsere Landsleute in der Heimat sowie im Ausland dazu zu bringen, mit dem chinesischen Geheimdienst zusammenzuarbeiten. Mich selbst hat neulich ein Uigure aus der Türkei um Hilfe gebeten. »Was soll ich nur tun?« Chinesische Geheimdienstler hatten sich per Videotelefon bei ihm gemeldet und ihn aufgefordert, für den Geheimdienst im Ausland zu arbeiten. Sein alter Vater stand weinend neben den Uniformierten und sagte: »Bitte, stimme dem zu …« Seine Schwester ist bereits im Lager interniert. Ich habe diesen Fall an die zuständige Behörde weitergeleitet.

Du kennst auch den Fall des uigurischen Spions, der schwer verletzt in einem Krankenhaus in Istanbul liegt …
Seit 2016 hatte der chinesische Geheimdienst diesen jungen Mann erpresst und nach Afghanistan, Pakistan und in die Türkei entsandt, um dort Uiguren auszuspähen. Yusufjan hat das nicht länger ausgehalten und über die Methoden der KPCh bei *Al Jazeera* eine Aussage gemacht. Daraufhin haben chinesische

Agenten im November 2020 den jungen Mann mitten in Istanbul hinterrücks mit vielen Schüssen niedergestreckt. Wahrscheinlich wird er sein Leben lang im Rollstuhl sitzen.

Wie sieht die Zukunft so eines Whistleblowers aus?
Ob er sich weiter in der Türkei sicher fühlen kann, ist unklar. Die Türkei unterhält sehr gute Beziehungen zu China, aber der Großteil der Bevölkerung sympathisiert mit den Uiguren. Angesichts des Völkermords in meiner Heimat brauchen wir die internationale Unterstützung für meine Landsleute, besonders auch für solche Zeugen und Zeuginnen. Sie benötigen besonderen Schutz.

Trotz solcher Bedrohungen durch die KPCh gibt es weiter sehr mutige Überlebende, die über das Leiden in den Konzentrationslagern berichten.
Für mich sind das großartige Helden und Heldinnen, denen wir alle zutiefst dankbar sein sollten! Sie haben die dunkle Wahrheit über die faschistische Politik Chinas in der Welt bekannt gemacht. Obwohl sie unter Pekings Rache leiden, schweigen sie nicht, weil sie die Brutalität dieses Systems am eigenen Leib erlebt haben. Sie haben verstanden, dass Peking unser Volk zum Tode verurteilt hat.

Der chinesische Geheimdienst hat beispielsweise die Zeugin Zumrat Dawut telefonisch über ihren Bruder gewarnt, nicht als Zeugin in New York auszusagen. Andernfalls drohe ihrem Vater und anderen Verwandten Schlimmes …
All ihre Brüder hat die KPCh verhaftet. Und Zumrats Vater haben sie ermordet. Das muss man sich einmal vorstellen! Wäh-

rend die ganze Welt ihrer Zeugenaussage zuhörte, hat die chinesische Regierung, ohne mit der Wimper zu zucken, ihren Vater zu Tode gequält. Mit anderen Zeugen hat Peking es genauso gemacht.

Dieser Terror ist für jeden Menschen kaum zu ertragen. Was aber bedeutet das erst für schwer traumatisierte Überlebende eines Lagers?
Sie sind alle als Kranke aus den Lagern zurückgekehrt. Die mehrfach vergewaltigte Tursunay Ziyawudun und die zwangssterilisierte Zumrat Dawut beispielsweise mussten infolge der Misshandlungen mehrfach operiert werden. Seit ihrer Entlassung werden sie von Peking bedroht. Das löst meist große Unsicherheit, manchmal Verzweiflung und Panik bei solchen Überlebenden aus. Viele zerbrechen an so einem Druck. Tag und Nacht begleiten solche Zeuginnen die Angst, die Schreie der Gefolterten, die Sorgen um ihre Verwandten und die Trauer um ihr Volk. Wer aber, wie wir, bitterlich weinende und um den Tod bettelnde Frauen und Männer im Lager gesehen hat, der wird diese Hölle nie vergessen. All diese Zeugen wünschen nichts mehr als Gerechtigkeit und die Rettung all dieser Unschuldigen, die zu Tausenden sterben …

Was hat dich am meisten an den aktuellen Zeugenberichten aus den Lagern schockiert?
Die Zeugin Tursunay Ziyawudun hat erzählt, wie oft und mit welchen Methoden sie vergewaltigt wurde. Obwohl Gruppenvergewaltigungen auch früher oft vorgekommen sind, hatte ich noch nicht von so einer bestialischen Vorgehensweise im Detail erfahren. Es waren immer zwei bis drei maskierte Männer in einem schwarzen Raum ohne Kameras. Sie sprach über Ver-

gewaltiger, die Stromstäbe in die Körperöffnungen stießen und sie gebissen haben wie Tiere. »Sie sparten keine Stelle aus und hinterließen grausame Spuren«, sagte sie. Nachdem ich ihre Aussage gehört hatte, war ich zwei bis drei Wochen krank.

Vergewaltigungsopfer wie Tursunay werden in der staatlich kontrollierten Presse Chinas als charakterlich verdorben oder als »Schlampe von schlechter moralischer Qualität« diffamiert. Was für ein Frauenbild der chinesischen Regierung steckt hinter solchen Verleumdungen?
Der von der chinesischen Regierung vorgespielte Respekt für Frauenrechte ist nur eine Show, besonders in den besetzten Gebieten wie Uigurien, Tibet und der Mongolei. In solchen Gebieten benutzen sie die Frauen seit Jahrzehnten als Zwangsarbeiterinnen, Sexsklavinnen, Vergewaltigungsopfer, Zwangsoperationsopfer zu Zwecken der Geburtenkontrolle ... Was diese Art der Unterdrückung von Frauen anbelangt, steht China an der Weltspitze.

Manchen Zeugen jagen die Parteikader Angst auf Facebook ein, wie der Uigurin in den Niederlanden, die die »China Cables« veröffentlicht hatte: »Hör auf, sonst wird man dich zerstückelt in der schwarzen Mülltonne vor deinem Haus finden.« Anderen gegenüber wiederum verhalten sie sich fast freundlich und erlauben ihnen, Kontakt zu ihren Angehörigen zu halten oder sogar ein- und auszureisen. Was steckt hinter so einer Doppelstrategie?
Die Botschaft an die Welt bedeutet: »Wer Chinas Feind ist, der wird es schwer haben.« Durch die Doppelstrategie täuschen sie vor, Kooperation zu belohnen. Aus Angst haben sich viele Men-

schen entschieden, für die chinesische Regierung zu arbeiten, um ihre eigenen Familien in der Heimat zu schützen. Seit 2016 jedoch haben die Uiguren verstanden, dass es keine Rolle für sie spielt, ob sie treue Staatsdiener sind oder nicht. Niemand ist sicher. Egal, welch hohe Position sie innehaben, früher oder später werden auch sie alle von der Regierung bestraft oder getötet. Dasselbe erleben die Tibeter, Hongkonger, die Menschen in der Inneren Mongolei und immer schmerzhafter auch die Einwohner Zentralasiens.

In Kasachstan zeigt der chinesische Geheimdienst beispielsweise deutliche Präsenz. Am selben Abend, am 21. Januar 2021, sind dort zwei Überlebende aus einem Lager in zwei verschiedenen Städten fast zeitgleich um 21:30 Uhr schwer verprügelt worden. Zuvor hatten beide die Verbrechen der KPCh in der Öffentlichkeit angesprochen.

Pekings Arm ist lang, besonders in den Ländern, die der Shanghai Cooperation Organisation (SCO) angehören. In Kasachstan sind Staatsbeamte, Polizei und der Geheimdienst fast vollständig in chinesischer Hand. Auf den Straßen sieht man überall chinesische Polizisten in Uniform herumlaufen. Dieses Land ist bereits völlig unter Chinas Einfluss geraten. Viele ethnische Kasachen aus unserer Heimat sind über die Grenze nach Kasachstan geflohen, fühlen sich dort aber nicht sicher. Ihnen fehlt der Rückhalt der eigenen Regierung. Solche Situationen wird man in Zukunft auch in Tibet, der Inneren Mongolei oder Hongkong erleben. Wenn die westlichen Länder sich in den zentralasiatischen Regionen nicht mit ihren demokratischen Werten durchsetzen, wird der Einfluss der KPCh Tag für Tag nicht nur dort, sondern in der gesamten Welt immer stärker zunehmen.

Peking investiert Milliarden in die Unterdrückung …

… ja, die Regierung will nicht mehr hergeben, was sie sich gewaltsam einverleibt hat. Was China stark und reich gemacht hat, kommt zu großen Teilen aus unserer Heimat: Unermessbare Bodenschätze wie Gas, Erdöl, Gold, Silber, seltene Metalle, Silizium, Kohle, Uranium, Sulfat und, und, und … Zusätzlich schicken sie die Uiguren als Heer von Sklaven in die Zwangsarbeit. Während die zugewanderten Chinesen immer reicher werden, verarmen die Einheimischen zunehmend. Ein ähnliches Schicksal droht auch allen anderen Ländern, in denen der Einfluss der Partei wächst. Daher will Peking die Welt blenden, um ungehindert an die Spitze der Macht zu gelangen.

Pekings Diktatur fußt auf Fundamenten wie Angst, Propaganda und Zensur. Welche Rolle spielen dabei die chinesischen Bürger in deiner alten Heimat?

Wer in China gegen die Regierung etwas sagt, ist schnell tot oder landet im Gefängnis. Das Volk wird mit einer nationalistischen und rassistischen Ideologie erzogen. Im Inland sind die Chinesen meist arme Schlucker, aber in unserer Heimat leben sie wie Könige. Sie sind die Spione, die in den Häusern und Wohnungen unserer Familien übernachten. Sie sind die Vergewaltiger, die unsere Frauen zwingen, mit ihnen zu schlafen. Sie sind die Mörder, die Uiguren im Lager totprügeln … Die Chinesen sind die Arbeitgeber, Bosse, Polizeioberhäupter, hohen Regierungsbeamten, die in unserem Land bestimmen. Die meisten genießen es, uns Uiguren wie Sklaven zu benutzen, und profitieren davon. Ihrer Meinung nach sollen die Uiguren sich mit ihrer Rolle als Menschen zweiter Klasse zufriedengeben.

Mittlerweile hat Peking in deiner Heimat den größten Überwachungsstaat der Welt eingerichtet. Für viele Menschen im Westen aber scheint Ostturkestan weit entfernt. Deshalb fragen viele Leute im Ausland: »Was hat das mit uns zu tun?«

Wenn die Welt Pekings Politik verstehen will, sollte sie das Leid der Uiguren seit der Besatzung Chinas kennenlernen und uns zuhören. Ihre Methoden, ein Land zu vereinnahmen, laufen immer nach denselben Mustern ab. Heute schämt sich Peking nicht einmal mehr, die westliche Rechtsstaatlichkeit offen als Auslaufmodell zu bezeichnen. Stattdessen will die KPCh ihre eigene nationalistische Ideologie in der ganzen Welt durchsetzen. Das ist Chinas Traum. Die Demokratien müssen Pekings aggressive und antidemokratische Politik stoppen!

Du hast schon vor 15 Jahren vor der weltweiten Einflussnahme der KPCh gewarnt.

Mittlerweile ist China zur Supermacht herangewachsen – und langsam wachen die Menschen auf. Peking hat sich heute das Wohlwollen zahlreicher Lobbyisten in allen Schichten und Ländern erkauft. Große Summen fließen auch an die UN, WHO, Interpol und viele andere Weltorganisationen. Besonders autoritärere Regierungen wie Ungarn oder Polen, aber auch viele arme Länder in Afrika, Asien oder Osteuropa, wie Rumänien, Bulgarien und weitere Balkanländer, werden von China finanziell stark bezuschusst. Dadurch hat Peking seine Position gefestigt. Im Gegenzug verlangt es von diesen Ländern und Institutionen, für seine Politik Propaganda zu machen und Kritiker wie Uiguren oder Tibeter zum Schweigen zu bringen. Daher findet man heute allerorten Studenten, Konsulatsmitarbeiter, Journalisten, Arbeiter, Wissenschaftler, Professoren, die Chinas

Politik verteidigen, obwohl sie keine Meinungsfreiheit erlaubt und antidemokratisch ist.

Wie ermutigst du Kritiker und Zeugen weiterzumachen, obwohl du selbst mit ständigen Todesdrohungen leben musst?

Erst das Schweigen in der Welt macht in Peking solche Morde möglich. Deshalb müssen wir mit Offenheit, Hoffnung und Tapferkeit gemeinsam den Politikern die Augen öffnen. Nur so können wir die Dinge verbessern. Ich hoffe, dass unsere Welt diese mutigen Zeugen nicht alleinelassen wird. Wir sollten sie alle unterstützen. Wenn wir uns selbst retten können, dann können wir auch andere retten.

Mittlerweile bezeichnen einige Länder wie die USA oder Kanada diese Verbrechen in deinem Land als Genozid. Inwiefern ist das ein wichtiger Schritt für euch?

Das ist äußerst wichtig für uns. Besonders die USA, Kanada und Großbritannien bilden die Weltspitze in Bezug auf Demokratie und Rechtstaatlichkeit. China möchte einen Teil der Uiguren auslöschen, den Rest zwangsassimilieren. In den letzten fünf Jahren wurden vermutlich schon mehr als zwei bis drei Millionen Uiguren getötet. Unseren eigenen Schätzungen nach sind sechs bis sieben Millionen, vielleicht noch mehr, in Internierungslagern inhaftiert. Das ist das größte Verbrechen an der Menschheit seit dem Zweiten Weltkrieg.

Damals hat Deutschland an den Juden Völkermord begangen.

Und im 21. Jahrhundert passiert erneut ein Völkermord vor den Augen der Welt. Das ist eine Schande für unsere Menschheit.

Die Anerkennung als Genozid kann Chinas Vernichtungsplan an den Uiguren verlangsamen. Um die Uiguren vor dem Aussterben zu retten, müssen alle demokratischen Staaten sofort Chinas Verbrechen gegen die Menschlichkeit anerkennen. Das ist nicht nur ein Kampf zwischen Uiguren und China, sondern auch ein Kampf zwischen Kommunisten und Demokraten, ein Kampf zwischen China und den USA mit ihren Verbündeten, ein Kampf zwischen Rechtsstaatlichkeit und Diktatur.

Obwohl du eine Botschafterin des Friedens bist und Gewalt als Lösung strikt ablehnst, stempelt Peking dich weiter als islamistische Terroristin ab. Was ist deine Antwort darauf?

Was Terrorismus betrifft, so begeht Peking selbst den größten Terror an meinem Volk. Die chinesische Regierung hat damit offen der ganzen Welt gezeigt, dass sie nicht mit uns in Frieden zusammenleben will. Sie muss aber wissen, dass auch zahlreiche Uiguren nicht länger mit ihren Peinigern zusammenleben wollen. Ich appelliere daher an Peking, an den Verhandlungstisch zum Dialog zu kommen, um diese Probleme mit internationaler Hilfe zu lösen. Denn in Zukunft möchten auch wir in Frieden leben – ohne getötet oder versklavt zu werden.

Rebiya Kadeer wirbt zusammen mit ihrem Freund, dem Dalai Lama, Václav Havel und Frederik Willem de Klerk (von re. nach li.) für die Wahrung der Menschenrechte.

Rebiya Kadeer zusammen mit ihrem Neffen Kuzzat Altay, dem Vorsitzenden der Uyghur American Association (UAA)

Treffen zweiter bewundernswerter Kämpferinnen für die Demokratie. Die mehrfach für den Friedensnobelpreis nominierte Uigurin Rebiya Kadeer im Gespräch mit Nancy Pelosi, der damaligen Sprecherin des US-Repräsentantenhauses.

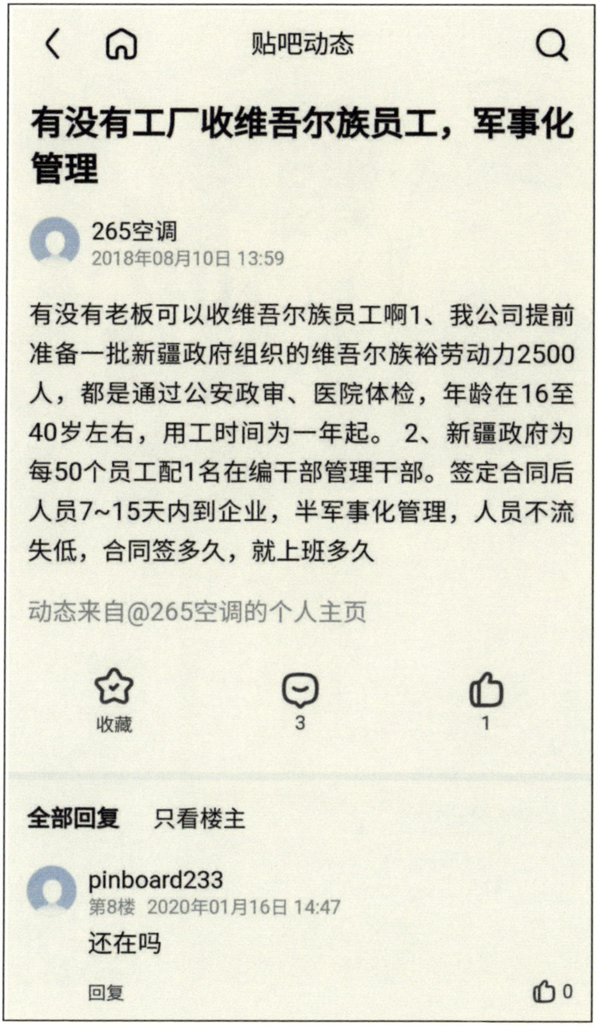

Eine chinesische Firma schaltet eine Anzeige bei Facebook und bietet 2500 uigurische Arbeiter an, die sie loswerden will. Nach dem Motto: Die Uiguren machen alles, was auch immer Sie wollen. Sie arbeiten, so lange Sie wollen. Sie stehen unter militärischer Aufsicht.

Die chinesische Regierung ließ zahlreiche muslimische Friedhöfe mit Baggern einplanieren. Die Trauernden wurden gezwungen, die Knochen ihrer Verstorbenen in weiße Säcke zu stecken und so lange zu Hause aufzubewahren, bis Massengräber eingerichtet wurden.

Die Zeugin Zumret Dawut mit ihrem Mann und ihren drei Kindern

Bild rechts: Für die sogenannte Verwandtschaftlichungs-Kampagne musste Zumret Dawut immer groß aufkochen, um die chinesischen Besucher wie Könige zu bewirten und ihnen wie eine Magd die Füße zu waschen. Die ganze Familie musste immer gute Miene zum bösen Spiel machen.

adidas

Die Polizei hatte Mihrigul Tursun mit ihren Drillingen festgenommen. Während die Polizisten die unschuldige Mutter im Lager mit Elektroschocks folterten, hatten die Kader ihre gesunden Kinder in ein Krankenhaus gebracht. Drei Monate später war eines der Kinder tot, die anderen schwer erkrankt. Alle hatten eine Operationsnarbe am Hals. Heute lebt Mihrigul Tursun in den USA.

Die ethnische Kasachin Dina Nurdibay besaß ein großes Unternehmen mit vielen Mitarbeiterinnen, bis die chinesische Regierung sie völlig schuldlos inhaftiert hat.

Die chinesische Regierung hat Dina Nurdibay gezwungen, im Landkreis Nilka in einer riesigen Zwangsarbeiterfabrik als Näherin zusammen mit vielen Hundert anderen Frauen unter erbärmlichen Bedingungen zu arbeiten.

Die wunderhübsche Dina Nurdibay war eine preisgekrönte und erfolgreiche Designerin. »Ich war modern, aufgeschlossen, multikulturell – fast mehr Chinesin als Kasachin«, erzählt sie über sich selbst.

»Wenn ich sterbe und ein Grab habe, möge ein Strauß Pfingstrosen mein Grab schmücken.« Das war Mihray Erkins letzte Textnachricht auf dem Flughafen Tokio an ihren Onkel, bevor sie zu ihren Eltern nach Kashgar reiste. Die Polizei sperrte sie dort in ein Lager. Ein Jahr später war sie tot.

Der Uigure Merdan Ghappar war ein erfolgreiches männliches Model. Ihm gelang es, heimlich aus dem Lager Bilder zu seinen Verwandten zu schicken, wie er angekettet an einem Bett sitzt. »Hier zu sterben ist das Letzte, was ich will …«, schrieb er. Seit 2020 haben die Verwandten nichts mehr von ihm gehört.

Die Ärztin, ehemalige Schuldirektorin und Staatsbeamtin Sayragul Sauytbay mit ihrem Mann Uali und ihren zwei Kindern in Freiheit. Wie alle Zeuginnen und Zeugen hat sie die Hölle im Lager erlebt.

Bild rechts: Im November2020 wurde Sayragul Sauytbay aufgrund ihrer aufsehenerregenden Biografie in den Deutschen Bundestag eingeladen, wo sie über das Thema »Die Menschenrechtslage in China« sprach.

Sauytbay

»Es gibt leider nur wenig Zeugen für Organraub«, hatte der Investigativjournalist Ethan Gutmann (li.) bei einer Buchvorstellung über Organhandel gesagt. Da meldete sich unter den Besuchern der nach London geflohene uigurische Chirurg Dr. Enver Tohti (re.): »Ich habe das selbst gemacht!« Seitdem klären beide zusammen über das monströse Milliardengeschäft mit dem Tod auf.

ABDUWELI AYUP – ZEUGE FÜR DIE SITUATION DER DISSIDENTEN IM AUSLAND

»Falls ich sterbe und in einem Grab begraben werde, möge ein Strauß wilder Pfingstrosen mein Grab schmücken.«

Das war Mihray Erkins letzte Textnachricht zum Abschied an ihren Onkel Abduweli Ayup, gesendet vom Flughafen Tokio. Zwei Stunden bevor sie das Flugzeug in ihre alte Heimat nach Kashgar bestieg.

Mihray war 29 Jahre alt, eine talentierte Forscherin, die im Wissenschafts- und Technologieinstitut Nara in Japan arbeitete. Sie war kurz davor, ihren Doktor zu machen, als sie 2019 die verzweifelten Anrufe ihrer Mutter aus Kashgar erreichten. Sie solle sofort nach Hause zurückkehren, um sich dort um ihre alten Eltern zu kümmern.

»Fahr nicht dorthin!« Ihr Onkel Abduweli Ayup reagierte alarmiert auf ihre Nachricht. Der Schriftsteller und uigurische Menschenrechtsaktivist lebt seit 2015 im Exil in Norwegen. Genauso drängten auch all ihre Freunde Mihray dazu, in Japan zu bleiben. Die junge Frau fürchtete jedoch, dass die Behörden in diesem Fall ihre Eltern schwer bestrafen würden.

An eine Freundin schrieb sie per SMS: »Mir wurde von klein auf beigebracht, dass Kinder die Pflicht gegenüber ihren Eltern erfüllen müssen.« Daher fühle sie sich als ehrenhafte Tochter gezwungen, den Wünschen ihrer Mutter zu folgen. Mihrays schlimmste Vorahnungen jedoch bestätigten sich. Innerhalb eines Jahres war sie tot.

Ihr Onkel Abduweli Ayup vermutet, dass Peking seine Nichte für seine Menschenrechtsarbeit in Sippenhaft genommen hat. 2013 hatte er eine Schule für uigurische Kinder gegründet und ein beliebtes Seminar in seiner Muttersprache in Kashgar abgehalten. Obwohl das von den Behörden zuvor genehmigt gewesen war, hatte die Polizei ihn sowie 72 Teilnehmer des Seminars danach festgenommen.

Nach 15 qualvollen Monaten im Gefängnis wurde der Schriftsteller 2015 freigelassen, woraufhin er aus seiner Heimat floh. Im Jahr 2020 starteten die Behörden in Kashgar eine Kampagne, um den bekannten Aktivisten zu diskreditieren. Das sei auf seine öffentliche Kritik an Pekings Politik zurückzuführen, meint Ayup. Mihray sei Teil dieser Verfolgung, da auch sie seine Liebe zur Erhaltung der uigurischen Muttersprache geteilt habe.

Das ist Abduweli Ayups Geschichte, die er für seine geliebte Nichte Mihray erzählt:

Mihray Erkin

Meine Nichte Mihray: Für immer – meine Pfingstrose

Mihray ist meine Nichte, aber sie war wie meine Tochter. Sie starb 2020 im Alter von 30 Jahren im chinesischen Konzentrationslager. Von 2014 bis 2017 studierte sie Pflanzenbiotechnologie an der Universität in Tokio. Seither arbeitete sie als Forscherin in Nara.

Am 18. Juni 2019 war sie nach Kashgar zurückgekehrt. Zuvor hatte die örtliche Polizei in Kashgar enormen Druck auf meine Nichte ausgeübt. »Entscheide dich! Entweder du bleibst als Separatistin mit deinem Onkel in der Diaspora, oder du lebst bei deiner Mutter in Kashgar.«

Mihray war das erste Leben, das ich in meinen Armen gehalten habe. Ich erinnere mich noch an ihren Geburtstag, es war der 23. Februar 1990, und an den Geschmack von Milch. Sie war die gute Nachricht, die ich meiner Mutter erzählte, als sie im Krankenhaus lag. Meine Mutter war so begeistert, dass sie sagte: »Es klopft ein neuer Gast an die Tür! Ich muss sie sehen!« Und wie ein Wunder erhob sich die Kranke aus dem Bett und ging mit mir nach Hause.

Mein Vater schaukelte Mihray in den Armen, ihre Eltern, mein Bruder und meine Schwägerin, waren damit beschäftigt, ihr Bettchen vorzubereiten. Es ist ein besonderes uigurisches Bett, wir nennen es »Boshuk«.

Es war eine wunderschöne Nacht. Der Mond lächelte durch das Fenster und leuchtete im Dunkeln, da nannte ich die Kleine »Mihray«. Das bedeutet: »Der Mond der Liebe«. Jeder mochte den Namen, Papa nannte sie dreimal »Mihray«, einmal zu ihrem linken Ohr und einmal zu ihrem rechten Ohr gebeugt, während er dem Mond am Himmel sein Gesicht zuwandte.

Dieses Kind war das Leben, das ich heranwachsen sah. Sie war der Geist, der mich innerlich wärmte. Ihre unschuldigen

Augen, ihr strahlendes Lächeln umarmten mich voller Freude. Ich erinnere mich an jeden Schritt in ihrem Leben. Wie ich sie großgezogen und beim Laufen an der Hand geführt habe, wie ich ihr das Sprechen beigebracht und sie am Ende sogar überzeugt habe, Englisch zu lernen.

Im Juni 2019 erreichte mich völlig überraschend ihre Nachricht, dass sie nach China zurückkehren würde. Der Versuch, sie davon abzuhalten und Nein zu sagen, war ein harter Tag für mich. Bis heute fällt es mir schwer zu glauben, dass ich sie verloren habe. Wie konnte ich sie gehen lassen? Wie habe ich es ertragen, sie mir in dem kalten Eisenkäfig vorzustellen, in dem ich selbst zuvor gefangen war? Ich weiß genau, wie die Beamten sie dort im Lager angepackt haben, so fest zusammengepresst und am Ende zu Tode gequetscht haben.

Jetzt bin ich weit weg von ihrem Grab. Ich weiß nicht einmal, ob sie ein Grab hat. Aber ich bin mir sicher, dass keine Pfingstrosen dort liegen, weil sie nicht einmal die Gelegenheit hatte, über ihren letzten Wunsch zu sprechen. Ich werde mein Leben lang keine Blumen auf ihrem Grab sehen.

Es regnet hier, die Tropfen fallen, rinnen meinen Arm hinunter. Der Regen gräbt ein Loch, hinunter in meinen Kopf. Wolken weinen, meine Lippen sind ausgetrocknet wie die Wüste. Der Regen gräbt ein Loch, hinunter in mein Herz. Das Loch in meinem Herzen ist leer wie der Brunnen in der Wüste. Wie können meine Augen noch weinen? Sie waren schon ausgetrocknet. Ich bin wie die Wüste, weit weg vom Wasser. Ich bin die Wüste, kann nicht weinen. Wie ich kann die Wüste nie weinen.

Mihray, sie schickte mir ihre letzten Nachrichten: »Falls ich sterbe und in einem Grab begraben werde, möge ein Strauß wilder Pfingstrosen mein Grab schmücken.«

Ich hoffe so sehr, dass Mihrays Seele als Pfingstrosen an allen Orten der Welt wiedergeboren wird, an denen die Freiheit erst gewonnen werden muss, obwohl sie für ihre Gedanken daran eingesperrt worden ist.

Es gibt ein berühmtes uigurisches Gedicht über Pfingstrosen, in Anlehnung an alte Volksmärchen geschrieben. Es bedeutet, dass jemand, der für Freiheit und Liebe gekämpft hat und für sie gestorben ist, als Pfingstrosen wiedergeboren werden kann.

Als mich ein norwegischer Journalist fragte: »Warum sind Sie so stark mit Mihray verbunden? Habt ihr viel Zeit miteinander verbracht, als sie aufgewachsen ist?«, wusste ich nicht sofort, wie ich die Frage beantworten sollte. Dabei dachte ich an meine Mutter, mit der ich so viele Jahre eng verbunden gewesen war. Allerdings habe ich nach ihrem Tod nicht so viel geweint wie bei Mihray. Doch bei meinen Gedanken an Mihray habe ich mich nicht mehr unter Kontrolle.

Ich weiß nicht, ob es daran liegt, dass ich sie so tief liebe wie meine eigene Tochter. Oder liegt es an ihrer Loyalität bezüglich meiner Lebensweise? Oder an ihrem Erfolg in der Akademie? Habe ich mich so traurig gefühlt, weil sie mich beim Einsatz für die Uiguren unterstützt und mir Hilfe gegeben hat, wenn ich Hilfe brauchte?

Der Hauptgrund aber für meinen Schmerz ist, dass ich so stark darum gekämpft habe, Menschen aus den Lagern zu befreien, nicht 3000, sondern bis zu drei Millionen Menschen, einschließlich meines Bruders und meiner Schwestern. Vier Jahre lang habe ich diesen Kampf geführt – aber am Ende habe ich keinen gerettet, sondern meine eigene Nichte dabei verloren.

Mihray starb am 20. Dezember 2020 im Kashgar Yanbulak Gefängnis. Ich weiß nicht, welche Art der Folter sie erleiden musste, welche Art von Erniedrigungen ... Sie starb in derselben Haftanstalt, in der ich mit Strom gefoltert und missbraucht wurde. All das sind die Gründe, die mich beim Gedanken an Mihrays Tod immer wieder quälen.

Wenn ich Fragen zu Mihrays Tod beantworte, habe ich das Gefühl, dass ich dabei etwas säe, so etwas wie Blumen, wie Pfingstrosen, die Mihray so geliebt hat.

Ich hoffe, dass ihr Tod uns zusammenbringt und uns nicht trennt. Ich hoffe, dass ihr Tod uns an die Kostbarkeit der Liebe und Freiheit erinnert. Ich hoffe, dass ihr Tod Samen der Liebe unter uns wachsen lassen wird, nicht den Hass. Niemand kann Pfingstrosen hassen, die in der uigurischen Kultur Liebe und Freiheit symbolisieren.

Ich glaube, dass Menschen, die Pfingstrosen lieben, nicht zulassen werden, dass Blumen wie Mihray weiter vor ihren Augen sterben werden.

ANALYSE

Die Situation der Zeugen und Dissidenten im Ausland

Als ich im Juni 2021 als Zeugin für eine Aussage vor dem »Uyghur Tribunal« nach London gereist war, klingelte mein Handy dort im Hotel. »Wenn du nicht aufhörst zu reden, fangen wir dich auf deiner Rückreise ab und schleppen dich nach China«, drohten sie mir. Sie drohen mir oft. Und sie drohen mir heute mehr denn je.

»Nirgendwo bist du sicher«, lautet ihre Botschaft. Die KPCh kontrolliert alle Bürger mit chinesischem Pass im Ausland, indem sie deren Familienangehörige in der Heimat als Pfand benutzt. Der Druck auf die Verwandtschaft ist eines ihrer effektivsten Mittel, um zu verhindern, dass ungewünschte Kritik oder Informationen aus China, Tibet oder Ostturkestan nach außen dringen. Denn wer möchte schon seiner eigenen Familie und seinen Liebsten schaden?

Im Ausland verfolgen die Kader alle Aktivitäten und Bewegungen ihrer Bürger. In den meisten Ländern gibt es zahlreiche Menschen, die für die KPCh arbeiten und ihre eigenen Landsleute für Geld verkaufen, indem sie falsche Informationen streuen, die Propaganda der Partei in Umlauf bringen und die Aktivitäten dieser Dissidenten behindern.

Drei Methoden sind bei der KPCh besonders beliebt. Zunächst versuchen die Kader, bestimmten Personen im Umkreis der Dissidenten näherzukommen, um diese mit Geld zum Verrat zu bewegen. Falls dieser Plan fehlschlägt, bemühen sie sich, Familienangehörige des Kritikers mittels Erpressung zu zwingen, sich öffentlich gegen die Zielperson auszusprechen. Um das zu erreichen, sperren Polizisten beispielweise Eltern oder Geschwister in Lager und malträtieren sie dort. Gerne setzen sich die Polizisten nach der Folter neben so einen völlig eingeschüchterten Menschen und zwingen ihn, die im Ausland lebenden Verwandten anzurufen oder online Kontakt aufzunehmen, um sie anzuflehen oder zu beschimpfen: »Bitte mache das, was die KPCh will!« Als dritte Maßnahme verbreiten sie in den sozialen Medien Verleumdungen und Videos, in denen ehemalige Freunde, Kollegen, Bekannte und Landsleute die verfolgte Person mit Schmutz bewerfen. Auf diese Weise stellt die KPCh diese Leute in der Öffentlichkeit als Lügner und Kriminelle dar. Ununterbrochen arbeiten die Kader daran, ihre Kritiker im

Ausland derart zu diskreditieren, bis ihnen niemand mehr vertraut.

Mittels dieser falschen Behauptungen ihrer nächsten Verwandten verletzen sie nicht nur die Ehre dieser Dissidenten, sondern versetzen ihnen auch psychologisch einen weiteren schweren Schlag. Mit all diesen Methoden versuchen sie, uns Zeugen ein zweites Mal so heftig wie im Lager zu demütigen, dass wir danach nicht mehr wagen, unsere Köpfe zu heben.

In China bereiten die Kader ihre falschen Anschuldigungen häufig in Form von Dokumentarfilmen mit gefälschten Belegen auf. Dieses für die KPCh so kostbare Material wird ans staatliche Fernsehen und die Zeitungen zur Verbreitung gegeben, besonders auch an Verwaltungen und Schulen. Die Vorgesetzten zwingen die Zuschauer danach, ihre Eindrücke vom Film zu schildern und aufzuschreiben. Ziel ist es, die Propaganda in den Köpfen der Bürger zu verankern und alle Bürger im Inland gegen Zeugen und Aktivisten im Ausland aufzuhetzen.

Als ich noch in Aksu lebte, musste ich mit den anderen Beamten alle Arten von Hass-Videos und Materialien über Rebiya Kadeer ansehen. »Welchen Eindruck haben Sie von dieser Person gewonnen«, wollten die Kader danach von uns wissen. Natürlich haben alle bestätigt, was sie hören wollten. Tatsache ist, dass diese ständig wiederholten falschen Nachrichten den Verstand lahmlegen, wie es bei Angehörigen einer Sekte der Fall ist.

Wenn diese Person wie Rebiya Kadeer eine Uigurin ist, wird sie als Terroristin bezeichnet. Handelt es sich um Kasachen oder Kirgisen, macht der chinesische Staat sie meist für Delikte wie Betrug, Diebstahl oder andere kriminelle Handlungen verantwortlich. Offenbar fürchtet die KPCh uns Zeugen und Dissidenten sehr, denn sonst würde sie nicht so viel Mühe und Geld aufwenden, um uns ununterbrochen zu diffamieren.

Bei ihrer Hetze gegen andere gaukelt die Partei vor, als Repräsentant des Volkes zu sprechen. Die Macht ihres Anführers Xi Jinping geht aber nicht vom Volk aus, denn er musste sich nie einer freien Volkswahl stellen. Und wie soll die KPCh ein Volk vertreten, dessen eigene Bürger sie foltert, mordet und täuscht?

Das Traurigste an dieser Tatsache ist, dass Menschen im In- und Ausland mit der KPCh zusammenarbeiten und ihren falschen Erzählungen glauben. Im Ausland arbeiten viele von der KPCh speziell ausgebildete Spione. Wir alle müssen darüber nachdenken: Wie viele Spione sind in welchem Land im Einsatz? Welche Mission erfüllen sie? Das sollten einige der wichtigsten Fragen in der Zukunft sein, denn unbeantwortet werden sie sonst womöglich zu einem der größten Probleme.

Die KPCh: eine Bedrohung für die freiheitlichen Systeme dieser Welt

Xi Jinpings Großmachtpläne sehen vor, dass China bis 2049, dem hundertsten Jahrestag der Ausrufung der Volksrepublik, an der Weltspitze steht. Für die chinesische Regierung haben Wachstum und der Fortschritt der Technologie oberste Priorität. Alle anderen lebenswichtigen Dinge wie Menschenrechte oder Klimaschutz werden Gewinn und Kontrolle untergeordnet.

China überzieht den Globus mit einem Netz aus neuen Straßen, mit Flughäfen, Häfen, Pipelines, Stromnetzen oder Zugstrecken, indem es Asien, Afrika, Europa und andere Länder durch sein Mega-Infrastrukturprojekt »Neue Seidenstraße« verbindet und dabei versucht, die Welt geopolitisch neu zu ordnen. Sogar eine »polare Seidenstraße« durch die Arktis ist geplant. Durch Knebelverträge sichert sich Peking nicht nur großen Einfluss, sondern auch politisches Wohlverhalten in den Ländern.

China ist mit dieser von Spöttern bezeichneten »Neuen Schuldenstraße« zum größten Gläubiger der Welt aufgestiegen, indem es vermeintlich großzügige Kredite an die dort angrenzenden Länder vergibt. Im Gegenzug verpflichten sich die Länder, ihre wichtigsten Besitztümer wie Häfen, Ländereien oder Rohstoffe an China zu überschreiben, falls sie die Schuld nicht rechtzeitig einlösen können. So werden in Laos zum Beispiel bereits das Stromnetz und die Wasserkraftwerke weitgehend von China kontrolliert. Sri Lanka musste seinen Hafen für 99 Jahre an ein chinesisches Staatsunternehmen vermieten. Weltweit kontrolliert Peking mittlerweile jedes vierte Container-Terminal. Auch am »Tor nach Europa«, dem griechischen Hafen Piräus, haben die Chinesen längst das Sagen. Seither erlebt die EU, wie Griechenland als einstiges Stammland der Demokratie Resolutionen gegen die Diktatur Pekings verwässert oder verzögert.

Obwohl laut Peking alle angrenzenden Länder gleichermaßen von der Vergabe milliardenschwerer Bauprojekte profitieren und alle »gemeinsam reich werden« sollten, erhalten vorrangig chinesische Unternehmen den Zuschlag und füllen sich ihre Taschen. Alle anderen gehen zumeist leer aus, wie eine Studie der Europäischen Handelskammer zeigt. Und während chinesische Investoren im Ausland beispielsweise zahlreiche Unternehmen aufkaufen, ist das umgekehrt in China fast nicht möglich. China ist auch deshalb so erfolgreich, weil es sich an keine Regeln hält. Die Handelspolitik der KPCh sei unfair, Verträge seien oft intransparent und voller Fallstricke. Das Projekt sei von Chinesen für Chinesen gemacht, kritisieren viele Länder. Zwar stellt sich Peking nach außen hin als »verantwortungsvolle Großmacht« dar, aber bei Auslandsprojekten verletzen chinesische Unternehmen oft Umwelt- und Sozialstandards. Entlang der »Seidenstraße« finden »Landraub, Umweltverschmutzung und Verstoß gegen Arbeitsrechte« statt, listet die NGO »Business & Human Rights Resource Center« auf.

Während sich wirtschaftlich schwächere und hoch verschuldete Länder den autoritären Strukturen Chinas oft schnell beugen, besitzen wohlhabendere Länder bessere Kontrollmechanismen und nötiges Know-how, um sich vor Vereinnahmung zu schützen. Dennoch begehen viele den Fehler, einen Unterschied zwischen chinesischen Unternehmen und der chinesischen Regierung zu machen. Alle Firmen sind jedoch Instrumente des Einparteienstaats. Und in diesem kommunistischen System müssen alle mit einer Stimme sprechen.

Vertraut ein Land im Westen beispielsweise einer Firma wie Huawei aus China Infrastruktur wie den sensiblen Ausbau des Mobilfunknetzes an, darf es nicht blauäugig sein, denn es liefert als Demokratie seine Daten der mächtigsten Diktatur weltweit aus.

Olympiade: Fassade vom Gastgeberland, dessen Türen weit offen stehen

Um die Welt mit seiner Macht zu beeindrucken, schickt Peking Raketen ins All und plant den Bau kilometergroßer Raumstationen, lässt zum 100-jährigen Bestehen in einer nationalistischen Hochglanzshow die KPCh hochleben oder baut als Veranstalter der Olympischen Winterspiele 2022 die Fassade eines gastfreundlichen Landes auf, dessen Türen weit offen stehen. Peking nutzt diese Gelegenheit, um der Welt ein freundliches und offenes Gesicht vorzutäuschen.

Mit bunten Farben, Feuerwerk und schönen Bildern versucht die chinesische Regierung, die blutigen Verbrechen gegen die Menschlichkeit im eigenen Land zu übertünchen und gleichzeitig für Anerkennung seines politischen Modells zu werben. Und das Internationale Olympische Komitee (IOC), mit Thomas Bach an der Spitze, sieht nur das, was es sehen will.

Manche Kritiker erinnert so ein Verhalten an die Olympischen Spiele von 1936 in Nazideutschland. So warnte der britische Abgeordnete Iain Duncan Smith vor einer Wiederholung der britischen Appeasement-Politik vor dem Zweiten Weltkrieg: »60 Millionen Menschen starben als Folge unseres Versagens, als wir sie besänftigten, und wir sind heute auf dem gleichen Weg.« Immer mehr Menschenrechtsorganisationen rufen zum Boykott der »Genozid«-Spiele auf.

Solch aufsehenerregende Spektakel wie die Olympischen Spiele nutzt die KPCh, um ein starkes China zu präsentieren, in dem vermeintlich verschiedene Völker friedlich zusammenleben. Gleichzeitig will Xi Jinping zeigen, wie erfolgreich das Reich der Mitte mit der Pandemie umgegangen ist und seinen Anspruch als Weltmacht festigen.

IOC-Präsident Bach behauptet, dass der Sport nicht für politische Zwecke missbraucht werden dürfe. Der Slogan dieser Olympiade lautet: »Gemeinsam für eine gemeinsame Zukunft!« Wie aber soll diese gemeinsame Zukunft aussehen?

»Schöne neue Welt«: Chinesische Visionen über die Zukunft nach der Pandemie

Von der »Schönen Neuen Welt« in der Zukunft haben Pekings Politiker sehr detaillierte Vorstellungen. Bereits in den Lagern lernen viele Häftlinge, dass die »Neue Seidenstraße« eine Strategie Pekings ist, die Welt zu erobern. Dass aber viel mehr dahintersteckt, als sich Rohstoffe und Infrastruktur in anderen Ländern anzueignen, erläutert Professor Dongsheng Di, Volksuniversität Peking, in einem Videobeitrag: »Die Neue Seidenstraße in der Post-Pandemie-Welt«.

Die »wahre Ressource sind die Menschen«, stellt der außenpolitische Berater Pekings zu Beginn klar. Darum müsse man die jungen Menschen in den Entwicklungs- und Schwellenländern aus beispielsweise Ägypten, Pakistan oder Jemen anstellen, damit sie Geld verdienten, um mit ihrem Lohn chinesische Produkte zu konsumieren. Auf diese Weise binde man sie fest in den chinesischen Geldkreislauf ein.

Allerdings dürften, laut Professor Di, fremde Völker nicht in der chinesischen Gesellschaft leben. »Eine multikulturelle Gesellschaft würde zu starken sozialen Konflikten führen.« Daher müssten diese jungen Menschen in sogenannten chinesischen Sonderwirtschaftszonen angesiedelt werden.

Wo aber soll das sein? Da durch die »Neue Seidenstraße« und die Pandemie viele Länder an China hochverschuldet sind, sollte Peking dort für 100 Jahre Gebiete pachten und Megacitys mit zehn Millionen Einwohnern aufbauen.

Diese »Sonderzonen« müssten unter einer »homogenen Kultur« vereinigt sein. Das bedeutet, laut Professor Di, dass dort nur Chinesisch gesprochen, nur eine neue chinesische Leitwährung benutzt und nur die Ideologie der KPCh gelten wird.

Aus dieser Volksgruppe in den neuen Kolonialgebieten Chinas entständen »Neue Chinesen«, die den »Alten Chinesen« dienten. In 80 Jahren, so träumt der außenpolitische Berater Pekings, könnte man 100 solche Industriestädte aufbauen, in denen diese jungen Leute aus allen verschiedenen Ländern den Reichtum Chinas mehrten.

Nichts ist gefährlicher als die Wahrheit

Nichts fürchtet die chinesische Regierung mehr als die Wahrheit. Die nationalistischen Kader stellen das Benennen von Fakten als eine Diffamierung ihres Heimatlandes dar. Die KPCh fürchtet, dass das offene Anprangern des Genozids globale Maßnahmen nach sich ziehen könnte. Das wiederum würde sich negativ auf wirtschaftliche Kalkulationen auswirken und der KPCh ihre Existenzgrundlage entziehen.

Um sich selbst zu retten, nötigen Partei-Funktionäre andere Länder dazu, das chinesische Regime in den Medien zu verteidigen. Das führt zum Beispiel dazu, dass Pakistans Premierminister Imran Khan, der sich selbst als wichtigsten Anführer im Kampf gegen Islam-Feindlichkeit betrachtet, sich jede Kritik am Völkermord seiner muslimischen Glaubensbrüder in Ostturkestan verbietet. Stattdessen ergießt er sich in Lobeshymnen: »China ist einer unserer größten Freunde und hat uns gerettet, als unsere Wirtschaft am Boden lag. Wir respektieren sie, wie sie sind.«

Die Abhängigkeit solcher Verbündeter ist meist groß, da sie wie Pakistan China gegenüber hoch verschuldet sind. Während sich 44 Staaten im Sommer 2021 »ernsthaft besorgt« über die Menschenrechtsverletzungen in Ostturkestan geäußert hatten, verlas daraufhin das autokratische Belarus eine Erklärung von 64 anderen Ländern, dass es sich bei Themen wie Hongkong, Tibet und Ostturkestan um »die inneren Angelegenheiten Chinas« handle, in die sich keiner einmischen dürfe. Wie aber kann Völkermord eine innere Angelegenheit sein?

Wer auch immer sich offen gegen die Politik der chinesischen Regierung ausspricht, wird die Rache der KPCh spüren. Peking nutzt die »Schuldenfallen«-Politik und seinen Einfluss in den internationalen Gemeinschaften, missachtet die internationale Rechtsstaatlichkeit und wendet alle möglichen Methoden an, um weiterhin fundamentale Werte der Menschenrechte zu missachten. In wichtigen internationalen Organisationen wie WHO und UNO hat die KPCh ihre Macht ausgebaut und blockiert mit ihren Partnern wichtige Abstimmungen. Wo China mit seiner Politik nicht durchkommt, schafft es eigene Institutionen wie die Asiatische Infrastruktur-Investitionsbank (AIIB).

Im September 2021 sorgte der Skandal für Schlagzeilen, dass chinesische Spitzenbeamte sogar die als unabhängig geltende oberste Weltbank-Führung durch nachhaltigen Druck unterwandert haben. Die Chefin des Internationalen Währungsfonds (IWF), Kristalina Georgiewa, hat offenbar das wichtigste Länderranking »Doing-Business« zugunsten Chinas manipulieren lassen, damit das Reich der Mitte besser dasteht. Weltweit hatten sich Länder und Politiker an diesem Ranking orientiert, um zu entscheiden, mit wem sie Geschäfte betreiben sollen. Der Untersuchungsbericht birgt großen Sprengstoff in sich. Die Weltbank hat als Konsequenz das Ranking eingestellt, da der bislang geltende Maßstab für globale Reputation zerstört ist.

Um den schönen Schein des glanzvollen Aufstiegs zur Weltmacht nach außen zu wahren, halten chinesische Botschafter in Tokio, Australien, Malaysia oder Genf Videokonferenzen ab über das Thema »Xinjiang ist ein guter Ort«. In diesen Beiträgen zeigen sie nicht nur weichgezeichnete Bilder von fröhlichen Menschen in Ostturkestan, sondern zwingen Einheimische, Worte wie die von Außenamtssprecher Zhao Lijian nachzuplappern: »Die Menschen genießen beispiellose wirtschaftliche und soziale Verbesserungen« und führen ein »glückliches Leben«.

Die KPCh setzt ihre finanziellen Mittel ein, um die Zahl ihrer Verbündeten zu erhöhen. Geschickt haben die Kader 2020 den größten Freihandelsblock der Welt mit 14 anderen

Asien-Pazifik-Staaten geschmiedet, damit sie den »Chinesischen Traum« effektiver umsetzen können. Für sie ist die Rückkehr zur Größe vergangener Dynastien nur die Korrektur einer historischen Fehlentwicklung.

LÖSUNGSVERSUCHE: WIE LASSEN SICH EINFLUSS UND BEDROHUNG DER CHINESISCHEN REGIERUNG BEGRENZEN?

»Wenn du dich selbst und auch deinen Gegner kennst, kannst du ohne Gefahr Hunderte Schlachten gewinnen.« An dieses Zitat von Sunzi *(Die Kunst des Krieges)* sollten alle denken, die sich mit der Führung in China auseinandersetzen. Die KPCh hält die Diktatur der Demokratie gegenüber für überlegen. Peking glaubt, dass es mit Geld nicht nur wichtige Infrastruktur, sondern auch die moralischen Ansprüche und den Freiheitsgeist der Europäer aufkaufen kann.

Aus gutem Grund wächst im Rest der Welt zunehmend die Skepsis gegenüber Pekings menschenverachtendem Verhalten. Zwar betonte Xi Jinping zum 100. Geburtstag der KPCh, dass das Reich der Mitte keine aggressiven Absichten habe, drohte aber wenig später allen ausländischen Kräften, die sein Land »tyrannisierten, unterdrückten oder versklavten«, ihnen werde »der Kopf blutig geschlagen«.

Der Wettlauf der Systeme ist ein Kampf für fairen Wettbewerb, internationale Rechtssicherheit und Transparenz. Für Freiheit und Menschenrechte. Die Parteifunktionäre legen Rücksichtnahme als Schwäche aus, die sie ausnutzen. Loyalität bedeutet bei ihnen Unterwerfung.

Es ist an der Zeit, Peking die Stirn zu bieten, den Zusammenhalt der freiheitlichen Länder untereinander zu stärken und gemeinsame Strategien zu ihrem Schutz zu entwickeln.

Demokratien wie die EU und die USA haben zusammen die Kraft, auch ohne Diktaturen wie China Wohlstand zu erzielen. Es gibt mehrere effektive Möglichkeiten, den Aufstieg der KPCh zur Weltmacht zu bremsen und die freiheitlichen Systeme zu sichern:

1. Boykott chinesischer Waren, insbesonderer solcher, die mit Zwangsarbeit hergestellt werden.
2. Das Projekt »Neue Seidenstraße« nicht länger unterstützen und aussteigen. Die USA planen mit der »Build-Back-Better-World«-Initiative, Entwicklungsländern ein alternatives Angebot zu machen, das unter anderen klimafreundlich ist und Arbeitsschutz-Standards enthält. Die EU muss die »Asien-Konnektivitätsstrategie« ausbauen und Worten endlich entschiedene Taten folgen lassen.
3. Während Wirtschaft und Politik bemüht sind, vertraglich den zunehmenden Einfluss der chinesischen Entwicklungsbank und der Import- und Exportbank Chinas einzudämmen, sollte die Welt verstehen, dass diese Mühe vergebens ist, denn solche Banken werden auch in Zukunft keine der gewünschten Rechte beachten und gewähren. Wichtige internationale Organisationen sollten stattdessen eine wirksame Lösung finden, wie man solche Vergehen vor Gericht bringen kann, um schwerwiegende Folgen frühzeitig zu verhindern.
4. Ablösen von Chinas wirtschaftlichen Abhängigkeiten, die voller politischer Gefahren sind.
5. Jedes kostenlose Darlehen und jede angebotene Hilfestellung seitens der chinesischen Regierung aufgeben. Stattdessen

international neue Finanzpläne und Angebote zusammen mit vertrauensvollen Staaten erstellen, die Menschenrechte und Werte der EU respektieren.

6. Die Staaten müssen sich als gemeinsame Kraft gegen Chinas Verbrechen gegen die Menschlichkeit stellen und Mechanismen aufbauen, um erfolgreich dagegen vorzugehen.
7. Maßnahmen gegen den weiteren Ausbau des Überwachungssystems des chinesischen Staates in anderen Ländern ergreifen und verstärkt wirksame Mechanismen zum Schutz von Staatsgeheimnissen entwickeln.
8. Die Vereinten Nationen sollten eine Untersuchungskommission einsetzen, um eine Agenda zu erarbeiten, mittels der sie die Gräueltaten in Ostturkestan offen vor der Welt aufdecken.
9. Mit dem Vorlegen solcher Belege zeigen die Vereinten Nationen der ganzen Welt, dass die chinesische Führung für den Völkermord belangt wird, den sie selbst beauftragt hat. Gleichzeitig macht die UN deutlich, dass jede Regierung, egal, wie mächtig sie ist, für schwere Verbrechen gegen die Menschlichkeit hart bestraft wird.
10. Alle Universitäten und Bildungsstätten in jedem Land sollten wichtige Materialien für den Unterricht erhalten, die Chinas Verbrechen gegen die Menschlichkeit enthüllen. Damit bekommen Schüler die Chance, daraus Lehren für die Zukunft zu ziehen, die Bedeutung der Menschenrechte zu erkennen und die Welt vor Gefahren solcher Diktaturen besser zu schützen.
11. Freiheitliche Länder sollten China als Diktatur auf die Liste der Länder setzen, die ihre eigene Demokratie ernsthaft gefährden könnten. Für die Umsetzung muss man nach geeigneten Lösungen suchen.

12. Alle kommunistischen Führer, wie Chen Quanguo, die schwere Verbrechen gegen die Menschlichkeit in Ostturkestan, Hongkong und Tibet begangen haben, sollten in Zukunft sanktioniert werden. Zum Beispiel mit Einreiseverboten in andere Staaten und durch Einfrieren ihres gesamten Vermögens im Ausland.
13. Den internationalen Einfluss Chinas sollte man schwächen, indem man chinesische Spione aufdeckt und bestraft. Jedes Land sollte solche chinesischen Agenten, Organisationen und Einzelpersonen in seiner eigenen Heimat identifizieren, denn sie nutzen die Vorteile der freiheitlichen Systeme, um sie zu unterwandern und die Propaganda der KPCh zu verbreiten. Die Regierungen müssen gezielte Maßnahmen ergreifen, um in Zukunft die zerstörerische Arbeit solcher Agenten zu stoppen.
14. Alle Konfuzius-Institute und andere Einrichtungen dieser Art, die als Zentrum von Pekings Gehirnwäsche dienen, sollten sofort geschlossen werden.
15. Demokratische Staaten müssen sich auch mit den Ländern befassen, die von der Idee der KPCh überzeugt sind. Wie sollte man in Zukunft mit solchen Ländern umgehen? Wie kann man Abhilfe schaffen und sie von den Vorteilen der freiheitlichen Systeme überzeugen?
16. Jedes Land sollte diejenigen Menschen, die die KPCh in ihrer eigenen Heimat unterstützen, als Gegner der Demokratie und der Freiheit betrachten.
17. Demokratische Bewegungen wie in Hongkong oder Taiwan unterstützen.

SCHLUSSWORT

Während viele mächtige Länder sich unter der Knute Pekings zusammenducken, zeigt ein kleines Land wie Litauen beispiellosen Mut und Haltung, indem es Chinas Zensur schlichtweg ignoriert. Als einziges EU-Land wagte Litauen es, eine neue taiwanesische Botschaftsvertretung in Vilnius unter dem Namen »Taiwan«-Büro zu führen.

Peking jedoch duldet im Rahmen der »Ein-China-Politik« nur die Bezeichnung »Taipeh«-Büros, da das demokratische Taiwan als abtrünnige Provinz gilt, die die KPCh notfalls mit Gewalt »wiedervereinigen« möchte. Umgehend überzog die chinesische Regierung den kleinen baltischen Staat für seine Chuzpe mit Zorn und zahlreichen Strafmaßnahmen. Litauen aber bleibt bei seiner Entscheidung und möchte die wirtschaftlichen Beziehungen zur Inselrepublik Taiwan ausbauen sowie Menschenrechte und Demokratie fördern.

Kürzlich forderte das litauische Verteidigungsministerium seine Bürger dazu auf, chinesische Handys wegzuwerfen und nicht mehr zu kaufen. Ein Bericht der staatlichen Cybersicherheitsbehörde zeigte, dass ein Smartphone der Marke Xiaomi über integrierte Zensurfunktionen verfügte, die Hunderte Phrasen wie »Freies Tibet« oder »Demokratiebewegung« oder »Es lebe die Unabhängigkeit Taiwans« aussortierte. Diese Funktion kann ohne Wissen des Benutzers jederzeit aktiviert werden. Zudem schickt der eingebaute Browser verschlüsselte Telefonnutzungsdaten an einen Server in Singapur,. Mittlerweile habe man auch beim chinesischen Hersteller Huawei in P40 5G-Telefonen eine Sicherheitslücke entdeckt. Diese Erkenntnis sei für alle Länder wichtig, heißt es in Litauens Bericht.

Das kleine Land weiß aus eigener schmerzhafter Vergangenheit, was es bedeutet, in einem kommunistischen System zu leben. Manchmal sind es die Kleinen, die sich die Großen zum Vorbild nehmen sollten. Der dänische Parlamentarier Uffe Elboek zollte Litauens Mut seinen Respekt und forderte alle anderen Länder auf: »The only way to stop a bully is to stand up for it!«

⋆ ⋆ ⋆

»Ende 2019 hatten alle Teilnehmer an den Kursen in den Berufsbildungszentren ihre Abschlüsse gemacht und die meisten von ihnen Arbeitsplätze gefunden«, erklärte der chinesische Botschafter in Berlin im Februar 2021.

Die Behauptungen der KPCh über geschlossene Lager und »die gute Zukunft« der verschiedenen Ethnien in Ostturkestan sind an Zynismus kaum zu überbieten angesichts der ständig neu hinzukommenden Beweise.

»Dying here is the last thing I want«, schrieb der als männliches Model bekannte Uigure Merdan Ghappar, 31 Jahre alt, in Handschellen an sein Metallbett gefesselt an seine Familie. Zu dem Zeitpunkt besaß er noch sein Handy, mit dem er heimlich seine schmutzige Zelle, sich selbst und die Lautsprecherdurchsagen im Hintergrund des Lagers aufnehmen konnte. Ein von ihm abfotografiertes Dokument zeigt, dass Kinder im Alter von 13 Jahren aufgefordert werden, »umzukehren und sich zu ergeben«. Es waren die ersten Videoaufnahmen dieser Art, die aus dem Inneren eines streng geheimen Lagers nach außen gelangt sind. Seit Sommer 2020 hat man von Merdan Ghappar nichts mehr gehört.

Immer mehr Filmaufnahmen dringen aus dem abgeschotteten Xinjiang heraus. Darunter Kleinkinder in den Kinderlagern, die weinend nach ihren Müttern rufen; Zwangsarbeiter, die draußen auf der nackten Erde schlafen; uigurische Mädchen, die in der »Familien-Kampagne« dem chinesischen Gast die Füße waschen; bis aufs Skelett abgemagerte Menschen, die nach der Entlassung aus dem Lager sterbend auf ihren Betten liegen …

Dazu Bilder von afrikanischen Kindern, die auf ausgestreckten Händen einen Stock halten, während sie weinend kommunistische Volkslieder singen müssen, oder aus Kasachstan von Müttern, die seit Monaten ihr Lager vor der chinesischen Botschaft in Almaty aufgeschlagen haben, um mit ihrem Protest die Freilassung ihrer Angehörigen aus den Lagern in Xinjiang zu erwirken.

Die Entwicklung in China, der zweitgrößten Volkswirtschaft der Welt, verbindet uns Menschen auf der globalisierten Erde alle miteinander. Über die Grenzen hinweg werden nicht nur Waren, sondern auch zielgerichtet Ideologien wie Gleichschaltung oder Zensur aus Peking transportiert.

Zwischenzeitlich werden auch in Tibet Umerziehungslager gebaut. In der Inneren Mongolei müssen die Kinder in den Schulen Chinesisch lernen. Wenn der Funke zündet, greift das Feuer über … Wer ist der Nächste? Auch der Holocaust begann bekanntlich nicht in den Gaskammern, sondern mit Vorurteilen und Planungen, eine Kultur auszulöschen.

Freiheit beinhaltet immer auch die Verantwortung, sie zu schützen. Die internationale Politik hat nach dem Holocaust an den Juden versprochen: »Never again!« Dieses Versprechen muss sie einlösen. Denn wer die weltweit größten Konzentrationslager ungestraft bestehen lässt, bahnt Übel für die ganze Welt.

Alexandra Cavelius

DANKSAGUNG

Ich möchte der Autorin und Schriftstellerin Alexandra Cavelius danken, die mit diesem wichtigen Buch die ganze Welt über die schlimmen Verbrechen der KPCh in Kenntnis setzt. Ungeachtet der Drohungen und des Drucks vonseiten der KPCh stand sie an meiner Seite, kämpfte mit mir und half mir wie meine Mutter.

Außerdem möchte ich Christian Strasser danken. Er hat nicht nur zwei wichtige Bücher von Alexandra Cavelius und mir veröffentlicht, sondern mich von Anfang an unterstützt und gefördert und mir Mut und Kraft gegeben.

Sayragul Sauytbay

»DIE WICHTIGSTE ZEITZEUGIN ÜBER DIE STRAFLAGER IN CHINA«

Ulrich Delius, Direktor der Gesellschaft für bedrohte Völker

»DIE WELT MUSS ERFAHREN, WAS IN DEN LAGERN VOR SICH GEHT UND WAS DIE PARTEI WIRKLICH PLANT«

- Der sensationelle Insider-Bericht über chinesische Umerziehungslager und die brutale Unterdrückung muslimischer Minderheiten in Xinjiang
- Zeugenaussagen der mit dem Tod bedrohten Autorin vor dem EU-Parlament und in zahlreichen Medien

»Sayragul Sauytbay hat mutig Details über die Internierungslager berichtet und ermutigt unablässig andere Inhaftierte und ihre Familienangehörigen, sich zu melden und ihre Geschichte der Welt zu erzählen.«

Mike Pompeo, ehemaliger Außenminister der USA

360 Seiten, mit zahlreichen Fotos
gebunden mit Schutzumschlag
ISBN 978-3-95890-330-2

SPENDENAUFRUF

Alle Überlebenden leiden an den Folgen der Haft, sind sehr krank und brauchen medizinische Hilfe. Wenn Sie die Zeuginnen und Zeugen finanziell unterstützen möchten, können Sie durch eine Spende auf das folgende Konto bei der Postbank Hamburg dazu beitragen, das grausame Schicksal zu lindern:

Förderverein für bedrohte Völker
Stichwort: Überlebende aus Ostturkestan
IBAN: DE 89 2001 0020 0007 4002 01
BIC: PBNKDEFF

Die eingegangenen Spenden werden zu 100 Prozent an die Zeuginnen und Zeugen weitergegeben.